Nikel Pallat mit Christof Dörr

DAS SCHILLERNDE LEBEN DES NIKEL PALLAT

Von Ton Steine Scherben bis Adele

Nikel Pallat mit Christof Dörr

DAS SCHILLERNDE LEBEN DES NIKEL PALLAT VON TON STEINE SCHERBEN BIS ADELE

Lektoriert von Hollow Skai

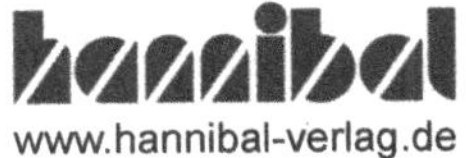

www.hannibal-verlag.de

Impressum

Erstausgabe 2023

Hannibal Verlag, ein Imprint der KOCH International GmbH, A-6604 Höfen
www.hannibal-verlag.de

ISBN 978-3-85445-752-7
Auch als E-Book erhältlich mit der ISBN 978-3-85445-753-4

Cover Design und grafischer Satz: Thomas Auer
Cover Foto: © Rita Kohmann
Deutsches Lektorat und Korrektorat: Hollow Skai

Printed in Germany

CO2-neutrale Produktion

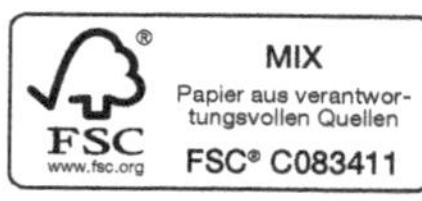

Inhalt

„Dieser Mann war gut, seine offene Art, kommunikativ, extrovertiert. Das beeindruckte uns schon sehr. Der Mann war gut. Der Mann war – ! – Steuerberater. Wir verabschiedeten uns unter Bekundung gegenseitigen Respekts. Er versprach, sich baldmöglichst wieder blicken zu lassen. Irgendwas hatte dieser Irre. Aber was? Dieser Nikel Pallat sollte bald unser Manager werden!“

Rio Reiser über seine erste Begegnung mit Nikel Pallat

Vorwort
Von Christof Dörr

Da schlägt tatsächlich einer mit vor Anstrengung und Wut verzerrtem Gesicht live im Fernsehen mit einem Beil auf einen Studiotisch ein. Gläser, Flaschen, Aschenbecher fliegen herum und zersplittern. Die fünf anderen Gesprächsteilnehmer springen entsetzt, ungläubig und überrascht auf.

Als ich dieses Video zum ersten Mal gesehen habe, rieb ich mir die Augen und konnte es nicht glauben. Nikel Pallat brauchte nur 13 Sekunden und 12 Schläge, um mit dieser Aktion Fernsehgeschichte zu schreiben. „Selbstverständlich würde ich das wieder so machen", sagt er heute. Er bedauert lediglich, dass der Tisch damals heil geblieben ist.

Diese ist nur eine von vielen unfassbaren Aktionen, an denen Nikel in seinem Leben bislang beteiligt war. 2020, zum 50. Jubiläum von Ton Steine Scherben, las ich einen Zeitungsartikel über ihn und war sofort fasziniert von dem, was dort stand. Wie kann ein einzelnes Leben so vollgepackt sein mit Geschichten und Geschichte?

Steuerberater, Jazz-Fan, Waldorfschüler. Ab 1970 Texter, Sänger und Manager von Ton Steine Scherben. Er war der Einzige bei den Scherben, der neben Rio Reiser solo singen durfte. Auf der einen Seite der Kampf mit Worten und Musik, auf der anderen Seite der Kampf mit Waffen. Ton Steine Scherben und die RAF – Nikel Pallat hat den Ton der Zeit mitbestimmt. In seinem Song „Paul Panzers Blues" zum Beispiel: „Mit 'ner Knarre in der Hand da träum' ich, ich knall' alle Schweine ab, denn uns, uns gehört das Land."

Er hat sehr früh neue Vertriebswege für Schallplatten erdacht und später Weltstars wie Adele in Deutschland zum Erfolg verholfen. Und auch heute, mit bald 80 Jahren, arbeitet Nikel noch immer täglich an seinem Lebenswerk. Mit seinem Vertrieb Indigo bringt er Musik von den Einstürzenden Neubauten, Bad Religion, Blumfeld und natürlich Ton Steine Scherben in die Läden.

Ich war eigentlich nie mit ganzem Herzen ein Fan von Ton Steine Scherben. Die Band, ihre Musik war aber irgendwie immer da. Auf den Studentenpartys Anfang der 1990er Jahre liefen sie zwischen „Smells Like Teen Spirit“ und „Give It Away“. Man konnte die Texte immer super mitgrölen und hatte für drei Minuten das Gefühl, total politisch und ein Straßenkämpfer zu sein. Natürlich habe ich mir auch die CD *Keine Macht für Niemand* gekauft. Die gehörte auch 20 Jahre nach ihrem Erscheinen noch zur Grundausstattung eines jeden Studentenhaushalts.

Trotzdem waren Ton Steine Scherben für mich weniger eine musikalische Erfahrung, sondern viel mehr eine Lebenseinstellung. Damals in Marburg waren die Liedtexte an viele Wände gesprayt. Beschriftete Bettlaken hingen aus besetzten Häusern. Auf Lederjacken waren die Schriftzüge zu lesen: „Macht kaputt, was euch kaputt macht!“, „Die letzte Schlacht gewinnen wir!“ oder „Ich will nicht werden, was mein Alter ist!“ Bis heute sind das die Kampfrufe der linken Szene, kurz und bündig auf den Punkt gebracht, ohne viel Blabla. Die Gebrauchsanweisung wurde direkt mitgeliefert: „Schreibt die Parole an jede Wand: Keine Macht für niemand.“

Samstag, 3. September 2022: Es ist 20 Uhr 13, in der Gaststätte Weißes Roß in Leimbach, Thüringen, erklingt Helene Fischer: „Atemlos durch die Nacht, spür was Liebe mit uns macht!“ Eine Hochzeitsgesellschaft tanzt und singt ausgelassen, mittendrin: Nikel Pallat. Der Mann, der gezeigt hat, dass Musik auf Deutsch auch ganz anders sein und klingen kann, nicht so seicht und kommerziell. Der 77-Jährige will sein Abendbrot bezahlen. Die Pfifferlinge waren lecker, die Musikauswahl, nun ja. Nikel übernachtet hier im Hotel, weil er einen Auftritt in Merkers hat, auf der Kulturbühne des örtlichen Waldstadions. Eigentlich hatte das Konzert bereits 2020 stattfinden sollen, wegen Corona musste die Tour „50 Jahre Ton Steine Scherben" aber immer wieder verschoben werden.

Von der Besetzung aus den 1970er Jahren sind außer Nikel noch Kai Sichtermann und Funky K. Götzner dabei. Alle drei nahe am 80. Geburtstag, aber noch immer voller Rock'n'Roll. Kaum haben sie die ersten drei Töne gespielt, wird klar: Die Magie von Ton Steine Scherben lebt! Obwohl die meisten Besucher noch nicht auf der Welt waren, als sich die Band gegründet hat, und viele selbst dann noch nicht, als sie sich 1985 auflöste. Der 20-Jährige Dirk grölt aus voller Brust den „Rauch-Haus-Song" mit: „Ihr kriegt uns hier nicht raus. Das! Ist! unser Haus!"

Auch so ein Kult-Klassiker: Der ewige „Mensch Meier", der sich auch 50 Jahre nach seiner Geburt, unterstützt durch lauthals mitgrölende Besucher, noch immer mit den Berliner Verkehrsbetrieben anlegt. „Nee, nee, nee, eher brennt die BVG! Ick bin hier oben noch ganz dicht, der Spaß ist zu teuer, von mir kriegste nüscht!"

Unter dem Eindruck des russischen Angriffskrieges auf die Ukraine singt eine 23-Jährige lautstark mit: „Der Krieg, er ist nicht tot, er schläft nur."

Mit Sicherheit will keiner der heute Abend Anwesenden werden, was sein Alter ist. Ekstase pur bei den Klassikern „Keine Macht für Niemand" und „Macht kaputt, was euch kaputt macht". Von wegen, „Der Traum ist aus" – so gut wie alle Besucher im ausverkauften Stadion schreien: „Aber ich werde alles geben, dass er Wirklichkeit wird!"

Ton Steine Scherben spielen zweieinhalb Stunden lang Klassiker, die heute noch so frisch sind wie damals. Zeitlos. Deutsche Musikgeschichte, für immer jung. Wie auch die Musiker. Und am Ende heißt es „bye, bye, Junimond" und alle gehen nach Hause, mit Tränen des Glücks und der Erinnerung an die guten alten Zeiten in den Augen.

Ton Steine Scherben sind bis heute Nikel Pallats Liebe, Leidenschaft und Lebenselixier. Wegen Corona konnten wir uns leider nicht so oft persönlich treffen, wie wir es für dieses Buch geplant hatten. Dafür haben wir umso mehr miteinander telefoniert. Die Leitungen zwischen Bremen, Hamburg und Kassel haben von November 2021 bis Dezember 2022 geglüht. Ich nahm die Interviews auf, verschriftlichte und ordnete sie anschließend. Auch einige der Intermezzi mit Freunden, Kollegen und Zeitzeugen sind so entstanden. Andere schrieben ihren Text selbst und mailten ihn mir.

Und jetzt: Viel Spaß beim Eintauchen in Nikel Pallats spannendes, skurriles, wunderbares, verrücktes und schillerndes Leben!

I.
Halt dich an deiner Liebe fest

Meine Jahre mit Ton Steine Scherben waren für mich definitiv die spannendste Zeit meines Lebens, das kann ich ohne den Hauch einer Übertreibung sagen. Kein Tag war wie der andere, keiner war auch nur im Geringsten planbar, und wenn man einen Plan gemacht hatte, war der innerhalb kürzester Zeit hinfällig. Was wir hatten, war das genaue Gegenteil von einem geregelten Leben, in dem man einer normalen Arbeit nachging. Es konnte immer was passieren, irgendwelche Überraschungen, irgendwelche Querschläge, aber eben auch unglaubliche Highlights.

Wenn ich heute auf Ton Steine Scherben blicke, steht für mich fest: Die Band ist keine Nostalgieveranstaltung. Anders als die Musik irgendwelcher Schlagerfuzzis, die durch Möbelhäuser tingeln, um noch ein paar Euro mit ihren Hits zu verdienen, sind unsere Songs noch immer quicklebendig und wirken in der heutigen Zeit weiter. All die jungen Musiker, die sich auch heute noch auf uns beziehen, zeigen das.

Oft bekomme ich gesagt: Eure Songs sind noch immer aktuell! Das finde ich falsch und irreführend. Man sollte diese Aussage umdrehen und sagen, dass die Verhältnisse sich leider nicht so geändert haben, dass unsere Songs inaktuell geworden wären. Vieles von dem, wofür heute Zehntausende auf die Straße gehen und demonstrieren, haben wir schon vor 50 Jahren angesprochen, ob Ausbeutung von Menschen und Natur, das Klima, soziale Probleme, prekäre Lebensverhältnisse. Einiges hat sich inzwischen verbessert, aber vieles eben auch nicht.

1970 kam die erste Single raus. „Macht kaputt, was euch kaputt macht“ haben Rio Reiser, Lanrue, Kai Sichtermann und Wolfgang Seidel damals aufgenommen, und der Text hat nichts von seiner Aktualität verloren. Man schüttelt heute wie damals den Kopf und fragt sich, warum es nicht besser wird. Man versucht, irgendwas zu bewegen, und kommt nicht weiter, tritt gefühlt immerzu auf der Stelle.

Allerdings ist es wichtig, unsere Sichtweisen von damals zu verstehen, denn es gibt selbstverständlich Dinge, die wir heute ganz anders sehen als vor 40, 50 Jahren, das ist ja ganz normal. Selbstverständlich gibt es Formulierungen und Statements, die wir heute in dieser Form nicht mehr machen würden. Es gibt aber auch vieles, das wir heute noch ganz genauso sehen wie damals, und heute wieder so formulieren würden, weil Wut keine Frage des Alters ist.

Wenn wir heute 20 oder 25 Jahre alt wären und die musikalische Zukunft noch vor uns läge, würden wir musikalisch manches vermutlich anders rüberbringen oder umsetzen. Damals gingen wir vom Songtext aus, und erst dann kamen die Komposition und das Arrangement. Der Stil war völlig flexibel: Es konnte Funk, Walzer, Reggae oder ein 5/4-Takt sein, das entsprach der jeweiligen Stimmung, und live waren die Arrangements nie wie auf den Platten. A song is a song is a song is a song. Die Genreschublade spielte nur eine untergeordnete Rolle. Deshalb würden Ton Steine Scherben, wenn sie heute gegründet würden, vielleicht auch rappen oder knallharten Punkrock machen. Wer weiß das schon? Aber auch so fühle ich mich noch immer dem Zeitgeschehen verhaftet.

Dass die CDs bei mir, bei Indigo, im Vertrieb sind, betrachte ich nicht als Nachlassverwaltung. Es gibt einfach eine permanente Nachfrage nach den Platten. Die werden seit Jahrzehnten durchgängig gut nachgefragt, es gibt da kaum Peaks, sie verkaufen sich gleichlaufend auf einem erstaunlich hohen Niveau. Das Album *Keine Macht Für Niemand* ist jedes Jahr unter den Top 25 der Verkäufe von Indigo, das hat sich nie geändert. Schon verrückt, wenn man überlegt, dass das Album bereits 1972 rausgekommen ist.

Ich höre mir die alten Scherben-Platten weiß Gott nicht ständig an, aber ich habe sie noch immer sehr gut im Ohr, dafür haben sie mich lange genug begleitet. Bewusst gehört habe ich sie jetzt wieder, als wir eine 50-Jahre-Scherben-Compilation zusammengestellt haben. Das war natürlich kein Alleingang von mir, denn wir haben alles im Kollektiv entschieden: Welche Tracks auf das Album kommen, die Reihenfolge, was ins Booklet gehört und so weiter. Dafür waren manchmal sehr zähe Telefonkonferenzen nötig, in denen wir uns stundenlang die Köpfe eingehauen haben. Wer schreibt welche Texte für das Booklet, welche Fotos sollen wir auswählen, welches Mastering, welches Covermotiv und tausend Sachen mehr.

Die Konferenzrunde bestand aus Lanrue, Kai Sichtermann, Funky K. Götzner, Jörg Schlotterer, Gert Möbius, Martin Paul und mir. Der endgültige Findungsprozess war sehr spannend, wir hatten eine Excel-Tabelle angelegt, in der alle Songtitel aufgelistet wurden. Die Songs, die die meisten Stimmen bekamen, landeten am Ende auf der CD. Anders geht es nicht, wenn man gerecht auswählen und jedem das gleiche Stimmrecht einräumen will. Grundsätzlich galt, majority rules, auch wenn jeder ein ganz besonderes Faible für einen bestimmten Song hat. Klar, etwas verschoben wird dann nachträglich immer, dann wird geschachert, einer meint, dass ein Song unbedingt noch drauf soll, und dann geht es darum, welcher dafür rausgenommen werden soll. Wir hatten bei der Doppel-CD immerhin 160 Minuten, aber trotzdem gab es natürlich Härtefälle, die es am Ende nicht darauf geschafft haben. Ich hatte zum Beispiel keine Chance mit meinem „Paul Panzers Blues", dafür bin ich mit „Guten Morgen" aber gut dabei. Die acht Songs mit den meisten Stimmen wurden auch auf Vinyl gepresst.

Für mich ist die Band kein Erbe, das ich irgendwann mal angetreten habe und jetzt abwickle. Vielmehr ist sie eine Gruppe, die noch fluoresziert, die noch immer leuchtet und strahlt.

Ich finde es großartig, dass es Ton Steine Scherben auch weiterhin gibt, und dass unsere Message und unsere Anliegen, mit denen wir 1970 gestartet sind, noch immer gehört werden. Und ich glaube weiß Gott nicht, dass man das über 50 Jahre künstlich forcieren kann. Solange sich immer wieder junge Menschen auf uns beziehen, weil sie sich geistig in einer Bruderschaft mit uns sehen, wird die Musik nicht alt und setzt keinen Staub an, sondern wird wieder und wieder in die Jetztzeit geholt. Erst wenn das nicht mehr passiert, ist man irgendwann obsolet und weg vom Fenster. Aber wie gesagt: wir leuchten!

2.
Ich will (nicht) werden, was mein Alter ist

Der Name Pallat soll ursprünglich aus dem Baltikum kommen. Zur Welt gekommen bin ich aber in Potsdam, kurz vor Ende des Zweiten Weltkrieges, im Februar 1945. Meine Eltern wohnten eigentlich in Berlin, aber weil meine Mutter schwanger war, war sie evakuiert worden und kam in Bornim, einem Dorf bei Potsdam, bei guten Bekannten unter. Dort hat sie mich zur Welt gebracht.

Mein Vater wurde 1901 geboren, er hatte noch drei jüngere Geschwister. Sein Vater war wiederum in der Kaiserzeit ein sehr wichtiger Reformpädagoge gewesen und hatte viele grundlegende Werke zum Schulunterricht und über neue Schulformen geschrieben. In der Weimarer Republik hatte er das Zentralinstitut für Pädagogik geleitet.

Meine Großmutter väterlicherseits veröffentlichte ebenfalls pädagogische Schriften, allerdings zum Thema Hauswirtschaftskunde, die für die Mädchenerziehung der damaligen Zeit wegweisend waren. Sie ist die Einzige von meinen Großeltern, die ich noch richtig kennengelernt habe, weil sie bis 1972 gelebt hat. Wir haben uns sehr gut verstanden, und ich habe sie immer sehr verehrt.

Karl von den Steinen, mein Großvater mütterlicherseits, war ein sehr bekannter Ethnologe, der wichtige Entdeckungsreisen gemacht und viele Bücher über seine Expeditionen geschrieben hat. So war er zum Beispiel als einer der ersten Weißen am Amazonas in Brasilien unterwegs und hat dort Indianerstämme und verschiedene Nebenflüsse entdeckt. 1898 besuchte er auch die polynesischen Marquesas-Inseln, wo er noch heute als großer Retter der Kultur der Inseln verehrt wird, weil er der Erste war, der die traditionelle Körperbemalung der Inselbewohner, also ihre Tattoos, dokumentiert hat. Akribisch hat er die Motive aufgezeichnet. Vor allem die älteren Einwohner waren oft von Kopf bis Fuß tätowiert. Dazu hat er die Einwohner nach der Bedeutung der verschiedenen Motive befragt und dieses ganze Wissen über ihre Legenden, Rituale und Mythen in seinem dreibändigen Werk *Die Marquesaner und ihre Kunst* veröffentlicht. Die Ureinwohner hatten bis dahin ihr Wissen immer durch Erzählungen von Generation zu Generation weitergegeben, aber es gab keinerlei Aufzeichnungen darüber. Deshalb ist es meinem Großvater zu verdanken, dass ein erheblicher Teil des Wissens über die Tätowierkunst der Marquesas-Insulaner bewahrt werden konnte. Wenn man heutzutage in ein Tattoostudio geht, findet man Motive, die er von seiner Expedition mitgebracht und für die Nachwelt erhalten hat. Dieser Teil des geschichtlichen Hintergrunds ihrer Vorlagen ist wohl den meisten Tätowierern nicht bewusst.

Möglich gemacht hat das alles aber meine Großmutter, eine jüdische Millionärin; dank ihr konnte er sich die vielen teuren Expeditionen überhaupt leisten. Meine Großmutter mütterlicherseits stammte aus einer sehr wohlhabenden Bankiersfamilie. Allerdings war ihre jüdische Identität nicht am Glauben festzumachen, denn sie war zum Christentum konvertiert. Sie muss eine sehr beeindruckende Frau gewesen sein, leider ist sie 1944, also ein Jahr vor meiner Geburt, gestorben.

Weil dieser Teil meiner Verwandtschaft im Dritten Reich verfolgt wurde, sind die meisten Familienangehörigen meiner Mutter aus Deutschland emigriert, viele schon Anfang der 1930er Jahre. Ein Großonkel von mir kam in Theresienstadt um. Als die Nazis an die Macht kamen, war er schon 72 Jahre alt und hatte als Rechtsanwalt in Potsdam gearbeitet. Er hatte auch große Befürchtungen, was auf ihn zukommen würde, aber wohl gehofft, dass es vielleicht doch nicht so schlimm kommen und der ganze Spuk schnell wieder verschwinden würde. Aus diesem Grund war er in Deutschland geblieben. In diesem Alter fällt es einem ja auch nicht mehr leicht, sein Leben einfach so hinter sich zu lassen. Für ihn wurde vor ein paar Jahren ein Stolperstein verlegt und 2022 erschien eine Biografie über ihn, an der ich mitarbeiten durfte. Der Irrsinn bestand auch darin, dass meine Familie zwar von den Rassengesetzen her jüdisch, aber eigentlich schon vor mindestens einer Generation zum Christentum konvertiert war.

Weil wir nie in Synagogen gegangen sind und die Herkunft meiner Großmutter auch sonst nie eine große Rolle in meinem Leben gespielt hatte, war ich sehr überrascht, als ich mit 12 oder 13 Jahren erfuhr, dass ich so gesehen auch ein Stück weit jüdisch bin. Natürlich hat mich das damals irritiert, ich konnte mit dieser Information nichts anfangen, sie hat mich erstmal nur völlig verunsichert, das weiß ich noch sehr genau. Ich bin nie in einer Synagoge gewesen, um dort einen Gottesdienst zu besuchen. Wir sprechen hier von der Zeit Mitte der 1950er Jahre, ich war evangelisch getauft worden und ganz brav christlich, protestantisch aufgewachsen. Ich hatte gute Kindheitserlebnisse oder pubertäre Erlebnisse mit einer evangelischen Jugendgruppe. Rückblickend muss ich sagen: Von meiner jüdischen Seite habe ich damals nur sehr wenigen erzählt, auch nicht in der Schule. Ich habe es verheimlicht. Aus Gründen, die mir heute nicht mehr klar sind, wollte und konnte ich damit nicht nach außen gehen.

Vielleicht lag es auch daran, weil ich anders als viele meiner Freunde und Klassenkameraden das große Glück hatte, dass meine Eltern keine Nazis waren. Aus diesem Grund habe ich mich sowieso oft als Außenseiter gefühlt, weil ich mit ganz anderen Werten erzogen worden bin. Bei vielen anderen Kindern aus meiner Generation hat man gemerkt, dass die Eltern noch nicht akzeptieren wollten, wie groß die Schuld ist, die sie auf sich geladen hatten, weil sie Hitler und seine Truppen mindestens akzeptiert haben. Natürlich war es für mich immer völlig klar, lieber ein Außenseiter zu sein, als Nazieltern zu haben. Ich hatte ja auch den großen Vorteil, dass ich deshalb nicht mit meinen Eltern brechen musste – das ist ja eines der großen

Themen bei Kindern meiner Generation, dass sich die Eltern in der Hitlerzeit schuldig gemacht und sich nie dazu bekannt oder, noch schlimmer, es verdrängt und schöngeredet haben. Dieses Problem hatte ich nicht.

Und jetzt war ich plötzlich irgendwie jüdisch. Das kam mir seltsam vor. Vielleicht habe ich es aus diesem Grund nie von mir aus rumerzählt. Wenn ich gefragt wurde, habe ich es nicht geleugnet, trotzdem hatte ich nie ein offizielles jüdisches Coming-out. Auch später, bei Ton Steine Scherben, war meine jüdische Identität nie ein Thema. Ich glaube, Rio und Lanrue wussten, dass ich eine jüdische Seite habe, aber was genau und wie das alles zusammenhing, kam nie groß zur Sprache.

Dadurch, dass mein Vater Deutscher war und schon vor der Nazizeit meine Mutter geheiratet hatte, konnte er sie jahrelang schützen. Irgendwann flog es aber auf, dass er mit einer Halbjüdin verheiratet war, und wurde als wehrunfähig oder nicht wehrwürdig, wie es offiziell hieß, eingestuft, was ihm den Einsatz als Soldat erspart hat. Irgendwie ist es ihm gelungen, die Nazi-Zeit zusammen mit meiner Mutter einigermaßen unbeschadet zu überleben und sie vor dem KZ zu schützen. Wie die beiden das genau geschafft haben, ist mir heute noch ein Rätsel, das konnte ich nie richtig herausfinden.

Meine Eltern wurden in Berlin geboren, sind also sozusagen Berliner Kindl. Die Karrieren der beiden sind ähnlich wie meine alles andere als gradlinig verlaufen. Als mein Vater mit seinem Architekturstudium fertig war, in den 1920er Jahren, kam er voll in die Weltwirtschaftskrise rein und hatte keine Chance, als Architekt zu arbeiten, sich ein Büro und eine Karriere aufzubauen. Da musste auch er erstmal kleine Brötchen backen.

Ende der 1920er Jahre lernte er meine Mutter kennen. Sie hatte eine landwirtschaftliche Ausbildung und Hühnerzucht gelernt, weil sie eine sehr schlechte Schülerin war. Im Gegensatz zu ihren Geschwistern, die alle ein brillantes Studium hinlegten, hatte sie es nicht bis zum Abitur geschafft. Sie ist in der Schule so krachend gescheitert, dass sie ihr Leben lang davon traumatisiert war. Aber sie war in praktischen Dingen sehr begabt und entschied sich aus diesem Grund für eine landwirtschaftliche Ausbildung. 1929 oder 1930 sind die beiden in der Nähe von Winsen an der Luhe zusammengezogen und haben eine Hühnerfarm gegründet. Mit der haben sie sich während der Weltwirtschaftskrise bis Anfang der 1930er Jahre durchgeschlagen. Das wird wohl im wahrsten Sinne des Wortes gerade so zum Überleben gereicht haben. Später war es dann anders, da gab es ja auch wieder Möglichkeiten für meinen Vater, als Architekt zu arbeiten, und da wurde er natürlich auch besser bezahlt.

Meine Eltern sind dann nach Freiburg gezogen und später nach Berlin. Mein Vater hat bis Kriegsende in Architekturbüros und in der Bauverwaltung gearbeitet, das waren gute Anstellungen. Er hatte ein wunderbares Hobby: Schon als kleiner Junge, aber auch noch als Erwachsener erfand er Spiele. In den 1930er Jahren hat er bei Ravensburger mehrere Spiele veröffentlicht, das waren damals noch Brettspiele, und diese Leidenschaft hat ihn bis ins hohe Lebensalter nie losgelassen; noch in den Achtzigerjahren veröffentlichte er neue Spiele. Mich hat das manchmal genervt, vermutlich weil ich zu oft als Testperson herhalten musste. Oft hat er mich auch um Hilfe gebeten, wenn es darum ging, die Spielregeln möglichst verständlich zu formulieren. Rückblickend muss ich sagen, dass das ein völlig faszinierendes Hobby von ihm war.

3.
Lob der Waldorf-Pädagogik

Meine Eltern sind 1946 nach Wannsee, einem Stadtteil von Berlin, gezogen. Es gab damals ja noch keine Grenze. Nach diversen Ehekrisen bin ich Anfang der 1950er Jahre mit meinem Vater zu meiner Großmutter nach Göttingen gezogen und dort eingeschult worden. Meine Mutter blieb in Berlin. Nach zwei Schuljahren kam ich in Loheland bei Fulda in ein anthroposophisches Internat. Das lag wunderschön, mitten in der Natur, und diese Zeit war sehr prägend für mich. Durch die Waldorfpädagogik hat sich vieles in meinem Kopf festgesetzt, weil es halt ein völlig anderes Schulbild war als das der normalen Volksschule, die ich aus Göttingen kannte. Meine musische Seite wurde in Loheland extrem gefördert, und das hat mich damals, als 8- bis 10-Jähriger, stark beeinflusst.

Natürlich waren auch völlig bekloppte Sachen dabei wie der Klassiker, Eurythmie. So was ernsthaft in der Schule zu unterrichten, darauf muss man erstmal kommen. Auf eine ganz eigene Weise ist es aber auch genial. Ich musste viel Handwerkliches machen, Weben zum Beispiel oder Drechseln und Schustern. Und ich habe Leute kennengelernt, die das alles sehr dogmatisch gesehen haben, das sollte man natürlich nicht tun. Rückblickend muss ich aber sagen, dass diese Zeit für mich eine absolute Bereicherung war und mir einen Blickwinkel beziehungsweise eine Perspektive auf Sachen eröffnet hat, die ich sonst nicht erlebt hätte. Auch als Gegenpol zu dem puren Materialismus, der an so vielen anderen Stellen vorherrscht.

Auf dem Internat lebte man in einer völlig isolierten Welt. Ich war von 1953 bis 1955 in Loheland und habe absolut nichts von der Weltmeisterschaft 1954 mitbekommen. Gar nichts. Es gab kein Fernsehen, kein Radio. Nichts. Dadurch wurde man natürlich auf eine Art und Weise sehr in eine bestimmte Richtung gedrängt. Man sollte voll und ganz in der Waldorfpädagogik aufgehen

Ich weiß nicht, wie das heute ist, ob die wenigstens etwas aufgerüstet haben, mit Fernsehern oder gar Computern. Dieser moderne technische Schnickschnack wurde zu meiner Zeit immer kurzerhand zu Teufelswerk erklärt, und ich finde, da hätten die Waldorfs etwas mehr über ihre Dogmen nachdenken und mehr mit der Zeit gehen sollen. Dann hätten sie vermutlich gemerkt, dass es zwar ganz schön ist, eine Position zu haben, aber dass es auch schön ist, diese Position mal zu hinterfragen und nicht immer nur zu denken, man habe einen Alleinvertretungsanspruch. Das alles erkenne ich jetzt natürlich rückblickend. Als ich dort war, als kleiner Junge, habe ich das alles einfach in mich aufgesaugt. Und ich habe bis heute noch immer große Sympathien für Waldorfschulen und ähnlich ausgerichtete Schulsysteme.

Sehr zu meinem Leidwesen musste ich Loheland 1955 verlassen, weil meine Eltern sich wieder zusammengerauft hatten, und so bin ich mit 10 zurück nach Göttingen gezogen. Dorthin kam dann auch meine Mutter und wir haben wieder als Familie zusammengelebt.

Wenn ich auf meine Familiengeschichte blicke, kann ich mit Stolz sagen, dass ich, was Kreativität, Selbstverwirklichung und Gestaltungswillen anbelangt, in einer extrem offenen Welt aufgewachsen bin. Ich musste nie irgendwelche Ängste oder Sorgen haben, dass meine verrückten Ideen vielleicht nicht so gut ankommen oder mir gar untersagt werden. Ich habe schon früh mitbekommen, was Kreativität ist und was man alles machen kann. Das war für mich immer ein sehr starker Antrieb.

4.
Aufschrei im Kinderzimmer

Zur Rebellion bin ich ganz klassisch gekommen. Mit 14 habe ich das *Kommunistische Manifest* gelesen, und da hat es bei mir klick gemacht. Das Buch hat mir einen ganz neuen Horizont eröffnet. Ich weiß noch genau, dass ich nach dem Lesen dachte, es müsse noch eine andere Welt als die nette Welt in dem Einfamilienhaus mit meinen Eltern geben. Damals hatte ich auch in der Schule meine erste Band, mit der ich sogar zwei, drei Auftritte hatte, aber irgendwie ging das zeitlich alles nicht so richtig zusammen und wir haben uns getrennt.

Ende der 1950er Jahre hörte man im Radio immer Chris Howland, der vor allem englische und amerikanische Musik spielte und meinen Musikgeschmack sehr stark beeinflusste. Das normale Musikangebot im Radio war hingegen nichts für mich, das war ja noch sehr stark geprägt von Marschmusik und Schlagern und jeder Menge Klassik. Mein Vater spielte zwar sehr gut Akkordeon, aber für Jazz oder Beatmusik hat er sich nie interessiert.

Ich habe dann sehr früh Jazz und Skiffle für mich entdeckt. Chris Barber, Monty Sunshine und wie sie alle hießen. Die fand ich toll, das war was anderes als die normale Musik. Ich habe mir dann auch eine Klarinette besorgt, weil mich diese Musik so fasziniert hat. Irgendwann erhielt ich eine Einladung zu einem Vortrag über Bebop und zeitgenössischen Jazz, und dadurch habe ich Charlie Parker entdeckt, dessen Musik mich, ohne Übertreibung, einfach völlig umgehauen hat. Da war ich 15 oder 16 Jahre alt. Diesen musikalischen Aufschrei, der dahinterstand, konnte ich von Amerika bis in mein Kinderzimmer in Göttingen spüren. Seitdem wusste ich sehr genau: Es gibt auch einen anderen Weg, sich auszudrücken, und zwar einen, bei dem die Musik nicht immer nur zartes Geklingel ist, sondern auch mal ein Aufschrei sein kann. Ich will nicht hochtrabend irgendwas reininterpretieren, aber ich denke, dass mein Interesse an besonderen musikalischen Ausdrucksformen schon immer ganz tief in mir drin war und im Prinzip bis heute ist. Ich würde jetzt nicht hier sitzen und noch immer meinen Job machen, wenn ich nicht weiterhin große Lust daran hätte, immer wieder neue Musik zu entdecken und für mich zu erforschen.

Nach 14 Schuljahren habe ich schließlich als schlechtester Schüler meines Jahrgangs Abitur gemacht. Das klingt heute lustig, wenn ich das erzähle, und sorgt auch immer für Lacher, damals war es für mich aber einfach nur wichtig, dass ich das Abi irgendwie schaffe. Studieren wollte ich sowieso nicht, und so fing ich 1966 eine Lehre beim Finanzamt an. Meine Eltern hatten keine besonders hohen Erwartungen an meine berufliche Karriere. Angedacht war eine Anstellung bei einer Bank oder beim Finanzamt. Die Bank wollte mich nicht, das Finanzamt hingegen schon, so bin ich dort gelandet. Aber meine Eltern haben nie einen besonderen Erwartungsdruck aufgebaut, nie gefordert, dass ich etwas Bestimmtes werden oder irgendwas unbedingt erreichen sollte. Das hatten sie sich wahrscheinlich schon vorher abgeschminkt.

5.
Alles verändert sich

Während meiner Ausbildung spürte ich bereits eine gewisse Ambivalenz in mir, es schlugen definitiv zwei Herzen in meiner Brust. Das eine, das mit der Studentenbewegung sympathisierte, hat sich gegen den braven, bürgerlichen Lebensweg gestemmt. Das andere, die Vernunft, wollte unbedingt die Ausbildung beenden. Und ich muss ganz klar sagen, dass ich die Ausbildung an sich spannend fand, und ich habe vieles gelernt, das ich noch heute anwende.

Was ich damals gelernt habe, hat mir auch bestimmte Ängste genommen. Schon allein die Angst vor Behörden an sich. Wenn man einmal so einen Verein von innen erlebt hat, wie der funktioniert, dann bekommt man einen ganz anderen Blick dafür, welche Macht beziehungsweise eher Ohnmacht er hat und wie die Abläufe dort sind. Man kann viel besser einschätzen, warum auf bestimmte Dinge so und nicht anders reagiert wird. Weil ich deren Sprache gesprochen habe und wusste, wie sie ticken, konnte ich mit Behörden wesentlich besser umgehen, als die meisten Menschen, mit denen ich in meinem Leben zu tun hatte. Die Steuergesetze haben sich inhaltlich seit meiner Ausbildungszeit ja auch nicht entscheidend verändert. Es werden zwar immer neue Zusätze gemacht, aber die Denke ist die ganze Zeit dieselbe geblieben, und in der Ausbildung war es auch wirklich interessant zu sehen, wie viele unterschiedliche Aspekte es im Steuerwesen gibt. Oder wenn ich mich mit den historischen Hintergründen dieser ganzen Materie befassen musste.

Als ich Mitte der 1960er Jahre beim Finanzamt angefangen habe, waren die Zeiten allerdings auch noch andere. Damals saßen dort noch viele alte Nazis rum. Die waren dahin abgeschoben worden, hatten irgendwelche Posten inne, obwohl sie im Prinzip gar nicht aktiv waren. Aber sie hatten den Job durch Gesinnungskungeleien mit irgendwelchen anderen hohen Tieren bekommen, und natürlich haben die nicht wie ich ganz unten angefangen, sondern direkt eine hohe Position eingenommen, die dementsprechend gut bezahlt war. Gemacht haben sie defacto aber wenig bis nichts, die saßen am Schreibtisch im Amt ihre Zeit ab, als hätte man sie in einem Lagerraum abgestellt. Das gab es so ähnlich in vielen Ämtern, zum Beispiel in der Justiz und auch in den Schulen. Bis die jüngere Generation diese Leute endlich verdrängt hatte, hat es im Prinzip zwanzig Jahre gedauert. In den 1980ern waren die endlich alle pensioniert und haben selbstverständlich hohe Renten bekommen. Das muss man sich mal vorstellen: Die waren 1945 vielleicht Ende 20 und stramme Hitler-Anhänger, hatten unter dem Hakenkreuz Verbrechen begangen und anschließend in der Bundesrepublik knapp 40 Jahre lang auf einer gut dotierten Mauschelstelle auf ihre Pensionierung gewartet.

Ich lebte während meiner Ausbildung in Göttingen, und das war schon etwas anderes, als wenn ich irgendwo auf dem platten Land, zum Beispiel in Nienburg, gelebt und dort die Ausbildung angefangen hätte. Schließlich gab es in Göttingen schon damals wahnsinnig viele Studenten, mit denen ich viel zu tun hatte. Es gab eine tolle, lebendige Musikszene, und wenn man gesagt hat, dass man gerade eine Ausbildung zum Finanzbeamten mache, fiel man schon auf. Nicht unbedingt negativ, aber man war definitiv ein Exot. Es war eben keine tiefe Provinz, sondern eine super lebendige Stadt, in der viel Kreatives entstanden ist und die jungen Menschen nicht an einen sicheren Job, sondern eher an die Revolution gedacht haben.

Ich war damals schon klar links eingestellt und sehr offen für andere Sachen, neues Denken, neue Weltanschauungen. Auch die ganzen neuen musikalischen Impulse spielten eine sehr große Rolle bei mir, dass es eine Musik abseits des deutschen Schlagers gab. Ich ging in die einschlägigen Discos, das Center und das Filou, und da lief halt eine andere Musik als die von Udo Jürgens und Freddy Quinn oder weiß der Himmel wem. Privat habe ich vor allem Beatmusik gehört, und ich war auch oft in Kassel auf Konzerten.

Ein ehemaliger Klassenkamerad und noch immer guter Kumpel von mir war Ekki Stein, der bei den Blue Moons gespielt hat, einer damals sehr angesagten Beat-Band. Ein anderer Kumpel von mir hat bei denen auch mitgespielt, und ich gehörte zum näheren Umfeld. Ich spielte sehr schlecht Saxofon, und wir haben zusammen immer mal wieder Musik gemacht, aber ich durfte nie mit ihnen auftreten, dafür war ich vermutlich einfach nicht gut genug. Wir haben aber zusammen sehr viel und vor allem sehr intensiv Musik gehört. Die Beatles und die Hollies natürlich, die Stones, diesen ganzen Sound halt. Was meine musikalische Entwicklung betraf, war das für mich eigentlich die prägendste Zeit.

Nach meiner dreijährigen Ausbildung war ich höchst offiziell Steuerinspektor. Ich hatte sogar schon ein sicheres Jobangebot vorliegen, die wollten mich gerne im Finanzamt von Buchholz in der Nordheide weiterbeschäftigen, zirka 250 Kilometer von Göttingen entfernt. Das Problem war aber, dass die mir ganz klar gesagt haben, sie würden mich erst nehmen, wenn ich meinen Ersatzdienst abgeleistet hätte. Das wollte ich aber definitiv nicht tun. Daraufhin habe ich versucht, mit ihnen zu reden, was zu diesem Zeitpunkt leider nicht möglich war. Also habe ich gesagt, dass ich den Job nicht antreten werde. Wie so viele Männer meiner Generation habe ich mich dann 1969 nach Berlin abgesetzt und konnte so dem Ersatzdienst entgehen. So gesehen ist mein Plan aufgegangen.

Als ich 1969 nach Berlin gezogen bin, gab es dort zum Glück viele Leute, die ich schon aus Göttingen kannte. Die waren zum Studieren dorthin gezogen, und viele auch, um wie ich den Wehrdienst zu umgehen. Durch sie bekam ich Kontakt zur Studentenszene und zu vielen Künstlern, die vor allem im Bereich der bildenden Kunst unterwegs waren. So lernte ich schnell viele Leute kennen, das war alles sehr durchlässig damals. Vor allem, weil ich ja auch künstlerisch interessiert war und wir stundenlang miteinander diskutieren konnten. Ich bin dann mit der Zeit auch in Kontakt zu der örtlichen Musikszene gekommen. Zum Glück lebten auch ein paar Verwandte von mir in Berlin, ich war also schon mal nicht völlig allein in dieser neuen, riesigen Stadt.

Ich bekam auch ziemlich schnell einen Job. Weil ich ja beim Finanzamt gelernt hatte, fand ein Steuerberater meine Bewerbung interessant und hat mich direkt eingestellt. Dadurch stand ich bei meinem Neuanfang also auch finanziell erstmal auf sicherem Boden, war also nicht arbeitslos. Den Job habe ich dann tatsächlich bis 1972 gemacht, obwohl es 1970 ja schon mit den Scherben losging. Aber weil das die Anfänge der Band waren und man noch nicht absehen konnte, wie es weiter gehen würde, wollte ich nicht direkt kündigen und bin zweigleisig gefahren. Das hat sich auch als richtig herausgestellt, denn obwohl es zu dem Zeitpunkt mit den ersten Tourneen anfing, war ich zu Beginn froh, dass ich eine sichere Basis, ein sicheres Einkommen hatte. Irgendwann wurde es aber schwierig, die Arbeitszeiten immer so zu koordinieren, dass ich ausreichend Zeit für die Band hatte und gleichzeitig mein Job bei dem Steuerberater nicht zu kurz kam. Ich war bei den Scherben damals für die Tontechnik und die ganze Organisation zuständig.

Irgendwann habe ich nur noch zwei Tage pro Woche bei dem Steuerberater gearbeitet, und letztendlich habe ich es dann ganz auslaufen lassen. Ich hatte eine Entscheidung treffen müssen, und die fiel halt zugunsten der Musik aus.

6.
Wie alles anfing

Als wir uns 1970 persönlich kennenlernten, hatten die anderen Scherben einen ganz anderen Lebensweg hinter sich gebracht als ich. Lanrue und Rio kannten sich schon länger aus dem Rodgau bei Frankfurt. Die beiden hatten schon seit 1966 zusammen Musik gemacht, in einer Band namens Beatkinks haben sie hauptsächlich Beat-Songs gecovert. Noch im selben Jahr gründeten die beiden gemeinsam die Rockband De Galaxis, in der sie bereits eigene Stücke spielten. 1967 sind sie dann nach Berlin umgezogen.

Bevor sie Ton Steine Scherben gründeten, haben Lanrue und Rio jahrelang Theatermusik gemacht und hatten Jobs als Schauspieler an verschiedenen Theatern in Berlin. Das war nichts Festes, es gab mal hier einen Auftritt und mal dort. Trotzdem kann man sagen, dass die beiden professionell in der Künstler- und Musikerwelt unterwegs waren. Sicherlich nicht auf einem hohen Level, vor allem, was die finanzielle Ausstattung betraf, aber sie versuchten schon damals, sich davon zu ernähren und keine anderen Jobs machen zu müssen.

Kai hatte sein Studium an der Musikhochschule in Kiel irgendwann abgebrochen, war nach Berlin gezogen und versuchte sich irgendwie durchzuschlagen. Wolfgang Seidel, der spätere Scherben-Schlagzeuger, studierte zum damaligen Zeitpunkt noch.

Rio hatte schon mit 17 Jahren eine Oper komponiert, *Robinson 2000*. Sie wurde 1967 im Theater des Westens uraufgeführt und lief ungefähr zwei Wochen, war jedoch kein allzu großer Erfolg, aber immerhin ein Achtungserfolg. Das gab viel Presse, weil einige prominente Leute mitgespielt hatten. David Garrick zum Beispiel, ein erfolgreicher englischer Schlagersänger, der 1967 mit „Dear Mrs. Applebee" sogar einen Nummer-1-Hit in Deutschland hatte. Rio wurde damals von einigen in der Musikbranche nicht gerade als Wunderkind verehrt, aber doch schon so wahrgenommen.

Er war auch der Komponist und musikalische Leiter von Hoffmanns Comic Teater, einem semiprofessionellen Maskentheater. Peter Möbius, Rios ältester Bruder, hat dort die Stücke geschrieben und der mittlere Bruder, Gert Möbius, war für die Ausstattung und das Bühnenbild zuständig. Auch Lanrue hat dort gearbeitet. Hier haben die beiden Kai Sichtermann und Wolfgang Seidel kennengelernt, die beiden anderen Gründungsmitglieder der Scherben. Und dann gab es noch die befreundete Kreuzberger Theatergruppe Rote Steine, deren Mitglieder waren Lehrlinge, Azubis würde man heute sagen, oder hatten ihre Lehre abgebrochen. Auch bei denen haben viele Leute mitgemacht, die später zum engen Umfeld von Ton Steine Scherben gehörten. In meiner Zeit bei den Scherben habe auch ich dort ab und zu mal Rollen gespielt, weil mir Theater schon immer viel Spaß gemacht hat. Das war ebenfalls ein Maskentheater und ich habe mal eine Mama oder einen Papa gespielt, mal ein zorniges Kind, das rumgemault hat, oder eine Tochter, die nicht aufgeklärt worden ist und jetzt das erste Date mit einem Mann hatte, was natürlich für Stress in der Familie sorgte. Alles, was so angefallen ist, aber es waren immer ganz wundersame Alltagsszenen, die da gezeigt wurden.

Was ihre Karrieren anbelangte, hatten Rio und Lanrue sehr konkrete Vorstellungen, das muss man einfach klipp und klar sagen. Die wussten ganz genau, was sie wollten, und hatten einen Plan, wie sie es erreichen können. Da entsprachen die beiden definitiv nicht dem Klischee, das man über Künstler aus der damaligen Zeit im Kopf hat. Die beiden haben nicht einfach so in den Tag hineingelebt und sind nicht von Joint zu Joint gezogen, sie haben vielmehr schon sehr früh an der Karriere gearbeitet, die ihnen vorschwebte. Aus diesem Grund sind sie auch mit großem Ernst bei der Sache gewesen und hatten ja auch gleich mit der ersten Single „Macht kaputt, was euch kaputt macht“ großen Erfolg. Das Lied war 1969 ursprünglich für das Theaterstück *Rita und Paul* entstanden.

Auf die Debütsingle gab es eine unglaubliche Resonanz und die Leute haben sofort nach mehr von dem Zeugs verlangt. Lanrue und Rio hatten auch sofort den Anspruch, live zu spielen, allerdings hatten sie zu diesem Zeitpunkt, 1970, erst zwei Lieder veröffentlicht: „Macht kaputt, was euch kaputt macht“ und die B-Seite der Single, „Wir streiken“. Da man mit zwei Songs keine Auftritte angeboten bekommt, mussten Songs geschrieben, eingespielt und veröffentlicht werden. Das war eine Zielvorgabe, die abgearbeitet werden musste, obwohl die Umstände aufgrund des fehlenden Geldes und der fehlenden Produktionsmittel alles andere als einfach waren.

7.
Festival der Liebe

Entscheidend für meine Beziehung zu Ton Steine Scherben war das Fehmarn-Festival 1970, bei dem Jimi Hendrix seinen letzten Auftritt vor seinem Tod hatte. Das war ein ziemlich skandalöses Festival, viele Bands waren zwar groß angekündigt worden, dann aber nicht angereist, weil die Veranstalter die Gagen nicht wie versprochen im Vorfeld bezahlt hatten. Groß gesponsort wurde das Festival der Liebe von Beate Uhse, was wir natürlich sehr lustig fanden. Es ging über drei Tage, und ich war mit ein paar Freunden hingefahren. Es waren ganz wunderbare musikalische Glanzlichter dabei, aber eben auch viel Durchhängerei, weil die Organisation völlig überfordert war. Der Plan, ein zweites Woodstock auf Fehmarn auf die Beine zu stellen, war nicht nur ziemlich größenwahnsinnig, sondern ging auch völlig in die Hose. Den meisten der 25.000 Zuschauer war das überraschenderweise aber ziemlich egal, schließlich ging es darum, dabei zu sein und etwas zu erleben. Damals hatte noch niemand in Deutschland mit derartigen Veranstaltungen Erfahrungen, die größten Konzerte fanden in Hallen statt, so riesige Open-Air-Festivals mit so vielen Menschen und so vielen Gruppen hatte es bis dahin bei uns noch nicht gegeben.

Am Sonntag, dem dritten und letzten Tag des Festivals, passierte es dann. Als letzte Band, also nach Jimi Hendrix, dem Highlight des Tages, trat plötzlich eine junge deutsche Band namens Ton Steine Scherben auf. Keiner kannte die vier jungen Männer, die plötzlich auf der Bühne standen. Es muss zirka um 17 Uhr gewesen sein, die

Stimmung war bei den meisten verbliebenen Zuschauern mittlerweile im Keller, viele waren nach dem Auftritt von Hendrix auch schon gegangen, was sollte noch groß passieren? Ich stand mit meinen Kumpels etwas abseits, die Luft war auch bei uns ziemlich raus, und eigentlich waren wir schon bereit, nach Hause zu fahren. Dann fingen die vier auf der Bühne an zu spielen, der erste Song hieß „Macht kaputt, was euch kaputt macht". Das war schon mal untypisch, denn die wenigsten Rock-Bands sangen damals auf Deutsch. Ich merkte sofort, dass ein Funke übersprang. Die da oben auf der Bühne waren völlig aufgeladen, voll präsent. Es war eben nicht der 50. Auftritt einer routinierten Combo, sondern etwas ganz Neues. Die Jungs erlebten in diesem Moment zusammen mit dem Publikum etwas, was sie bis dahin nicht kannten. Sie waren körperlich absolut im Hier und Jetzt. Voll da. Und elektrisierten das verbliebene Publikum.

Nach dem ersten Lied machte Rio eine kurze Ansage, in der er sagte, wie scheiße er die Organisation des Festivals fand. Dass sie bislang noch keinen Pfennig vom Veranstalter gesehen hätten und sich nicht weiter verarschen lassen wollten. Dann kamen noch zwei Songs, „Wir streiken" und „Solidarität", und man merkte mehr und mehr, wie die Stimmung immer hitziger wurde. Die Band hatte die Zuschauer hundertprozentig in ihren Bann gezogen und putschte sie mehr und mehr auf.

Diesen Auftritt fand ich so faszinierend, dass er sich in meinem Kopf festsetzte. Es war etwas völlig anderes, allein schon wegen der deutschen Texte. Schließlich beschäftigte mich die Frage, wie man sich anders, als es bislang gemacht worden war, auf Deutsch ausdrücken könnte, schon seit langem. Hinzu kam die unfassbare Präsenz der vier auf der Bühne. Kai spielte mit einer Wolldecke auf den Schultern Bass. Rio war bis in die Fingerspitzen so präsent, wie man ihn dann später häufig erlebt hat. Er strahlte eine Gereiztheit aus, die ganz anders war als alles, was man sonst so auf der Bühne geboten bekam. Das war schon eher eine Theateraufführung als der Bühnenauftritt eines Musikers. An den vorherigen Tagen des Festivals hatte man meistens Bands aus Deutschland gehört, die instrumental leicht flockige, sphärige, eher unterhaltsame Musik machten. Verglichen damit war der Auftritt von Ton Steine Scherben ein absoluter Bruch und für mich ein Erweckungserlebnis, weil er mir gezeigt hat, wie außergewöhnlich und wuchtig Musik mit deutschen Texten klingen kann.

Jimi Hendrix hatte mir auf dem Festival sehr gut gefallen, gegen den Auftritt konnte man wirklich nichts sagen, der war von der Atmosphäre her einfach ganz toll. Eigentlich hatte er am Sonntag früh um 11 Uhr anfangen sollen, aber er hatte uns zwei Stunden warten lassen. Dafür bekam er zu Beginn seines Auftritts ein paar Pfiffe, weil viele natürlich völlig übernächtigt waren und gerne noch zwei Stunden geschlafen hätten. Er spielte aber ein sehr ruhiges Set, das die Gemüter besänftigte und supergut ankam. Noch mehr hatten mir aber Sly & the Family Stone zugesagt. Das war höchstgradiges Showbusiness, sowohl in Bezug auf ihre Klamotten, als auch hinsichtlich der Stimmung und dem Groove. Das funkte voll rein.

Ich bin dann mit meiner Clique nach Hause gefahren und habe erst später erfahren, dass nach dem Auftritt von Ton Steine Scherben noch die Bühne in Brand gesetzt worden war. Angeblich hatten die Scherben etwas mit dem Feuer zu tun – ein wunderschöner Mythos, der sich bis heute hält. Die Stimmung gegen die Veranstalter war aber auch so schon hochexplosiv und am Brodeln gewesen, weshalb ich mir gut vorstellen kann, dass einige Zuschauer die Sache selbst in die Hand genommen und den Brand gelegt haben. Auch die Motorradrocker, die der Veranstalter als Security engagiert hatte, waren stinksauer, weil sie ihr Geld nicht bekamen. Menschen mit Wut im Bauch gab es also genug. Ob tatsächlich Rio und Co. für das Niederbrennen der Bühne verantwortlich waren, wurde nie abschließend geklärt, aber sicher ist: Sie haben nicht allein das entscheidende Streichholz gezündet und die Bühne abgefackelt. Ihren Auftritt fand ich aber auch ohne dieses Feuerwerk absolut beeindruckend.

8.
Vorsingen

Ein paar Tage später, wieder in Berlin, habe ich mich daran erinnert, dass ich von Ton Steine Scherben schon früher mal was bemerkt hatte. Das Steuerberatungsbüro, in dem ich arbeitete, lag am Steinplatz, ebenso wie die Mensa der Technischen Universität Berlin. In der Mittagspause war ich oft dorthin gegangen, weil es da immer kleine Stände gab, an denen man afghanische Pelzmäntel, Bücher und so weiter kaufen konnte. Ein Stand war mir aufgefallen, an dem eine Single angeboten wurde – „Macht kaputt, was euch kaputt macht" von Ton Steine Scherben. Die hatte ich mir zwar noch nicht gekauft, aber der Stand war sehr auffällig, weil da halt nur ein paar Bücher und eben diese Single lagen, die an die Leute gebracht werden sollte, für drei oder vier Mark. Das war mir einfach im Gedächtnis geblieben.

Durch den Auftritt in Fehmarn hatte sich die Band extrem in meinem Kopf verankert, und ein paar Wochen später war in der Hochschule für bildende Künste mal wieder eine größere Veranstaltung, auf der einige Berliner Szene-Bands auftraten: Ash Ra Tempel, Agitation Free und eben Ton Steine Scherben. Da bin ich natürlich hingegangen, und auch dieses Mal war ich sehr beeindruckt von der Musik und dem Auftreten der Band. Nach dem Konzert habe ich meinen ganzen Mut zusammengenommen und Wolfgang Seidel, den damaligen Schlagzeuger, angesprochen. Ich sagte ihm, dass ich es toll fände, was die Band mache, und dass ich auch ein paar Texte geschrieben hätte, die ich ihnen gerne mal vorstellen würde.

Zu meiner Überraschung sagte Wolfgang, dass das überhaupt kein Problem sei, und er lud mich ein. Ich solle einfach in die Görlitzer Straße kommen, wo einige aus der Band damals wohnten. Ich bin also ein paar Tage später hingefahren. Besonders aufgeregt war ich nicht, ich bekomme ohnehin ganz selten Lampenfieber. Öffentliche Auftritte waren somit nie ein Problem für mich. Rückblickend betrachtet, stellte ich der Band meine Texte trotzdem auf eine ziemlich bizarre Art vor. Rio hat das in seiner Autobiografie *König von Deutschland* sehr gut beschrieben:

Wenig später holperte ein klappriges MG-Cabrio über die Pflastersteine und kam vor dem Fenster zu stehen. Ihm entstieg eine Person, männlich, zwischen 20 und 30 Jahre alt, bekleidet mit einem blau-weiß-gestreiften Sommeranzug, vermutlich italienischer Fabrikation. 1,70 Meter groß, längeres, schütteres, dunkelblondes Haar, rundes Gesicht, Ziegenbart. Die Person bewegte sich auf die Haustür zu.

„Also ich bin der Nikel Pallat, nich. Freut mich, euch kennenzulernen. Ich hab euch in Fehmarn gesehen, nich, ja, und da dachte ich mir, kommst mal vorbei, ja, nich. Es ist nämlich so, ich schreibe selber Texte."

Aha!

„Ja, und die kann ich euch mal zeigen, hier, ich hab se dabei, könnter mal kurz reingucken und mal sagen, was ihr dazu sagt, ne."

Mhm.

„Also den hier, zum Beispiel, da habe ich mal versucht, dieses Computer-Problem zu behandeln. ‚Lochkarten-Baby', auf die Musik von Eddie Cochran, ja, den werdet ihr ja, also, kennen, nich, dieses ‚She's Something Else'. Also, wenn ihr wollt, ja, dann kann ich euch das auch mal vorsingen, nich!"

Nur zu.

„Habt ihr ne Gitarre da oder so was, dass mich vielleicht einer begleitet?"

Leider nicht.

„Na ja, macht nix. Tja, dann werd ich das jetzt mal machen, nich."

Und los.

Er stellte sich breitbeinig hin, das Textblatt in der Hand, hob den Kopf und begann zu singen wie ein arabisches Waschweib. Kai und Lanrue saßen auf dem Sofa, beide Hände krampfhaft vor den Mund gepresst, und drohten zu platzen. Lanrue behauptet heute noch, er hätte das Sofa benässt, also vor Lachen in die Hose gemacht.

Rio hat die Beschreibung der Situation sicherlich etwas ausgeschmückt, das muss ja auch sein. Aus heutiger Sicht muss ich aber ganz klar sagen: Besser und vor allem unterhaltsamer hätte ich das erste persönliche Zusammentreffen mit Lanrue, Rio, Wolfgang und Kai auch nicht wiedergeben können. Allerdings habe ich damals nicht mitbekommen, dass die vier während meines Vortrags gelacht haben, und dass Lanrue sich in die Hose gemacht hat, habe ich auch nicht bemerkt. Vielleicht liegt das aber auch daran, dass ich in dem Moment sehr auf mich selbst fokussiert war, wie man heutzutage so schön sagt. Aus diesem Grund habe ich vieles, was um mich herum passiert ist, vermutlich nicht mitbekommen. Ich habe mir nur gesagt: Jetzt gib Gas, zieh das Ding einfach durch!

Die Stimmung in dem Raum würde ich als neugierig bezeichnen. Man saß zusammen, vorweg gab es ein bisschen Smalltalk, und dann kam man zur Präsentation. Für mich war es eine extrem seltsame Situation, weil ich halt nicht von einer Gitarre oder einem anderen Instrument begleitet wurde, sondern die Texte acapellamäßig vortragen musste. Ich hatte Adaptionen bekannter Lieder vorbereitet, zu denen ich eigene Texte auf Deutsch geschrieben hatte. Da hätte es natürlich sehr geholfen, wenn jemand die Melodie gespielt hätte, auf welchem Instrument auch immer. Ich hatte nicht das Gefühl, dass mein Vortrag auf die Jungs verstörend gewirkt hatte, sie konnten aber nicht richtig einordnen, was das jetzt gewesen sein sollte. Meine

Texte waren vermutlich auch eher mau. Ich habe so was zuvor und danach nie wieder gemacht, und die Jungs auch nicht, es war also für alle Beteiligten etwas Einmaliges.

Wenn man da als Laie steht, um dich herum nur Vollblutmusiker, und man singt a cappella etwas Selbstgetextetes, hat man automatisch so ein „Augen zu und durch"-Gefühl. Ich will auch gar nicht leugnen, dass ich vermutlich auch etwas schillernd aufgetreten bin, denn so bin ich nun mal. Aber sie haben mich zu Ende singen lassen, insofern kann es gar nicht so verkehrt gewesen sein. Und immerhin habe ich offensichtlich einen bleibenden Eindruck bei Rio hinterlassen, sonst hätte er, als er seine Autobiografie geschrieben hat, also knapp 30 Jahre nach unserer ersten Begegnung, nicht mehr so viel davon in Erinnerung gehabt.

Als wir anschließend noch zusammensaßen und quatschten, machten die Scherben einen relativ normalen Eindruck auf mich. Das waren vier nette junge Männer, von denen keiner hervorstach. Es war nicht sofort offensichtlich, dass Rio der charismatischste von ihnen war, und auch von der Kommunikation her hatte man das Gefühl, dass alle vier gleich viel zu sagen hatten, da gab es keinen Wortführer oder Chef. Nach meinem Auftritt hatten wir sofort einen Draht zueinander und alle gemeinsam das Gefühl, dass zwischen uns etwas wachsen könnte. Ich habe denen dann erzählt, dass ich eine Ausbildung beim Finanzamt gemacht habe, mich also ziemlich gut mit Zahlen auskennen würde, und so kamen wir gemeinsam auf die Idee, dass ich die Band sehr gut organisatorisch unterstützen könnte. Ja, warum nicht. Damit hatte ich kein Problem, lasst uns doch mal sehen, wie wir zusammenkommen. An einzelne Aussagen aus dem Gespräch kann ich mich heute nicht mehr erinnern, aber ich weiß noch, dass ich danach ein positives Gefühl hatte und mir dachte: Mensch, das war doch ein guter Einstieg.

Das klingt jetzt in der Erinnerung recht unspektakulär, aber rückblickend muss ich sagen, dass dies der alles entscheidende Moment meines Lebens war. Dieser Tag war für mich definitiv der Einstieg in ein anderes, völlig neues Leben. Aber das war mir damals, als ich das

Haus in der Görlitzer Straße wieder verließ, natürlich nicht bewusst. Damals war das noch alles völlig normal für mich, schließlich kannte ich ja auch andere Bands, bei denen ich schon in verschiedenen Bereichen ausgeholfen hatte. Das Metier, auf das ich mich wieder eingelassen hatte, war mir keineswegs fremd. Aber natürlich konnte ich damals die Auswirkungen, die dieser Tag auf mein ganzes Leben haben sollte, überhaupt noch nicht absehen. Ob das jetzt was für die Ewigkeit sein würde, oder eher nur für ein paar Monate, zeichnete sich in keinster Weise ab.

Ich habe allerdings sofort gespürt, dass in der Band mehr steckte als in den 100.000 anderen Bands, die es mal versucht haben und dann gescheitert sind. Ich war mir sicher: Das kann interessant werden, das kann etwas richtig Großes werden. Eine hundertprozentige Sicherheit kann dir natürlich keiner geben, vor allem nicht am Anfang, wenn gerade mal eine Single draußen ist, aber mein Gefühl war so stark, dass ich es einfach versuchen wollte.

9.
Vom Steuerinspektor zum Scherben-Manager

Mein Abenteuer mit Ton Steine Scherben ging schon bald los. Ich sollte mich um Auftritte bemühen und organisierte auch tatsächlich ziemlich schnell innerhalb von ein paar Wochen erste Konzerte in Berlin. Eine zweite große Baustelle, die ich dann auch übernahm, war der Verkauf der „Macht kaputt"-Single, den ich ankurbeln sollte. Ich sollte neue Märkte erschließen und den Postversand organisieren. Das waren zum Start in dem völlig neuen Job schon mal ziemlich große Aufgaben, an denen ich auch leicht hätte scheitern können, und das wär's dann halt gewesen. Es war aber genau umgekehrt, alle Beteiligten merkten, dass es Spaß machte und sinnvoll war, mich dabeizuhaben.

Ich war nicht enttäuscht, dass man mich nicht direkt als Musiker in die Band aufgenommen hatte. Das war sowieso nicht mein erstes Ziel gewesen. Ich hatte natürlich gehofft, dass sich da vielleicht was machen ließe, dass sie vielleicht mal einen Text von mir gut finden und Musik dazu komponieren würden. Oder mich vielleicht sogar mal ein Lied singen ließen. Ich wollte das einfach mal checken, aber die Grundvoraussetzung für meine Mitarbeit in der Band war das nicht. Dadurch, dass ich im Gegensatz zu den anderen den Umgang mit Zahlen gelernt hatte, konnte ich vielmehr mehrgleisig fahren.

Ich war damals Mitte 20 und schon in Göttingen nicht jemand gewesen, der jede Woche zu seinen Eltern ging, um mal nachzuschauen, wie es ihnen geht. Nur an Weihnachten wurde von mir erwartet, dass ich zu Hause antrat, und das wollte ich auch. Das Weihnachtsfest 1970 war besonders interessant, weil es in die Zeit fiel, in der ich gerade anfing, in der Band Fuß zu fassen, aber auch noch meinen anderen Job gemacht habe. Ich war also in Göttingen und erzählte meinen Eltern unter dem festlich geschmückten Tannenbaum, dass ich in Berlin ein paar Kumpels hätte, die Musik machten, dass wir einiges bewegen wollten und ich beabsichtigte, meinen Job aufzugeben, um mich ganz der Band widmen zu können. Ehrlich gesagt, hatte ich keine Ahnung, wie meine Eltern auf diese zugegebenermaßen etwas verrückt klingenden Neuigkeiten reagieren würden. Ich schwärmte ihnen in den höchsten Tönen von Ton Steine Scherben vor und erzählte ihnen, dass wir sogar schon eine Single veröffentlicht hätten. Vorsorglich hatte ich auch ein paar mitgebracht und meinen Eltern mit feierlicher Miene eine überreicht. Die Reaktion meiner Eltern war großartig. Sie fanden das alles völlig in Ordnung, vielleicht weil der berufliche Weg bei ihnen auch alles andere als gradlinig gewesen war, war es für sie nichts Schlimmes, dass ich nicht unbedingt den sicheren Weg gehen wollte.

Meine Mutter hat wohl nie verstanden, was wir mit unserer Musik und unseren Texten bewegen wollten, was der Ansatz unserer Band war und was das alles mit Rebellion zu tun hatte. Sie fand es einfach toll, dass ihr Junge was mit Musik machte, auf der Bühne stand und Fans hatte, dass er viele andere Künstler kannte und viele Freunde hatte. Also dachte sie sich wohl: Na gut, wieso eigentlich nicht. Es gab von meinen Eltern jedenfalls niemals Anzeichen dafür, dass sie mich nicht gerne unterstützen würden. Ganz im Gegenteil, als wir mit den Scherben 1975 nach Fresenhagen gezogen sind, hat mein Vater mich noch bei der Baufinanzierung unterstützt. Als wir damals aufs Land gezogen sind, mussten wir 50.000 Mark zusammenkratzen, um den Hof kaufen zu können. Das war zwar einige Jahre später, aber man sieht daran, dass der plötzliche Richtungswechsel meines Lebensweges für meine Eltern in Ordnung war und nicht ein Tischtuch zerschnitten war oder sonst irgendwas nicht gestimmt hat. Ich glaube, dass meine Eltern meinen Lebensweg durchaus wohlwollend beobachtet haben.

Bei diesem Weihnachtsfest, als ich den beiden zum ersten Mal alles erzählte, habe ich jedenfalls meine Geschenke trotz der einschneidenden Neuigkeiten bekommen. Die restlichen Singles, die ich dabei hatte, habe ich dann in den einschlägigen Läden verteilt, im Jungen Theater zum Beispiel, das ich noch von früher kannte und wo ich auch Bruno Ganz kennengelernt hatte, der zum Ensemble gehörte. Göttingen war eine seiner ersten Stationen nach der Schauspielschule. Zu meiner Überraschung kannte man dort unsere Single bereits und nahm mir gerne ein paar ab. Sie verkaufte sich erwartungsgemäß gut.

Die Scherben waren eben schon damals auch hunderte Kilometer von Berlin entfernt der heiße Scheiß, das habe ich immer wieder gemerkt. Wenn wir irgendwo zum Auftritt in eine neue Stadt kamen, habe ich deshalb Platten mitgenommen und versucht, sie in die örtlichen Plattenläden zu bringen.

10.
Steig ein

Meine Rolle innerhalb der Band war in der Tat außergewöhnlich, weil ich nicht als Musiker angefangen habe, sondern als Organisator. Dass ich dann irgendwann ganz offiziell der Manager der Scherben geworden bin, hat sich im Laufe der Zusammenarbeit einfach so ergeben. Ich hatte irgendwann festgestellt, dass die Jungs organisatorisch unter aller Kanone waren. Was ja auch kein Wunder war, schließlich waren die vier anderen alle so um die 20 Jahre alt, hatten keine kaufmännische Erfahrung oder zumindest irgendwas in der Richtung vorzuweisen. Ein bisschen Organisation machte damals Gert Möbius, der ältere Bruder von Rio, zusammen mit einem gewissen Lothar Binger, der zum weiteren Bekanntenkreis gehörte und sie auch ein bisschen unterstützen wollte. Das war alles ganz nett, aber man merkte sehr deutlich, dass sie eigentlich andere Interessen hatten und die organisatorische Arbeit für die Scherben nicht ihr Ding war.

Gerade am Anfang war alles noch überschaubar und keine Herkulesaufgabe. Die Strukturen waren noch, sagen wir mal, nicht sonderlich komplex, sich da reinzuarbeiten, ging also relativ zügig. Es gab auch schon gewisse Abläufe, an denen man andocken konnte. Sprich: Es gab Läden, die die „Macht Kaputt“-Single bestellten, und ich musste mich darum kümmern, dass die auch geliefert wurde. Um bekannter zu werden und Geld zu verdienen, war es natürlich auch wichtig, Konzerte zu geben. Also habe ich mehrere Konzerte in Berlin organisiert, was auch recht ordentlich geklappt hat. Man kann sagen: Meine Arbeit wurde von Anfang an angenommen. Dann galt es auch, ziemlich schnell das Problem zu lösen, wie wir die Produktion unseres ersten Albums gewuppt bekommen. Das war wirklich ein großes Problem, denn einerseits fehlten die Produktionsmittel, also die Geräte, wir hatten damals ja kein eigenes Studio, und in ein teures Studio konnten wir nicht gehen, weil wir uns das schlicht nicht leisten konnten. Einige hätten uns vermutlich auch gar nicht haben wollen, in den weltberühmten Hansa Studios zum Beispiel wurden zu dieser Zeit, Anfang der 1970er Jahre, vor allem Schlager aufgenommen.

Ich musste mich also um eigene Produktionsmittel kümmern und im Idealfall den Spagat hinbekommen, qualitativ hochwertige Geräte zu einem möglichst günstigen Preis zu beschaffen. Außerdem musste ein Proberaum zu einem vernünftigen Preis angemietet werden und ich musste mich um ein Fahrzeug kümmern, mit dem die Band zu den Auftritten fahren und die Anlage transportieren konnte, auch das gab es bislang nicht. Die Beschaffung eines geeigneten Transportmittels war dann auch eine meiner ersten Amtshandlungen. Zur damaligen Zeit fanden regelmäßig Auktionen der Deutschen Bundespost statt, die ihren Transporterbestand ausdünnte. Dort habe ich für relativ wenig Geld einen alten Post-LKW erworben, der als erstes Fahrzeug in die Bandgeschichte einging und mit dem wir auch auf Tournee gegangen sind. Der Mercedes war natürlich klassisch postgelb und hatte ein schwarzes Posthorn-Logo auf beiden Seiten. Vorne hatten zwei oder drei Personen Platz, die anderen mussten mit einem PKW hinterherfahren. Wichtig war, dass wir unsere ganze Anlage darin verstauen konnten, so gesehen war das eine super Erleichterung. Der Wagen war sehr zuverlässig und blieb nie liegen, wir hatten mit ihm extrem wenig Ärger, da musste man die Deutsche Post wirklich mal loben.

Rückblickend kann ich sagen, dass meine erste größere Investition für die Scherben sehr gut angelegt war und uns viel Geld gespart hat, denn bis dahin hatte die Band sich für die Transporte zu Konzerten immer einen LKW gemietet. Wenn wir Konzerte in der Bundesrepublik gespielt haben, mussten wir ja immer weite Strecken zurücklegen, raus aus der Insel Berlin, über die Transitstrecke, bis zum Grenzübergang nach Westdeutschland und dann noch weiter zum Auftrittsort. Jetzt schepperte der gelbe Kasten mit uns immer aus Berlin raus, über die DDR-Autobahn und bei Helmstedt über die Grenze. Außerdem waren wir durch das eigene Fahrzeug jetzt beweglicher und wir konnten, wann immer wir wollten, auch mal spontan losfahren.

Den Wagen haben wir dann eine TÜV-Phase lang gefahren, also zirka zwei Jahre, und danach kamen ein alter Hanomag, ein Ford Transit und so weiter. Wir hatten viele verschiedene Bandfahrzeuge. Die einzige Bedingung war immer: Sie mussten in einem halbwegs vernünftigen Zustand sein und preiswert. Es gab auch eine Zeit, da hatten wir sogar zwei Fahrzeuge, den Ford Transit und einen LKW für unser Equipment. Denn die Band war immer größer geworden und es gab immer mehr Mitglieder, und die mussten halt alle irgendwie zu den Auftritten kommen.

Intermezzo mit Kai und Funky (I)

Kai Sichtermann wurde 1951 in Kiel geboren. 1969 zog er nach Berlin, wo er ein Jahr später zusammen mit Rio Reiser, R.P.S. Lanrue und Wolfgang Seidel Ton Steine Scherben gründete. Er spielte erst Gitarre, dann Bass. 1973 ist er aus der Scherben-Kommune in Berlin ausgezogen, auch nach Fresenhagen ging er nicht mit, weil ihm das ganze Vorhaben „zu chaotisch" erschien. Darum ist er auch auf dem Album *Wenn die Nacht am tiefsten nicht* dabei. Ende 1975 wurde er aber wieder Mitglied der Band und spielt bis heute Bass bei Ton Steine Scherben.

Funky K. Götzner wurde 1953 in Reichenberg bei Würzburg geboren. Er kam 1974 zu Ton Steine Scherben, die nach dem Ausstieg von Olaf Lietzau einen neuen Drummer gesucht hatten. Das „K." steht für Klaus, seinen Spitznamen „Funky" bekam er, nachdem er per Zeitungsanzeige Anschluss an eine Funk-Band gesucht hatte. Funky K. Götzner ist noch heute mit Ton Steine Scherben unterwegs und spielt Schlagzeug bzw. Cajon.

Das Interview mit Kai und Funky fand telefonisch statt, die beiden saßen zusammen in Berlin.

Kai: Meine erste Begegnung mit Nikel war gleichzeitig auch Nikels allererste Begegnung mit Ton Steine Scherben. Er hatte uns im September 1970 bei unserem Konzert auf Fehmarn gesehen und dann irgendwie rausbekommen, wo wir in Berlin wohnten. Kurze Zeit später stand er plötzlich vor der Tür unserer Wohnung in der Görlitzer Straße 74, nicht weit weg von der Mauer. Da trug er schon seinen legendären Ziegenbart; Nikels Aussehen war ja in all den Jahren immer wieder ein Thema, weil es so, sagen wir mal: originell war.

Damals, bei unserem ersten Kennenlernen, hat Rio anschließend noch ein bisschen mit ihm geredet, und wir sind irgendwie auf die Idee gekommen, dass er organisatorisch was bei uns machen könnte. Das fand Nikel gleich super, und so ist er dann nach und nach bei uns in die Managerrolle reingeschlittert.

Er hat zu der Zeit in einer kleinen Zweizimmerwohnung in der Weimarischen Straße in Berlin-Wilmersdorf gelebt. Ich weiß noch ganz genau, dass wir immer an der U-Bahn-Haltestelle Bundesplatz aussteigen mussten, wenn wir ihn besuchten. Ein Zimmer der Wohnung war immer so zugestellt, dass es eigentlich unbewohnbar war. Es war kein Müll, der darin lagerte, sondern aller mögliche Kram, den er nicht wegwerfen wollte. Er konnte sich einfach von nichts trennen. Das andere Zimmer war sein Wohn- und Schlafzimmer. Das war schon eine wirklich seltsame Wohnung, die er damals hatte.

Funky: Ich bin 1974 zum ersten Mal zu den Scherben in die WG am Tempelhofer Ufer gekommen. Ich hatte mich bei ihnen als Schlagzeuger beworben und war zusammen mit ein paar anderen Kandidaten zum Vorspielen eingeladen worden. Auf mich hat das alles einen ziemlich verrückten Eindruck gemacht, weil ich mir die legendäre und sagenumwobene Scherben-WG komplett anders vorgestellt hatte. Schlotterer hat mir, nur mit einer Lederjacke bekleidet, die Tür geöffnet. Dann kam Nikel um die Ecke, der sah schon allein wegen seines Ziegenbarts skurril aus. Er trug so ein seltsames Hemd mit Sternchen. Dann war da noch Uli Hammer im Seidenanzug, den er sich selbst geschneidert hatte. Der war über und über mit Plastikdiamanten von Woolworth bestickt. Dazu hatte er sich einen Oberlippenbart stehen lassen. Irgendwie sah er aus wie ein Plantagenbesitzer aus den Südstaaten der USA. Die Zimmerdecke war von Britta Neander mit Sternen bemalt worden. Insgesamt war das alles sehr erschlagend für mich und ich war, sagen wir es mal ganz vorsichtig, erstaunt. Als sie mich dann als neuen Drummer akzeptiert hatten und ich regelmäßig in der Wohnung war, wurde es nicht weniger skurril. Ständig waren Menschen da, die man vorher noch nie gesehen hatte. Manchmal kam man in die WG und wusste gar nicht, wer da gerade in der Badewanne lag. Nikel habe ich damals als denjenigen erlebt, der versucht hat, das ganze Chaos in geordnete Bahnen zu lenken. Er war der Organisator, hat dafür gesorgt, dass die Platten fertiggestellt werden. Die Cover haben wir in der WG immer eigenhändig zusammengetackert. Außerdem war Nikel derjenige, der am erfolgreichsten versucht hat, Geld ranzuschaffen. Er hat die komplette Buchhaltung gemacht. Wir waren finanziell in dieser Phase der Bandgeschichte in wirklich großer Not, chronisch pleite. Dadurch war Nikel schon darauf trainiert, uns mit Essen zu versorgen. Er ist ab und an mit Bernhard Käßner losgezogen und hat Supermärkte abgeklappert: Einer hat den Verkäufer abgelenkt, und der andere hat schnell einen Sack Kartoffeln auf die Ladefläche unseres alten Hanomag geworfen. Die beiden haben sich im Laufe der Zeit immer neue Tricks ausgedacht, wie sie mit dem bisschen Geld, was sie zur Verfügung hatten, die ganze WG satt bekommen konnten.

Kai: Das Geld war schon vorher, eigentlich seit Bestehen von Ton Steine Scherben, immer knapp. Wir haben oft gehungert, „Kohldampf geschoben", haben wir das genannt. Dieses ganz schlimme Hungern endete aber in dem Moment, als Nikel zu uns gestoßen ist. Er hat es immer irgendwie geschafft, Essen ranzuschaffen. Das waren selbstverständlich nicht immer opulente Mahlzeiten, aber irgendwas gab's immer. Einmal hat er einen

Salat gemacht mit Fanta als Dressing und Gummibärchen als Beilage. Diese Mahlzeit ist in die Bandgeschichte eingegangen. Das war in Fresenhagen und es waren nur noch diese drei Zutaten verfügbar. Leider war ich an dem Tag nicht dort, aber die Geschichte wurde über die Jahre so oft erzählt, dass sie absoluten Kultstatus hat. Ab dem Moment, als Nikel da war und sich gekümmert hat, habe ich nicht mehr gehungert.

Funky: Bei ihm kam noch hinzu, dass er ein unglaubliches Zahlengedächtnis hatte. Wo andere schon längst den Taschenrechner gezückt haben, hat er noch alles locker im Kopf ausgerechnet. Trotzdem waren immer alle Abrechnungen, egal ob die von Konzerten oder von Plattenverkäufen, absolut korrekt.

Kai: Oh ja, ein gutes Zahlengedächtnis hatte er wirklich. Auch was Telefonnummern angeht. Man konnte Nikel nach jeder Telefonnummer fragen, er wusste die immer sofort auswendig, die Antwort kam immer wie aus der Pistole geschossen.

Funky: Mir fällt aus der Zeit am Tempelhofer Ufer auch noch eine lustige Anekdote ein. Das muss so 1974/75 gewesen sein. Damals herrschte in dem Haus ein totales Chaos, wir waren ständig in Geldnot und Nikel war zu einem Meister der Improvisation geworden. Egal wie widrig die Umstände auch waren, er hat sich nie unterkriegen lassen, hat immer einen unglaublichen Optimismus ausgestrahlt. Auf jeden Fall klingelte es an unserer WG-Tür und wir wussten aus Erfahrung, dass es meistens nichts Gutes zu bedeuten hatte, wenn es klingelte. Oft war es die Polizei oder ein Nachbar, der sich über den Lärm beschweren wollte, weil wir mal wieder im Wohnzimmer probten. Auf jeden Fall klingelte es, Nikel ging mit mir zur Tür, öffnete, und vor uns standen zwei Finanzbeamte. Einer fragte höflich, ob ein Herr Pallat hier wohnen würde. Nikel zögerte keine Sekunde und sagte sofort: „Pallat? Den kenne ich nicht.

Habe ich nie gehört. Wer soll das denn sein? Nee, da sind Sie hier falsch." Das hat er so überzeugend gespielt, dass die beiden direkt wieder abgezogen sind, und wir haben uns vor Lachen nicht mehr eingekriegt. Das war typisch für Nikel, er war immer schlagfertig und originell.

Kai: Nikel konnte aber nicht nur wahnsinnig charmant sein, er konnte auch richtig grantig werden. Einmal sind wir nach einem Konzert in ein Restaurant gegangen, um was zu essen und zu trinken. Wir hatten damals lange Haare und sahen auch ansonsten nicht aus wie, sagen wir mal, Finanzbeamte. Wir kamen also als ziemlich wilde Truppe reinmarschiert und wurden einfach nicht bedient. Man hat uns schlicht und ergreifend ignoriert. Also sind wir aufgestanden und rausgegangen, Nikel ging als Vorletzter. Auf dem Tresen stand ein großes Sparschwein aus Porzellan, das er im Vorbeigehen gepackt und mit voller Wucht auf den Boden geschmissen hat. Es ist in tausend Teile zersplittert. Da mussten wir natürlich unsere Beine in die Hand nehmen und wegrennen, so schnell wir konnten, weil die ganzen Kerle, die in dem Restaurant saßen, sofort hinter uns hergelaufen kamen. Erwischt hat uns aber keiner von denen.

Funky: Die ganze Art und Weise, wie Nikel sich künstlerisch ausgedrückt hat, wie er sich als Entertainer dargestellt hat, war schon einzigartig. Er war ja nicht gerade ein Genie am Saxofon. Wenn ich gemein wäre, würde ich jetzt sagen, dass ich immer froh war, wenn er das Instrument nicht angefasst hat. Aber dafür war er umso besser, wenn es darum ging, besondere Ausdrucksformen zu finden. Zum Beispiel die Art und Weise, wie er beim Singen die Textzeilen betont hat, das macht man eigentlich nicht so, aber Nikel war das völlig egal. Er hat sein Ding durchgezogen und es einfach so gemacht, wie er wollte. Mal hat er die Betonung auf ein Wort gelegt, mal auf einen Satz, aber irgendwie hat es immer gepasst. Als würde er sein eigenes musikalisches Universum um sich herum erschaffen. Das fand ich immer total erstaunlich und ich habe mich oft gefragt, wie er das hinbekommt. Von allen Künstlern, die ich kenne, konnte nur Nikel auf diese ganz besondere Art performen. Natürlich kann man auch sagen, dass Nikel bei jedem normalen Casting sofort durchgefallen wäre, aber für ihn war es stimmig.

Kai: Nicht nur für ihn, auch Rio mochte seinen besonderen Gesangsstil. Deshalb war er ja auch der Einzige, der neben Rio live und auf Platte gesungen hat. Meistens „Guten Morgen", das war zusammen mit „Paul Panzers Blues" sein Szene-Hit. Nikel selbst hatte die Idee, sich bei Konzerten völlig nackt in einen Schlafsack vorne auf die Bühne zu legen, bevor das Lied begann. Wir sollten dann anfangen zu spielen, und er wollte so tun, als würde er aufwachen, aufstehen, sich anziehen und nach und nach wollte er dann anfangen zu singen. Die Idee fanden wir alle gut und so haben wir es dann auch gemacht. Nikel hat bei „Guten Morgen" also immer einen umgekehrten Striptease hingelegt, was bei den Zuschauern natürlich richtig gut angekommen ist. Irgendwann hatte Lanrue dann die Idee, dass wir das Lied bei einem Konzert einfach auslassen und Nikel vorne auf der Bühne nackt in seinem Schlafsack liegenlassen könnten. Die Idee fanden wir alle sehr lustig, haben es dann aber doch nicht gemacht. Vermutlich hatten wir zu viel Mitleid mit Nikel.

Funky: Dass er nicht nur bei den Scherben-Fans Kultstatus genießt, kommt natürlich auch von seinem legendären Auftritt beim WDR, wo er mit dem Beil den Tisch zertrümmern wollte und gescheitert ist. Das hatte vor ihm ja noch keiner geschafft, sich in den Medien, in einer Live-Fernsehsendung so darzustellen. Das hat nicht nur ihm, sondern den Scherben insgesamt einen großen Popularitätsschub gegeben. Durch die Schlagzeilen war die Band plötzlich in ganz Deutschland bekannt.

Kai: Als wir die Einladung zu der Diskussionsrunde bekommen hatten, haben wir lange überlegt, ob wir überhaupt teilnehmen sollten, und wenn ja, wer hinfahren sollte. Die Wahl ist dann auf Nikel gefallen. Wer die Idee mit dem Beil hatte, weiß ich nicht mehr, wir haben das Nikel aber zugetraut, und Nikel hat das dann ja auch wirklich großartig durchgezogen. Das ist bis heute unfassbar populär, man findet bei YouTube verschiedene Videos von dem Auftritt, die haben bis zu eine Million Klicks, das muss man erstmal schaffen.

Funky: Diese einerseits anarchistische, andererseits witzige kleine Kulturrevolution ist eine bis heute einmalige Mischung. Nikel hat das ja eigentlich nicht aus Spaß gemacht, aber nachher konnten alle dann doch darüber lachen. Als Mensch, als Person, als Gesamtkunstwerk ist er aus meiner Sicht schlicht einzigartig, und ich freue mich immer, wenn ich ihn sehe. Seine Ausstrahlung ist einfach toll, er hat immer ein Lächeln auf den Lippen und versucht aus jeder Situation etwas Besonderes zu machen. Ich weiß noch, wie wir mit Neues Glas aus alten Scherben unterwegs waren und ihn eingeladen haben, „Guten Morgen“ zu singen. Der Auftritt war am 6. Dezember, und er ist im Nikolauskostüm gekommen und so auch tatsächlich aufgetreten. Wegen seiner ganzen uneitlen Verrücktheiten wird er von den Fans ja auch bei jedem Auftritt gefeiert.

II.
Do it yourself

Ich habe den anderen Scherben sehr schnell gesagt, dass ich das alles nicht allein schaffen würde und von ihnen Hilfe und Unterstützung bräuchte. Kurzerhand habe ich ihnen ein paar Sachen aus meiner Zahlen- und Organisationswelt vermittelt, damit sie mich unterstützen könnten. Zum Beispiel, wie der Versand funktioniert. Mit Lanrue bin ich mal zur Postbank gefahren und habe zu ihm gesagt: Jetzt eröffnest du dir mal ein Postscheck-Konto. Ich wollte es in Zukunft so organisieren, dass das Geld aus den verkauften Singles direkt auf seinem Konto landet. Die Band hatte zuvor tatsächlich kein Konto gehabt. Das war für Lanrue eine völlig andere Welt, so ging es aber los, dass sie auch was von meiner Arbeit mitbekamen, und irgendwie hatte ich das Gefühl, dass ihnen das sogar ein bisschen Spaß machte.

Genauso war es beim Versand, auch da mussten alle mit anpacken, und wenn ich sage alle, dann meine ich alle. Da gab es keine Ausnahmen. Wenn Pakete zu packen waren und anschließend zum Postamt gebracht werden mussten, dann wurde nicht lange gefackelt, sondern die Sendung zusammengestellt. Einer schrieb die Rechnung und die anderen übernahmen den Weg zum Postamt. Auch die Konfektionierung unserer Produkte war gemeinschaftliche Handarbeit, die ließen wir uns nicht fertig anliefern, sondern wir haben sie in kleinteiliger Arbeit do-it-yourself-mäßig gemacht.

Sehr kniffelig war das zum Beispiel bei unserem ersten Album *Warum geht es mir so dreckig*, das aus zwei Pappdeckeln bestand, auf denen vorne der Titel und der Bandname standen, die Rückseite war unbedruckt.

Die mussten zusammengeheftet werden, schön getackert mit insgesamt sieben Heftklammern, das weiß ich noch heute so genau, weil es eine echte Plackerei war. Dann wurde noch das Textblatt reingeschoben, am Ende die Platte, und das alles ein paar hundert Mal hintereinander. Bei dieser Arbeit kam uns allerdings zugute, dass wir es von Gerts Raubdruckerei gewohnt waren, Bücher zusammenzulegen und zu leimen, deshalb waren wir darin sehr geschickt und gut organisiert. Wir standen um einen Tisch herum, reichten die LP immer weiter zum Nächsten, jeder hatte einen bestimmten Handgriff zu erledigen, und so ging das ratzfatz. Natürlich gab es Leute, die vorbeikamen, um uns zu helfen, aber wir haben alle kräftig mit angepackt, jeder musste ran und das machen. Auch Rio, keine Frage.

Rio Reiser beschrieb das in seiner Autobiografie *König von Deutschland*:

> Nikel wollte sparen. Das Bedrucken der Etiketten (unserer ersten LP) hätte pro Platte 3 Pfennige gekostet. Das konnte man aber doch selber machen. Also bestellte er bei Stempel-Hempel drei Stempel. Einen mit dem Logo unserer eigenen Plattenfirma und für die A- und B-Seite je einen mit den Titeln, der Gema- und der Bestellnummer. Damit bescherte er uns einige besinnliche Stunden Heimarbeit. Wir mussten die bereits eingetütete Platte aus der Schutzhülle nehmen, das rote Etikett auf jeder Seite mit Firmenstempel und Titelangabe versehen und die Platte wieder in ihre weiße Hülle stecken, außerdem die beiden Cover-Pappen, die bedruckte Vorderseite und die unbedruckte Rückseite, mit dem Tacker an sieben Stellen zusammenheften, und schließlich die Platte und das Textplakat in die Cover-Pappe stecken. Das gab so manchen an den Klammern aufgerissenen Finger. Zum Glück hatten wir viel Besuch, wer mitaß, mittrank, mitkiffte, durfte auch mitstempeln, mitrackern, mitbluten und miteintüten.

Sorry, Rio, aber die gemeinsame Arbeit hat uns auch sehr viel Spaß gemacht. Und es hat uns viel Geld gespart, darum haben wir das auch ein paar Jahre lang so durchgezogen. Durch mich bestand die

Band ja auch nicht mehr nur aus Musikern, die im Proberaum abhingen und weiß Gott was machten, sondern alle waren in den weit weniger kreativen Alltag des Plattenvertriebs integriert, und mit der Zeit brachten die anderen sich auch immer mehr ein und kamen mit Lösungsideen zu bestimmten Problemen um die Ecke. Das fand ich natürlich klasse, denn es zeigte, dass es immer weniger Unterschiede zwischen den Kreativen und den anderen gab, wobei ich sagen muss, dass ich sowieso nie das Gefühl hatte, von irgendwelchen Prozessen innerhalb der Band ausgeschlossen zu werden. Ich nahm regelmäßig an den Proben teil, weil ich für den Sound zuständig war oder die Anlage organisieren musste. Das war sicherlich anders als bei vielen anderen Bands.

So ein bisschen haben wir uns aber schon aufgeteilt. Ich gehörte zu den Leuten, die mehr mit der Auslieferung beschäftigt waren. Wenn in Berlin die Platten in die Läden gebracht werden mussten, habe ich erst die Pakete gepackt und anschließend die Geschäfte mit dem Auto abgeklappert. Mal kam Lanrue mit, mal Kai. Manchmal sind die auch alleine losgefahren und haben die Bestellungen ausgeliefert. Ich habe ein paar der uralten Rechnungsbücher und Bestellscheine als Andenken an diese Zeit bis heute aufgehoben. Wenn ich sie mir anschaue, bin ich immer wieder überrascht, wie viele unserer Kunden von damals tatsächlich bis heute geschäftlich überlebt haben.

Einer der langjährigsten Kunden, der bei uns von Anfang an Scherben-Platten bestellt hat, ist Georgies Plattenshop und Jeansladen in Nordhorn. Den gibt's heute noch. Ich kann wirklich nicht sagen, wie oft ich mit einem Kofferraum voller Scherben-Platten bei ihm vor der Tür stand und die Kartons in den Laden geschleppt habe. Eigentlich müsste ich den mal anrufen und nachfragen, was er heute macht. Ob er immer noch Jeans verkauft? Oder ob er den Laden seinen Kindern vererbt hat?

12.
Angst und Schrecken im Fernsehstudio

Die Talkshow am 3. Dezember 1971, zu der uns der WDR eingeladen hatte, hieß „Ende offen". Der Titel war wörtlich zu nehmen. Die Gäste durften sich so viel Zeit nehmen, wie sie wollten, die Runde war erst zu Ende, wenn alles ausdiskutiert war. Doch wir hatten einen anderen Plan: Wir wollten Taten sprechen lassen.

Zu meinem legendären Auftritt im Studio des WDR stehe ich auch heute noch zu 100 Prozent. Das war einfach eine gute Aktion, die ich jederzeit wieder genauso machen würde. Natürlich war das nicht spontan und aus der Situation heraus, sondern wir hatten es von langer Hand vorbereitet und uns gemeinsam viele Gedanken dazu gemacht. Warum man uns zu dieser Fernsehdiskussion eingeladen hatte, wissen wir bis heute nicht genau. Derjenige, der uns angeschrieben hatte, war aber noch sehr jung gewesen und machte gerade seine Ausbildung beim WDR. Wie der auf uns gekommen ist? Keine Ahnung!

Wir hatten uns die Besetzungsliste angeschaut und schnell gemerkt, dass das polarisieren könnte. Wir waren uns einig, dass wir irgendeine Aktion starten sollten, um unsere Position klarzumachen. Unser Plan war es, Grenzen aufzuzeigen und uns gegen Vereinnahmungen zu wehren. Wir wollten darauf aufmerksam machen, wie wichtig es in der Musikbranche ist, eigenständig zu sein. Rückblickend hat das auch ziemlich gut geklappt. Allein, dass es im Nachhinein so als Happening rüberkam, war nicht geplant, diesen Eindruck wollten wir nicht erwecken. Die eigentliche Idee war, im wahrsten Sinne des Wortes, eine Trennungslinie zum Kommerzbusiness zu ziehen, zu zeigen: Vorsicht Leute, hier überschreitet ihr eine Grenze, so leicht lassen wir uns nicht von euch einfangen. Das sehe ich auch heute noch als ein legitimes und wichtiges Mittel: Erstmal einen Reibungspunkt setzen und danach in die Diskussion einsteigen. Es muss nicht alles immer glatt und auf Konsens gebogen werden.

Dann kam einer auf die abstruse Idee, es wäre doch nicht verkehrt, wenn man da mal mit einem Beil rumklopft. Ich wurde dann von allen auserwählt, diese Diskussion zu bestreiten und habe das kleine Beil, das wir hatten, um Anzündholz für unsere alten Berliner Kachelöfen kleinzuhacken, reingeschmuggelt. Das ging damals noch ohne weiteres, weil keiner damit gerechnet hat, dass jemand ein Beil mit ins Studio bringen würde. Die Personenkontrollen waren noch völlig lax, nach der Aktion wurden sie allerdings verschärft.

Unser Plan sah vor, dass ich, wenn bestimmte Dinge bei der Diskussion zur Sprache kamen, sagen sollte, dass es jetzt reiche. Da es sich um eine Diskussion mit offenem Ende handelte, dauerte es wirklich sehr lange, aber nach gut dreieinhalb Stunden war es endlich soweit: Ich warf Rolf-Ulrich Kaiser vor, die Untergrundmusik in Deutschland zu verramschen, weil er als Bindeglied für die großen Plattenfirmen die Bands einkaufte, ihnen aber nicht die ganze Wahrheit darüber sagte, dass ihre künstlerische Freiheit enorm eingeschränkt würde. Der Rest ist Geschichte.

Auf YouTube kann man den entscheidenden Ausschnitt aus der Talkshow noch immer sehen:

> Rolf-Ulrich Kaiser (Schallplatten-Produzent): „Evolutionär werden wir diese Gesellschaft ändern, und das ist keine Sache, die morgen passiert. Das war die Illusion der Leute, die 1965/66 auf die Straße gegangen sind, obwohl das auch ’ne wichtige Sache war. Aber es wird nicht morgen passieren. Das ist eine

Entwicklung, die wahrscheinlich noch 100 Jahre geht und in diesen 100 Jahren …"

Nikel Pallat: „Und in diesen 100 Jahren willst du permanent unterstützen, dass die Unterdrückung weiter geht, indem du für dieses System arbeitest? Du arbeitest für den Unterdrücker und nicht gegen den Unterdrücker, weißt du das? Ganz konkret."

Rolf-Ulrich Kaiser: „Das ist deine Meinung?"

Nikel Pallat: „Ja, aber natürlich, für wen arbeitest du denn? Peter Meisel."

Rolf-Ulrich Kaiser: „Das ist deine Meinung?"

Nikel Pallat: „Aber natürlich!"

Rolf-Ulrich Kaiser: „Ich kann die Geschichte auch andersrum erzählen, ja! Aber ich habe da keine Lust zu, weißt du."

Nikel Pallat: „Im Ergebnis kommt es auf dasselbe raus."

Rolf-Ulrich Kaiser: „Weil es nicht sinnvoll ist, in den Medien alles zu erzählen. Wie man in den Medien arbeitet, das muss man auch mal lernen, verstehst du?"

Nikel Pallat: „Guck doch mal, für wen arbeitest du denn? Du kannst doch nun objektiv echt nicht bestreiten, dass du für einen Kapitalisten arbeitest."

Rolf-Ulrich Kaiser: „Für wen sitzt du denn hier? Meinst du, das Fernsehen ist nicht auch ein kapitalistisches Organ?"

Nikel Pallat: „Ja, prima, jetzt sind wir nämlich an der Frage, ja."

Stimme aus dem Hintergrund: „Das, was er jetzt sagt, sagt er für die Zuschauer und nicht für irgendwelche Fernsehbosse, das dürfte ja wohl auch klar sein.“

Rolf-Ulrich Kaiser: „Man muss mal überlegen, welche Funktion er hier in der Runde hat.“

Nikel Pallat: „Guck mal, das Fernsehen hier, darüber bin ich mir völlig im Klaren, darüber können wir jetzt ganz objektiv reden, ja, das Fernsehen macht hier so eine scheißliberale Sendung, wir haben hier die Möglichkeit, antikapitalistisch zu quatschen, einige können evolutionär reden. Eigentlich dürfen Revolutionäre reden, ja, und was passiert objektiv? An der Unterdrückung ändert sich überhaupt nichts. Fernsehen ist ein Unterdrückungsinstrument in dieser Massengesellschaft. Und deswegen ist es ganz klar, wenn überhaupt noch was passieren soll, muss man sich gegen den Unterdrücker stellen und man muss parteiisch sein. Und deswegen mache ich jetzt hier diesen Tisch mal kaputt, ja, damit du mal genau Bescheid weißt! Scheiß Fernsehen hier.“

Nikel schlägt mit dem Beil 13 Sekunden lang insgesamt zwölfmal auf den Tisch ein. Die fünf anderen Talkshow-Teilnehmer stehen auf und entfernen sich einige Meter vom Tisch. Einige Gläser, Flaschen und Aschenbecher gehen kaputt.

Nikel Pallat: „So, jetzt können wir weiterdiskutieren. Die Mikrofone brauche ich für die Leute, die in den Jugendstrafanstalten sitzen, ja.“

(Er fängt an, mehrere Mikrofone abzubauen und in die Taschen seines Sakkos zu stecken.)

Meine Worte: So, jetzt können wir ja weiterreden, die habe ich damals tatsächlich ernst gemeint. Die Grenze war gezogen, die anderen waren zwar geflüchtet, aber das, was mir wichtig war, hatte ich gesagt. Jetzt hätte es eigentlich weiter gehen sollen. Aber das war ja leider nicht mehr möglich. Ich habe mich nur geärgert, dass der Tisch nicht kaputt gegangen ist, weil er so bescheuert geleimt war. Den wollte ich auf jeden Fall kaputt hauen, aber es ging einfach nicht, es war nichts zu machen. Da hätte ich noch 30 Minuten darauf rumhämmern können. Ich habe ja im Sitzen mit der Aktion angefangen, und als ich gemerkt habe, dass es schwieriger als gedacht ist, bin ich extra noch aufgestanden, um mit mehr Kraft auf das Holz einschlagen zu können. Ich weiß noch ganz genau, dass ich mir nach den ersten Schlägen gedacht habe: Was soll der Scheiß hier? Trotzdem hat es nicht geklappt. Nun gut, damit muss ich leben.

Die Sendung wurde dann abgebrochen, dass es nicht mehr weitergehen konnte, war ja auch klar. Natürlich hätte mich der WDR wegen Sachbeschädigung auch anzeigen können, aber dieses Risiko hatten wir in Kauf genommen. Nach einer Viertelstunde kam ein netter älterer Herr vom Wachpersonal zu mir, hat auf meine Schulter geklopft und ganz freundlich gesagt: „Jetzt beruhigen Sie sich doch bitte, junger Mann. Wir wollen den Abend doch halbwegs gesittet zu Ende bringen. Das ist ja alles ganz schön und gut, was Sie hier veranstalten, aber bitte, nehmen Sie die Mikrofone nicht mit, das wird sonst alles ein bisschen sehr kompliziert hier.“ Also habe ich ihm die Mikrofone zurückgegeben und die Sache war damit erledigt.

Dann kamen auch direkt einige Journalisten an, die meinen Auftritt mitbekommen hatten und mich interviewen wollten. Es war also ein ziemliches Durcheinander, das ich da angerichtet hatte. Und ganz besonders lustig wurde es, als Inga Rumpf plötzlich auch noch kam. Die spielte damals in der Band Frumpy, das war zu der Zeit eine der angesagtesten deutschen Bands. Die hatten einen Auftritt in Köln und wollten jetzt ihren Manager abholen, der mit mir an der Fernsehdiskussion teilgenommen hatte. Inga schaute mich total entgeistert an und konnte gar nicht verstehen, was ich da in dem Studio angerichtet hatte. Naja, das war für den einen oder anderen Außenstehenden vielleicht auch tatsächlich alles etwas irritierend.

Die Nacht über bin ich dann in Köln geblieben und am nächsten Morgen habe ich den Rest der Band angerufen und ihnen alles erzählt. In Berlin hatte das ja keiner sehen können, weil es im WDR lief und man anders als heute keine Chance hatte, das Programm in anderen Bundesländern zu empfangen. Am Montag stand das Ganze dann auch noch bundesweit in der Zeitung. In der *BZ* wurde ich zum Beispiel als „der verrückt gewordene Mensch von Ton Steine Scherben" bezeichnet. Aber das Schärfste war die Reaktion im *Internationalen Frühschoppen*, dieser wunderbaren Sendung mit Werner Höfer, die damals immer am Sonntag um 12 Uhr lief. Da haben sich fünf oder sechs internationale Journalisten über die Ereignisse der zurückliegenden Woche ausgetauscht. Diese Sendung haben sich sehr viele Menschen angeschaut, weil sie auch ein ziemlich hohes Niveau hatte, zumindest ein deutlich höheres Niveau als die meisten Talkshows heutzutage. Am Ende der Sendung gab es immer ein Schlusswort von Werner Höfer, und der hat dann gesagt: „Wir sind ja hier in einer sehr zivilen Runde, es geht bei uns ja nicht so daher wie vorgestern im Dritten Programm, wo ein wildgewordener junger Mann einen Tisch zertrümmert hat. Aber lassen Sie uns trotzdem darauf anstoßen!" Und dann hat er sein Glas erhoben, die tranken damals immer Wein in der Sendung, und hat mit den anderen auf mich angestoßen. Das hat meinen Auftritt nochmal auf eine andere Ebene gehoben. Damit fing der Mythos, der heute rund um die ganze Aktion gemacht wird, eigentlich erst an. Und heute gehört sie zur Legende von Ton Steine Scherben einfach ebenso dazu wie die ganzen Hits, und es hat uns noch dazu eine ganz andere Popularität und Bekanntheit gebracht, schließlich hatten nicht viele Leute den eigentlichen Auftritt gesehen. Wer schaut sich denn abends um 23 Uhr 30 noch WDR3 an? Aber Sonntagmittag 12 Uhr in der ARD, das hatten definitiv sehr viele eingeschaltet.

Wunderbar war im Nachhinein auch die Reaktion eines Apothekers aus Remscheid. Der rief nach der Sendung beim WDR an und sagte, dass er so was Tolles noch nie gesehen hätte, und aus diesem Grund würde er für sämtliche Sachschäden, die ich da angerichtet hatte, aufkommen. Rolf-Ulrich Kaiser habe ich danach nie wieder gesehen.

Intermezzo mit Slime (I)

1979 in Hamburg gegründet, ist Slime heute eine der legendärsten und noch immer wichtigsten deutschen Punk-Bands. Die Band hat vor allem die frühen Ton Steine Scherben immer als Vorbilder bezeichnet. Wie die Scherben, arbeiten auch Slime mit klaren, parolenhaften Textbausteinen, wie zum Beispiel in den Songs „Bullenschweine“, „Polizei SA/SS“, „A.C.A.B“ und „Legal-Illegal-Scheißegal“, die sie besonders in der autonomen linken Szene bekannt machten. Auf ihrem dritten Album *Alle gegen Alle* covern Slime als Zeichen ihrer Verehrung von Ton Steine Scherben den Song „Ich will nicht werden was mein Alter ist“ vom ersten Scherben-Album.

Dirk „Diggen“ Jora war von 1979 bis 2020 Sänger und Texter von Slime. Auch er hatte seinerzeit diese „Sternstunde des Fernsehens“ mitverfolgt:

> Wir schreiben das Jahr 1976. Von Punkrock waren bis jetzt nur die Vorläufer – MC5, New York Dolls, Stooges – zu sehen und zu hören. Rockmusik mit deutschen Texten kam vom, allerdings legendären, *Ball Pompös*-Album von Udo Lindenberg. Dann aber spielt jemand auf ’ner Party was dermaßen Neues, dermaßen unseren Nerv Treffendes, dass uns Hören und Sehen verging: *Keine Macht für Niemand.*
>
> Zirka ein Jahr später kommt dazu noch eine schier unglaubliche Geschichte: Einer aus der Band hat LIVE im TV mit ’ner Axt einen Tisch zerkloppt! Sollte man das nun glauben? Wir

erinnern uns: Von Videorekordern, geschweige denn so was wie YouTube war noch nix zu sehen, das heißt, diese Geschichte blieb jahrzehntelang eine vom Hörensagen, ein Mythos, da kannte jemand eine/n, der/die eine/n kannte, der/die das gesehen hatte.

Vor ein paar Jahren saß ich mit Freunden zusammen, wir hörten die Scherben und jemand kam auf die Idee, doch mal im Netz zu gucken, ob wir nicht endlich diese Geschichte sehen können. Also gesucht, gefunden, mehrere Male geguckt, vor Lachen eingenässt. Unterm Strich bleibt die relative Unaufgeregtheit aller Beteiligten, allen voran natürlich von Nikel, „So, jetzt können wir weiterdiskutieren", das Abschrauben der Mikrofone zwecks besserer Verwendung und die Widerstandsfähigkeit des Tisches, Ikea gab's noch nicht.

13.
Guten Morgen

Bei dem Steuerberater, bei dem ich damals gearbeitet habe, war ich weiß Gott nicht unglücklich. Ich hatte da einen guten Job; das klingt vielleicht unpopulär, war aber so. Denn ich musste nicht stumpf die Buchhaltung für unsere Mandanten machen, sondern hatte die meiste Zeit damit zu tun, Gutachten zu verfassen. Dafür musste ich nachschauen, was für Kommentare und Gerichtsurteile es für bestimmte Fälle gab, und zu denen musste ich dann Stellungnahmen schreiben. Insofern war das ein recht anspruchsvoller Job und keiner, bei dem ich jeden Tag gestöhnt habe, wie langweilig der ist oder wie wenig Spaß er macht.

Dass ich dann trotzdem immer mehr ein festes Mitglied der Scherben wurde, war ein fließender Übergang und ging ziemlich schnell. 1971 standen die ersten großen Tourneen an und das konnte ich dann mit meiner Arbeit im Steuerberatungsbüro nicht mehr vereinbaren, obwohl ich dort ziemlich viele Freiheiten hatte. Mal eine Woche frei machen, war nie ein Problem gewesen, wenn ich dann in der nächsten Woche etwas mehr gearbeitet habe. Aber die Arbeit mit der Band wurde jetzt einfach zu zeitintensiv und deshalb habe ich Ende 1971 gekündigt.

Mit diesem Schritt hatte ich zum ersten Mal in meinem Leben den sicheren Hafen verlassen, aber Existenzängste hatte ich nicht. Ich war bis dahin finanziell immer irgendwie durchgekommen, hatte immer eine Möglichkeit gefunden, Geld zu verdienen, und war mir sicher, dass es dieses Mal auch passen würde. Natürlich ging es mir die ganzen Jahre in dem Job bei dem Steuerberater auch um die finanzielle Sicherheit, aber so viel habe ich da nun auch wieder nicht verdient. Außerdem hatte ich eine billige Wohnung, 60 oder 70 D-Mark habe ich damals Miete gezahlt, und auch sonst gab ich nicht viel Geld aus. Das meiste ging für mein Auto drauf. Oder für Reisen, die ich manchmal gemacht habe. Und einen nicht unerheblichen Teil habe ich natürlich in Cafés, Bars und Kneipen oder halt Discos gelassen.

Die gute Zeit begann Ende 1971, Anfang 1972, als wir in der WG am Tempelhofer Ufer 32 zusammengezogen sind. Im Katalog zu einer Ausstellung in der Berliner Browse Gallery über *Ton Steine Scherben in ihrer Zeit*, habe ich diese Phase so beschrieben:

> Wir haben gesagt, wir wollen unser Leben unseren Idealen nahekommen lassen, lass uns zusammenleben. Es gab damals, gerade in Berlin, die Möglichkeit für Wohngemeinschaften, für Kommunen. Es gab die Kommune 1. Warum sollen wir nicht auch selber eine Kommune machen? Das bringt uns näher und wir brauchen das Gefühl, dass das, was wir machen, auch Realität werden könnte und kann – mit welchen Abstrichen auch immer das in einer Umgebung möglich ist, die das eigentlich nicht zulassen möchte.
>
> Im September 1971 stellte Jörg Schlotterer der Band seine Wohnung am Landwehrkanal in Berlin Kreuzberg zur Verfügung. Schlotterer, damals im linken Untergrund gut vernetzt, hatte dort unter anderem mit Holger Meins (RAF) und Heinz Brockmann (Bewegung 2. Juni) zusammengelebt. Jetzt zogen Lanrue, Nikel, Rio und Kai ein, um die Idee vom gemeinsamen Leben und Arbeiten in einer Kommune zu verwirklichen. Die 8-Zimmer-Wohnung im zweiten Stock am Tempelhofer Ufer 32 bot hierfür die passenden Räumlichkeiten.
>
> Am Tempelhofer Ufer wurde im Frühjahr 1972 beim Nachbarn Uli Hammer noch eine weitere 8-Zimmer-Wohnung in der ersten Etage frei. In der Scherben-Kommune lebten stets zwischen offiziell ca. 16 und faktisch etwa 30 Leute zusammen.

Die Band versuchte das zu verwirklichen, wovon sie sang: Sie erprobte ein alternatives Wohnmodell, mit dem sie schon im Kleinen ihre Ideale verwirklichen kann. Natürlich klappte das nicht immer so wie geplant: Oft war der Kühlschrank leer, die Küche überfüllt und ständig stand die Polizei vor der Tür.

Und die Scherben konnten nicht Nein sagen, sie hatten ihr Sozialarbeitersyndrom. Vor allem Rio – damals Psychiater, Seelsorger, Lebensberater und Bandleader in einem, nahm diese Rolle bis zur Selbstaufgabe an, während Lanrue doch immer wieder sein Zimmer erkämpfen konnte, in dem er sich einsperrte und abschaltete. So was wie Privatleben gab es nicht. Kein Raum, in dem man nur fünf Minuten ungestört sein konnte, um seine fünf Sinne zu ordnen. In jedem Winkel hatte sich irgendjemand niedergelassen, einen Karton und ein paar Plastiktüten mit persönlicher Habe um eine Matratze herum aufgebaut. Wollte man allein sein, musste man auf die Straße.

Lanrue und Rio hatten eine sehr konkrete Vorstellung, wo sie hinwollten, und ließen sich auch nicht beirren. Trotzdem gab es natürlich eine gewisse Art von laissez faire, die war aber eher altersbedingt. Damals hatten wir alle keine großen Ansprüche an den Lebensunterhalt. Irgendwie hat man sich durchgeschlagen, und es hat immer gereicht. Natürlich waren auch Drogen im Spiel, dann hatten Kumpels mal etwas Haschisch oder man hatte selbst was da und hat sich gegenseitig eingeladen, das ist heute in der Altersgruppe noch genauso. Harte Drogen haben uns aber immer abgeschreckt, weil wir da ein paar Leute kannten, die auf Berliner Tinke waren, einem Heroin-Vorläufer. Die waren so seltsam drauf, dass wir mit denen und ihrer Droge lieber nichts zu tun haben wollten. LSD dagegen war für uns schon in Ordnung. Kokain gab es damals, Anfang der 1970er Jahre, in Berlin nicht, das spielte also noch keine Rolle.

Starallüren gab es bei uns trotz unseres Erfolges und unserer Bekanntheit sowieso nie. Zum einen waren wir ja immer zusammen und haben uns gegenseitig gebremst, wenn man das Gefühl hatte, dass einer doch mal etwas abgehoben war. Wir haben ja alle zusammen als Kommune am Tempelhofer Ufer gelebt. Da konnte zwar der eine oder andere insofern ausscheren, dass er nicht morgens um 8 zum gemeinsamen Frühstück kam, sondern erst nachmittags um 3 aufgestanden ist und spät nachts ins Bett ging. Rio Reiser beschrieb das in seinem Buch sehr schön:

> Der erste, der aus den Federn kam, war natürlich Nikel. Ein notorischer Frühaufsteher. Aber das Wort „Frühstück" kam in seinem Wörterbuch nicht vor. Sein Frühstück hieß telefonieren. Nikel setzte sich meistens erst zu uns, wenn wir fast alle am Frühstückstisch versammelt waren, um dann die neusten Neuigkeiten zu berichten. „Nathan hat schon wieder hundert Stück nachbestellt – ja, nich – das ist doch schon recht ordentlich, da bahnt sich so 'ne Art Hochburg an, da in Stuttgart, ja. (…) Dabei belegte er dem Instinkt folgend ein Brötchen mit irgendeinem Lebensmittel, das sich in seiner Reichweite befand.

Durch meine Tätigkeit als Manager hatte ich eine etwas andere Stellung innerhalb der Gruppe. Das waren schon sehr unterschiedliche Tagesrhythmen, die einige Leute hatten, aber das hat sie trotzdem nicht von den allgemeinen Notwendigkeiten entbunden, die in der Großkommune tagtäglich anlagen. Jeder musste sich einbringen. Deswegen konnte auch keiner so einfach ausscheren und sagen: Ich mache jetzt hier Halligalli und ihr könnt sehen, wo ihr bleibt. So ein Trip wäre definitiv nicht durchgegangen, derjenige wäre völlig zurückgepfiffen worden.

Die öffentliche Wahrnehmung war aber schon so, dass wir etwas abgehoben wirkten. Viele haben damals aufgrund unseres Auftretens gedacht, dass wir Starallüren hätten. Das lag meiner Meinung nach vor allem an unseren Klamotten. Die meisten Leute trugen damals Parkas und waren schlichter, zweckmäßiger gekleidet. Aber wir mussten auf die Bühne gehen und brauchten allein schon deshalb andere Klamotten, und das hat dann auch auf unsere Alltagskleidung abgefärbt. Da waren wir schon etwas exotischer, extravaganter und auch exklusiver als die meisten anderen, als zum Beispiel der normale Student oder ein Lehrling. Da kamen gewisse Eitelkeiten durch, die wir aufgrund unserer besonderen Stellung auch ausleben konnten.

Wenn wir zum Beispiel in irgendein Plenum im Rauchhaus kamen und etwas schrillere Kleidung anhatten, wurde man doch etwas komisch angesehen. Rio hatte oft extrem lange schwarze Mäntel, in denen er beinahe wie ein Henker aussah. Ich hatte oft Pelzmäntel an, Lanrue Lederjacken. Oft waren wir auch sehr farbig, bunt, schrill unterwegs. Aber wenn wir von anderen skeptisch gemustert wurden, war das für uns völlig okay. Vielleicht war es sogar das, was wir erreichen wollten, auffallen, anders sein, Normen durchbrechen. In Berlin war man damals ja ziemlich einheitlich gekleidet. Blue Jeans, grauer Pulli, Parka. Und da haben wir halt etwas Farbe entgegengesetzt. Kai war immer etwas dezenter als Lanrue, Rio, ich und vor allem Uli Hammer. Ulis Frau hatte eine eigene Boutique am Savignyplatz, in der wir uns ab und zu ein paar schicke Sachen für kleines Geld genehmigen konnten.

Wenn ich das jetzt erzähle, klingt das sehr geplant, fokussiert und zielgerichtet, aber natürlich war es das nicht, alles war ganz schön chaotisch und vom Zufall geleitet. Wenn einer gekommen wäre und hätte gesagt: Jungs, ihr habt heute einen Auftritt, ihr müsst um fünf vor neun vor der Halle stehen und Soundcheck machen, dann wäre er ausgelacht worden. Es gab ja autoritäre Strukturen, die wir alle gehasst haben, von der Schule, vom Militär, im gesamten Gesellschaftlichen, mit denen wir nichts mehr zu tun haben wollten. Unser Ziel war es ja, genau das Gegenteil zu erreichen, Herrschaft aufzubrechen. Das sogenannte antiautoritäre Verhalten war ja damals die Richtlinie, an der wir uns orientiert haben.

Natürlich ging das nicht auf Knopfdruck, weil man durch seine Erziehung viel zu viel von dem alten Kram verinnerlicht hatte, aber das immer wieder selbst infrage zu stellen, war eine der größten Herausforderungen überhaupt. Wir waren auf der Suche nach neuen Wegen für uns und haben uns gefragt, wo können wir uns positionieren, wo ist unser Platz? Wie will ich als Musiker in Berlin leben? Kann ich in einer Kommune leben oder will ich lieber privatisieren, wie es Künstler normalerweise tun? Oder wollen wir was gemeinsam auf die Beine stellen? Was geben die Lebensverhältnisse her? Es war einfach wahnsinnig viel im Umbruch, alles und jeden wollten wir hinterfragen und neue Wege gehen.

Ein anderes Phänomen aus dieser Zeit waren Stadtzeitungen. Wahnsinnig viele von denen sind zu der damaligen Zeit entstanden. Es gab sicherlich viel try and error, wie man heutzutage sagen würde, man hat einfach mal losgelegt und was versucht und immer auch in Kauf genommen, zu scheitern. Auch wenn man sich dessen nicht bewusst war, wollte man es halt einfach wissen. Das hatte ganz sicher auch chaotische Züge, aber wir hatten eben Ziele vor Augen, weil wir auf keinen Fall auf die andere Seite überschwenken wollten. Der Graben war viel zu tief. Also lieber erstmal etwas Neues versuchen oder etwas anderes versuchen, bevor ich auf die andere Seite überschwenke, mich verkaufe und wieder eins zu eins in die alten Strukturen eingliedere.

14.
Land in Sicht

Langsam ging es der Band auch finanziell ein wenig besser, unsere erste LP kam 1971 raus, und dadurch standen wir zumindest wirtschaftlich auf etwas sichereren Beinen, denn unsere LP *Warum geht es mir so dreckig* lief Gott sei Dank richtig gut. Wir haben gepresst und gepresst und gepresst, die Nachfrage war viel größer, als wir erwartet hatten.

Musikalisch war es für uns immer am wichtigsten, für unsere Sachen selbst verantwortlich zu sein. Deshalb hatten Ton Steine Scherben, schon bevor ich dazu gestoßen war, mit David Volksmund auch ihre eigene Produktionsfirma gegründet, sie wollten unbedingt der Zensur und den Denkschablonen der großen Musikkonzerne entgehen. Niemand sollte uns in unsere Musik und Texte reinreden oder irgendwelchen Quatsch von uns verlangen können. Die künstlerische Freiheit war bei uns immer zu 100 Prozent gegeben, daran gab es nie auch nur den geringsten Zweifel. Opportunistischen Songs, mit denen wir uns irgendwelchen Erwartungen angepasst, aber unsere Überzeugungen verraten hätten, haben wir nie geschrieben.

Natürlich haben wir hin und wieder tagesaktuelle Themen aufgegriffen und das Zeitgeschehen reflektiert. Wir waren ein sich ständig veränderndes und weiterentwickelndes Medium und wollten gar nicht für alle Zeiten so schreiben, als wäre immer noch 1969 und Studentenrevolte. Es war uns immer wichtig, die Zeit und unsere Lebensverhältnisse in den Songs zu reflektieren. Die Form, wie sich das in den Texten niederschlagen und von uns musikalisch umgesetzt werden könnte, war jedesmal eine spannende Frage. Von unseren musikalischen Vorlieben her waren wir ja völlig unterschiedlich.

Einigen konnten wir uns auf zwei Grundsätze: Die Rolling Stones waren wegen ihrer Ruppigkeit für uns alle ein sehr großer gemeinsamer Nenner, und wir wollten definitiv nicht so schön klingen wie die Beatles. Ein Song wie „Yesterday" wäre bei uns zumindest in der ersten Phase, Anfang der 1970er Jahre, überhaupt nicht denkbar gewesen. Andere Bands wie Van der Graaf Generator oder Soft Machine fanden wir zwar nicht uninteressant, die waren uns aber zu verkopft. Wir wollten mehr eine gerade, straighte Sache machen.

Es gab damals eine englische Band, die mich sehr beeindruckt hat – Third World War. Die hatte extrem gute Texte, sehr auf dem Punkt, und eine sehr raue Musik dazu. Rio liebte vor allem seinen Lennon und seinen Dylan. Diese unterschiedlichen Einflüsse ergaben dann den unverwechselbaren Scherben-Sound.

Weil uns der Erfolg von *Warum geht es mir so dreckig* so sehr überrascht hatte, mussten wir innerhalb kürzester Zeit ein praktikables Auslieferungssystem auf die Beine stellen. Für den Verkauf hatten wir uns in der Zeit vor der Veröffentlichung schon richtig gute Strukturen geschaffen, denn eins war klar: Wir wollten nicht in irgendwelche Abhängigkeiten kommen, und deshalb war es eben notwendig, dass wir uns selbstständig um die Produktion, den Vertrieb, den Verkauf unserer Musik kümmerten. Nicht nur bei Konzerten, sondern auch im Handel wollten wir alles selbst in den Griff bekommen.

Das war auch der Tatsache geschuldet, dass wir mit unseren Texten und dem, was wir wollten, nicht ins Raster der damals noch sehr konservativen deutschen Schallplattenindustrie gepasst haben. Es war also ziemlich ausgeschlossen, dass wir dort mit einer Bewerbung um einen Plattenvertrag erfolgreich gewesen wären. Die hätten uns sicher nur die kalte Schulter gezeigt und uns vom Hof gejagt. Es gab ein Label in München, United Artists, bei dem kamen die Platten von Can und Amon Düül raus, dort war man wirklich sehr offen und versuchte, den Underground, der in Deutschland nach und nach entstand, auch abzubilden. Aber auch das kam für uns nicht infrage.

Wir haben gesagt, dass wir das selbst schaffen, und das haben wir dann ja auch ganz gut hinbekommen.

Dabei hat uns natürlich die Erfahrung von Rios Bruder Gert geholfen, der als Raubdrucker viel mit Büchern unterwegs war. Er hat inoffizielle Nachdrucke bekannter Bücher aus den 1930er, 1940er, 1950er Jahren hergestellt, die es auf dem Markt nicht mehr gab und bei denen die Urheberrechte im engeren Sinne niemanden mehr interessiert haben. Es wusste auch keiner, ob es überhaupt noch einen Rechteinhaber gab, den man hätte fragen können. Diese Bücher brachte er in broschierter Form unter die Leute. Durch Gert stand uns für unsere Produkte eine Rotaprint-Druckmaschine zur Verfügung, auf der wir zum Beispiel unsere Flugblätter drucken konnten. Plakate ließen wir von einer befreundeten Druckerei drei Straßen weiter drucken. So passte alles irgendwie zusammen und man half sich, wo es ging.

Wir wollten uns unsere Unabhängigkeit bewahren und beweisen, dass man genauso wie Bücher, die unabhängig vertrieben wurden, auch Schallplatten unabhängig vertreiben kann. Aus diesem Grund hatten wir unser eigenes Label, die David Volksmund Produktion, gegründet und ein eigenes Vertriebsnetz aufgebaut. Wir haben eigenständig den Einzelhandel beliefert und auch in Eigenregie den Postversand an Direktbesteller gemacht. Was die Vertriebsseite anbelangte, war das ziemliches Neuland. Es gab zwar kleine Labels, die unabhängig ihre Musik produzierten, aber die hatten sich immer einem größeren Vertrieb angeschlossen. An der Umsetzung und Ausgestaltung unserer Pläne war ich als Manager federführend beteiligt, das war eine meiner Hauptaufgaben.

Ich habe dabei auch immer etwas nach Amerika geschielt und mir Anregungen geholt, denn da gab es schon seit langem kleine Plattenlabels, von denen viele ihren regionalen Vertrieb selbst organisiert hatten. Weil der Kontinent so riesig ist, war es ganz normal, dass eine Platte, die zum Beispiel von einer Band aus Alabama stammte, nie in Kalifornien in die Plattenladen kam. Gerade im Jazz- und Rock'n'Roll-Bereich war das so. Den Vertrieb innerhalb des Staates, in dem das Label beheimatet war, und vielleicht noch in den angrenzenden Regionen, hatten die Labels selbst organisiert.

Ein zweites Modell, auf das ich zurückgreifen konnte, war der unabhängige linke Buchhandel. Der Kontakt zu ihm kam ebenfalls über Gert Möbius zustande, dessen Bücher von linken Buchhandlungen vertrieben wurden. Damals gab es noch wesentlich mehr linke Buchhandlungen als heute, und auch einen Verbund dieser Buchläden. Sie waren unabhängig und hatten ihr eigenes Vertriebsnetz, das sozusagen unter dem Radar der großen Buchhandelsindustrie lief und bewies, dass alternative Vertriebsstrukturen funktionieren können, vor allem in Groß- und Universitätsstädten. Dort kauften viele linke, politisch engagierte Jugendliche und Studenten ein, also genau unser Publikum. Viele Kunden dieser Buchhandlungen kannten auch Ton Steine Scherben bereits und waren interessiert an allem, was wir neu herausgebracht haben. Mit denen sind wir eine Partnerschaft eingegangen und haben unter anderem über dieses Netz auch unsere Platten vertrieben.

Zusammen mit dem Buchprogramm von Gert Möbius wurden auch unsere Single angeboten und später die LPs. Durch diese zusätzlich erschlossene Vertriebsmöglichkeit waren die Umsätze von Ton Steine Scherben ungefähr fifty-fifty aufgeteilt zwischen dem Buch- und dem Schallplattenhandel.

Das ist heute schon lange nicht mehr so, aber damals war das eine Schiene, über die wir gegangen sind. Der herkömmliche Plattenhandel befand sich damals in einer großen Umbruchphase. Es gab noch die traditionellen Geschäfte, aber auch schon die ersten unabhängigen Läden, die sich zum Teil sogar zu Ketten wie GOVI, boots oder Membran zusammengeschlossen hatten. Und im Ruhrgebiet gab es die Phonac- und die Elpi-Kette.

Diese Läden verkauften keine klassische Musik mehr, und auch keine Schlager, sondern fingen an mit Beat und Rockmusik, vor allem aus den 1960er Jahren, also Pink Floyd und Rolling Stones, Doors und die ganzen großen Namen wie Hendrix, The Who und so weiter. Das war die Musik, die der klassische Schallplattenhandel nicht oder nur selten führte, ein Kontrastprogramm zu Freddy Quinn und Udo

Jürgens. Diese Läden waren auch interessiert an neuen Entwicklungen in Deutschland und hatten entsprechende Fächer eingerichtet, in denen zum Beispiel Tangerine Dream und Amon Düül standen. Da passten Ton Steine Scherben natürlich bestens dazu, auch wenn wir musikalisch etwas anders ausgerichtet waren.

Um bei diesen Läden ins Angebot aufgenommen zu werden, mussten wir keine große Hemmschwelle überspringen, im Gegenteil: Sie haben sich immer auf neue Platten von uns gefreut. In die traditionellen Plattenläden zu gelangen, war dagegen nicht so einfach. Im Electrola-Musikhaus am Kudamm in Berlin hat man uns zum Beispiel aufgrund unserer Musik und unserer Texte immer sehr kritisch angeschaut und unsere Platten nicht gerne verkauft. Das hielt mich allerdings nicht davon ab, immer wieder vorbeizuschauen und unsere Neuigkeiten anzubieten.

Wenn wir auf Tournee waren, haben wir uns auch immer so aufgeteilt, dass mindestens einer von uns am Nachmittag durch die Stadt, in der wir aufgetreten sind, gegangen ist und geschaut hat, was für Plattenläden es dort gibt. Oft haben wir dann auch direkt mit den Inhabern gesprochen und gefragt, ob sie unsere Platten ins Sortiment aufnehmen wollen. So einfach und oftmals improvisiert lief das anfänglich, und dadurch wuchs unser Vertriebsnetz immer mehr.

In diesen Läden hatten wir natürlich ganz andere Möglichkeiten, weil dort unser Publikum seine Platten kaufte. Wenn wir einen Vertrag bei einer großen Plattenfirma gehabt hätten, zum Beispiel bei der EMI, wäre das sicher ganz anders gelaufen. Denn deren Vertreter wäre sicherlich nicht in die ganzen kleinen Independent-Läden gegangen, um nachzufragen, ob er dort unsere Platten hinstellen darf. Das wäre dem viel zu klein und piefig gewesen, da hatte er von seinem Selbstverständnis her nichts verloren. Der wollte seinen Karajan lieber woanders verkaufen.

Dieser improvisierte Vertrieb machte für mich auch den Reiz der damaligen Zeit aus: Dass man nicht immer nur auf den eingefahrenen Wegen unterwegs war, sondern vieles neu gedacht und ausprobiert hat. Das Schlagwort hieß „Hilfe zur Selbsthilfe“. Mach dein eigenes Ding. Später wurde das dann DIY genannt, do it yourself. Das machten wir aber schon lange, bevor es zu einer Modeerscheinung wurde. Das war keine Unternehmerdenke à la FDP, wir wollten es einfach ausprobieren und sehen, ob wir damit krachend an die Wand fahren oder eben nicht. „Nicht sagen, machen!", war auch so ein Schlagspruch, den wir ständig benutzt haben.

Insgesamt muss man sagen, hat das mit dem eigenen Vertrieb von Anfang an ganz gut geklappt. Klar, es gab hier und da mal Anfängerfehler, manchmal war es auch schwierig mit dem Inkasso, aber auch das haben wir nach und nach unter Kontrolle bekommen. Wir sind nie brutal reingelegt worden. Manchmal gab es zwar Ausfälle, aber die haben uns nie richtig umgehauen. Durch den Erfolg des ersten Albums hatten wir auch den Mut, das zweite Album, *Keine Macht Für Niemand*, anzugehen, schließlich konnten wir uns von den Einnahmen ein besseres Equipment leisten und wussten, dass wir die Herstellung finanziell stemmen können.

Anders als heute, konnte man damals mit Tonträgern noch richtig Geld verdienen. Dadurch, dass wir ja nicht nur die Platten selbst aufgenommen und gepresst haben, sondern auch noch den Vertrieb übernommen hatten, blieb natürlich mehr Geld bei uns hängen, das sich sonst eine Plattenfirma eingesteckt hätte. Damals hat es sich tatsächlich sehr gelohnt, die gesamte Wertschöpfungskette in der Hand zu haben. Und auch der Verkauf bei Konzerten war sehr erfolgreich.

15.
Keine Macht für Niemand

Noch besser wurde es mit unserer zweiten Platte, auch von der haben wir richtig viele verkauft. *Keine Macht Für Niemand* ist bis heute eines der meistverkauften Vinyl-Doppelalben aller Zeiten in Deutschland. Seit der Veröffentlichung sind mehrere 100.000 Exemplare über den Ladentisch gegangen. Es gab Zeiten, da wurde sie Jahr für Jahr zehntausendmal verkauft. Damals gab es ja noch eine Preisbindung für Tonträger: Eine normale LP kostete im Handel 18 D-Mark und wir konnten es uns leisten, unsere LPs für 15 D-Mark zu verkaufen, weil wir ja alles selbst gemacht haben. Die Doppel-LP *Keine Macht Für Niemand* ging raus für 12,97 D-Mark plus Mehrwertsteuer und stand dann für 20 D-Mark im Laden. Das war ein echtes Schnäppchen, denn die Doppel-LPs der Plattenindustrie waren wesentlich teurer und kosteten meistens doppelt so viel wie eine Einzel-LP, also 36 D-Mark. Auch aus diesem Grund war es sehr sinnvoll, die Sache selbst in die Hand zu nehmen.

Bevor hier ein falscher Eindruck entsteht: In der ganzen Zeit, in der Ton Steine Scherben existierten, gab es definitiv keine Reichtümer oder persönliche Bereicherungen. Das hat keiner gemacht. Wir erzielten zwar sehr gute Einnahmen mit unseren Platten, die benötigten wir aber auch dringend, denn nur so konnten wir die schwachen Einnahmen unserer Tourneen ausgleichen.

Was unsere Tourneen anbelangt, hatten wir immer das Problem sehr hoher Unkosten. Schließlich mussten wir von Berlin aus immer erstmal hunderte Kilometer nach Westdeutschland fahren. Außerdem waren unsere Gagen nicht besonders hoch. Wenn wir Glück hatten, gab es 800 Mark für die gesamte Truppe, mit der wir immer unterwegs waren.

Man muss es so deutlich sagen: Wir konnten uns die vielen Auftritte für das wenige Geld und die vielen Solidaritätsauftritte nur erlauben, weil wir uns halt gesagt haben, okay, wir haben noch etwas Geld in der Plattenkasse. Davon können wir leben, davon bezahlen wir unseren Lebensunterhalt. Das musste immer einigermaßen sicher sein. Außerdem benötigten wir Musikinstrumente und mussten die Studios bezahlen. Irgendwas war immer, deshalb war eine große Ausschüttung zum Privatgebrauch einzelner Mitglieder nie drin, das Geld blieb in unserem Projekt und wurde immer wieder für neue Sachen eingesetzt.

Aus diesem Grund konnten wir auch niemals sagen: Hier, jetzt bekommt jeder mal tausend Mark, die er aufs Sparbuch bringen kann. Dazu hat es nie gereicht. Wenn mal jemand in den Urlaub fahren wollte, dann gab es mal ein paar hundert Mark, damit er verreisen konnte, aber das war auch schon das höchste der Gefühle. Ich bin zu der Zeit zum Beispiel mal nach Mallorca verreist. Und von dort weiter nach Ibiza, weil da ein paar Kumpels von mir waren. Mallorca ging finanziell gerade noch. Das war touristisch zwar auch damals schon ziemlich schlimm überlaufen, aber noch nicht so voll wie heute. Andere sind gerne ins alte Jugoslawien gereist, das war sehr beliebt. Einer ist mal nach Irland gereist, Kai nach England, alles so, wie es sich ergab. Wir sind dann aber natürlich nie in Luxushotels abgestiegen. Es waren eher alternative Urlaubsreisen, im Zelt, im Wohnwagen oder mit Kumpels in einem Haus und Selbstversorgung aus der Dose.

In *Guten Morgen*, einem Heft, das Texte, Comics und Geschichten enthielt und der LP *Keine Macht für Niemand* beigelegt wurde, hieß es 1972:

> Von uns sechs Scherben – Kai Sichtermann, Jörg Schlotterer, Rio Reiser, RPS Lanrue, Nikel Pallat und Captain Hynding – arbeitet niemand mehr unter einem Chef. Und wenn wir das jemals wieder tun sollten, dann nur, um im Betrieb Putz zu

machen. Wir leben zusammen, kochen zusammen, machen zusammen Musik, heften die Platteneinbände zusammen, machen zusammen den Vertrieb. Es gibt keinen Monatslohn. Wer Geld braucht, nimmt es sich und sagt es den anderen. Wenn es Probleme gibt, kann jeder 'ne Vollversammlung verlangen, auf der wir zusammen so lange reden oder uns anschreien, bis alle das Problem sehn (Unterdrückung, kaputte Fickgeschichten, Unverständnis, Eifersucht, Größenwahn, Lieblosigkeit). Weil jeder weiß, dass ein ungelöstes Problem alle runterbringen kann, versucht meistens jeder, seinen Teil zur Lösung zu tun. Wir sind in keiner Partei, und wir wollen auch in keine.

16.
Paul Panzers Blues

Im Lauf der Zeit hat sich herausgestellt, dass mein Ding, mit dem ich mich neben meiner Tätigkeit als Manager auch kreativ in die Band einbringen konnte, das Texten war. Nicht jeder Song war gut, und viele Texte landeten auch im Papierkorb, aber das Texten fand ich schon seit langem faszinierend: Einen Inhalt, eine Idee so zu verdichten, dass am Ende ein Songtext steht, der trotz seiner Kürze alles aussagt, was man transportieren möchte. Ich habe immer gesagt, dass ein Textdichter ein Verdichter sei, weil er versucht, seine Texte so zu komprimieren, dass mit wenigen Worten alles gesagt und auf den Punkt gebracht wird. Situationen, Beschreibungen, Gefühle empfand ich immer als spannende Herausforderung, und das passte ja auch hundertprozentig zu Ton Steine Scherben, deren Texte in den Anfangsjahren ja immer sehr verdichtet, sehr parolenhaft, auf das Wesentliche reduziert waren.

Dass da plötzlich eine Band war, die Rockmusik mit deutschen Texten gemacht hat, war zu dieser Zeit etwas völlig Neues. Außer uns gab es nur noch die Band Ihre Kinder aus Nürnberg, die ähnlich klang, aber es gab definitiv noch keine Tradition von Rockmusik-Texten in deutscher Sprache. Viele haben die Texte ihrer englischen Vorbilder so sehr bewundert, dass sie sich nicht getraut haben, es mal in ihrer eigenen Sprache zu versuchen. Bei Ton Steine Scherben, Rio und mir war es genau andersrum. Uns haben diese Bands dahingehend beeinflusst, dass man gesehen hat, was man mit Sprache alles machen kann, und dann haben wir versucht, das auch in unserer

Sprache zu machen, abseits von Schlagern. Und es hat gut funktioniert, vor allem vermutlich, weil wir uns selbst verboten haben, in den Texten so literarisch zu sein, dass es eine reine Kunstsprache wird. Wir wollten unsere Anliegen immer klar und direkt mit Worten, die die Leute auf der Straße benutzen, ausdrücken. Das war sehr wichtig für uns, es sollte zu uns selbst passen, unsere Lebenssituation ausdrücken und natürlich auch aufklärerisch sein, also auf einen Missstand aufmerksam machen, etwas auf den Weg bringen.

Es sollte aber niemals aufgesetzt sein, die Authentizität war immer das Wichtigste für uns. Das zu machen, wofür wir stehen, und danach auch unseren Alltag zu gestalten und auszurichten. Das zu leben, was wir postuliert haben. Im Gegensatz zu dem, was dann später zum Beispiel im Punkrock passiert ist, wo ja viele Bands eine Kunstperson erschaffen haben.

Weil ich meistens bei den Proben dabei war, ich habe ja oft Chor oder Refrain mitgesungen, war ich in den normalen Kreativprozess, also was die musikalische Seite betraf, völlig integriert. Dadurch bekam ich natürlich auch die Strukturen mit, wie die Songs entstanden sind. Das lief dann meistens so ab: Einer rief, was haben wir denn für Texte? Und Rio kam dann meistens mit irgendwelchen Entwürfen um die Ecke. Nachdem ich mir das einige Male angeschaut hatte, habe ich mich auch immer mal wieder mit einem Entwurf eingebracht. Irgendwann habe ich den Text zu meinem „Paul Panzers Blues“ dabeigehabt, und den fanden die anderen richtig gut. Natürlich wurde der dann noch ein bisschen geschliffen, das war ja ganz normal.

Dann hieß es plötzlich: Lass uns den doch mal proben. Na gut, das ist ja ein Blues, steht ja schon im Namen. Also los. Dann haben wir den geprobt. Dann hieß es plötzlich: Wollen wir den nicht mal live singen? Okay, dann wurde er bei verschiedenen Konzerten live gebracht. Und weil er live so gut ankam, wurde er sehr häufig gespielt und später sogar auf unserer zweiten Platte *Keine Macht für Niemand* veröffentlicht. Natürlich war ich irgendwie ... wie soll ich es am besten ausdrücken, Stolz ist ein komisches Wort ... aber es hat mich natürlich mehr als sehr gefreut, dass mein eigenes Werk auf der Platte einen Platz gefunden hat, dort verewigt worden ist, und dann auch noch mit mir als Sänger. Es war auch von Anfang an klar, dass nicht Rio singt, sondern dass es mein Song ist und ich am Mikrofon stehe. Darüber gab es keinerlei Streitereien. Die Aufnahmesession im Studio war aber dann doch etwas speziell, auch sie wurde von Rio beschrieben:

> Was machen wir jetzt? – Lass uns doch mal „Paul Panzers Blues" machen, Nikel. Der Delinquent wurde vor ein Neumann-Mikrofon und einen Kasten Astra-Bier gestellt. Vor dem Bierkasten saß ich. Bongo, Richard Borowskis Famulus, kam, um ihm die Kopfhörer aufzusetzen, aus denen Nikel die Mitteilung erhielt, dass er nach dem Einsetzen der Musik auf mein Zeichen hin seinen Text – beginnend mit der ersten Zeile – in Richtung Mikrofon vorzutragen habe. Nikel war kein großer Trinker. Nach jedem falschen Einsatz, das heißt bei jeder neuen Zeile, leerte er eine Flasche Astra. Dazu animierte ich ihn. Der Gesang war im Kasten, nachdem der Bierkasten leer war.

Ob der Kasten am Ende wirklich leer war, kann ich nicht mehr mit Sicherheit sagen. Ein Grund dafür war aber sicherlich, dass wir damals alle ziemlich unter Spannung standen. Wir hatten wenig Zeit für die Aufnahmen, jeder Tag kostete uns zusätzlich Geld, das wir eigentlich nicht hatten. Deshalb hatten wir das Studio auch nur für drei Tage gemietet, um zehn Songs aufzunehmen. Das war ein knallhartes Wochenende. Unser Vorteil: Die meisten Songs hatten wir zuvor schon oft live gespielt und wussten aus diesem Grund ungefähr, wie es klingen müsste. Als ich dann mit dem „Paul Panzers Blues" dran war, war es schon sehr spät, ein richtig langer, anstrengender Arbeitstag lag bereits hinter allen, und ich musste mich irgendwie aufputschen. Um die richtige Stimmung zu treffen, hat der Alkohol schon etwas geholfen. Aber ich habe den Song definitiv nicht im Vollrausch eingesungen.

Es war einfach eine Stimmungs-Stimulanz, so kann man es wohl am besten umschreiben. Der Song transportiert ja bestimmte Gefühle, vor allem Wut und Frust. In diese Stimmung muss man sich hineinbegeben, was für mich immer wieder eine ziemliche Herausforderung war, auch nach Jahren noch. Diese stetige Steigerung der Emotionen so realistisch wie möglich wiederzugeben, damit es nicht aufgesetzt klingt. Die Hörer sollten schließlich den Eindruck bekommen, dass da jemand weiß, wovon er singt, und das auch ernst meint. Um in diese Stimmung zu kommen – man darf nicht vergessen, es war meine erste Studioaufnahme als Sänger -, haben damals ein paar Biere sicherlich gute Dienste geleistet. Zumal es in der ersten Strophe ja auch um einen Vollrausch geht. Rio hat das gut beobachtet, aber der Kasten war am Ende wohl auch leer, weil er ebenfalls ordentlich zugegriffen hat.

Das war mein erster Text, der veröffentlicht wurde, und das war natürlich wie ein Ritterschlag für mich. Eine Bestätigung für meine Arbeit. Und dadurch war ich jetzt auch noch mehr ein Bandmitglied als Musiker und nicht nur der Manager hinter den Kulissen, der Beleuchter, der Mixer, der Chorknabe oder weiß der Himmel, was nicht alles.

Der Song hat dann auch gleich für Schlagzeilen gesorgt und eine Kontroverse ausgelöst. Ich will ja gar nicht leugnen, dass er Gewaltfantasien hat, das ist ganz klar und offensichtlich. Ich muss aber ganz ehrlich sagen, dass mir das beim Schreiben wirklich nicht bewusst war. Das glaubt mir vermutlich kein Mensch, aber als ich den Song geschrieben habe, ging es mir nur darum, diese Wut auszudrücken. Mein Ziel war es, dass sich die Emotionen Frust und Wut in dem Text austoben können. Ich wollte den Wunsch transportieren, dass man eine Firma selbst mit seinen Leuten führen möchte, ohne vom Chef abhängig zu sein. Dass man als kleiner Arbeiter davon träumt, den Chef von seinem weichen Sessel runterzuholen.

Ich denke, dass auch heute noch sehr, sehr viele Arbeitnehmer davon träumen. Vermutlich sogar die Mehrheit der deutschen Arbeitnehmer. Wie man es dann hinbekommt, den Chef da runterzuholen, ist eine andere Frage. Der Weg, den ich in der dritten Strophe von „Paul Panzers Blues" geschrieben habe, ist natürlich die extremste Variante:

Am Montag morgen in der Hafenstraße
Da saufe ich mir ein' an und dann hol' ich mir 'ne Waffe
Da schnapp' ich mir 'nen Knüppel und dann fackel' ich nicht lang
Ich geh' zum Chef auf's Büro und ich zieh' die Krücke blank
Und wenn er dann winselt: „Verlassen Sie mein Haus"
Dann soll er sein Mittagessen lutschen, ich schlag' ihm paar Zähne raus
Ich schrei': „Du Drecksau, gehst jetzt arbeiten für meinen Lohn
Marsch ab in die Kolone, die anderen, die warten schon
Der Laden gehört jetzt uns allen, nicht mehr dir allein
Dein Wichserjob ist aus, wir mästen dich nicht mehr, du fettes Schwein.

Was mich zu dem Song inspiriert hat, war zum großen Teil die Berliner Atmosphäre. Wir wohnten damals am Tempelhofer Ufer und bekamen mit, was draußen los war, weil wir eben nicht nur in unserer Wohnung saßen, sondern viel unterwegs waren, mit den Leuten im besetzten Rauch-Haus abhingen oder mit vielen Jugendlichen an anderen Orten. Es waren damals schwierige Zeiten, es gab viel Polarisierung, in Berlin spürte man ganz extrem den Ost-West-Konflikt. Da gab es die Mauer und Leute, die sich nicht unbedingt anpassten, denen wurde ja immer nahegelegt: Geht doch nach drüben in den Osten. Wir wollten natürlich weiß Gott nicht in den Osten, angepasst sein wollten wir aber auch nicht.

Berlin war damals keine befriedete Stadt, in keiner Weise, und die sozialen Konflikte waren offensichtlich. Jeder von uns hatte schon einschlägige Erfahrungen mit diversen Chefs gemacht. Natürlich war es bei mir bis dahin nie so hochgekocht, wie ich es dargestellt habe. Das war ganz klar eine Gewaltfantasie, die im realen Leben nicht so ausgelebt werden sollte. Sie war ein Ergebnis der Wut darüber, dass einem bewusst wird, wie wenig man im echten Leben wirklich erreichen kann, und des ganzen Frusts, den man in sich hineingefressen hat. Ich habe diese Situation, die bestimmt die meisten Menschen schon erlebt haben, nur extrem verdichtet und vielleicht ausgesprochen, was viele schon mal gedacht haben.

Übrigens bekomme ich bis heute Zuschriften von Menschen, die mich anzeigen wollen. Wegen Gewaltverherrlichung, Anstiftung zu Straftaten und weiß der Himmel was nicht noch alles. Wenn man den Text einfach so eins zu eins liest, kann man das alles natürlich auch reininterpretieren, das will ich gar nicht leugnen. Aber es ging darum, sich gegen Ausbeutung und alles, was damit zusammenhängt, zu wehren. Meine Aussage bestand im Grunde genommen darin, dass man sich nicht weiterhin als Kalb an der Leine durch die Stadt führen lassen darf, dass man sich wehren und sagen soll: Nee, ich habe auch Hörner, und ich lasse mir nicht alles bieten.

Zu der Zeit, als der der Text erschienen ist, fand ja auch schon der bewaffnete Kampf der RAF statt, es hatte auch schon die ersten Toten gegeben und wir von Ton Steine Scherben haben nie geleugnet, für welche Seite wir Sympathien hatten, auch wenn wir selbst natürlich nicht mit richtigen Waffen kämpften.

17.
Musik ist eine Waffe – die Scherben und die RAF

Musik ist eine Waffe, war damals ein Spruch von uns. Diesen Spruch haben wir sehr ernst genommen, weil wir durch unsere Musik die Möglichkeit hatten, ein Sprachrohr der Bewegung zu sein und die Anliegen breiter in die Öffentlichkeit und die Medien zu tragen. Als Künstler, der mit Texten arbeitet, muss man sich entscheiden, ob man das nur für sich und sein Ego schreiben will oder für eine breite Öffentlichkeit. Für uns war es extrem wichtig, Texte für junge Leute zu schreiben, mit denen wir in Kreuzberg abhingen. Wir wollten ein Sprachrohr sein und das, was wir mit ihnen erlebten, nach außen tragen.

Was die extreme Seite der RAF anbelangt, hätten wir nie im Traum daran gedacht, denen Waffen zu besorgen. Aber selbstverständlich gab es Sympathien aus alten gemeinsamen Zeiten, schließlich kannte man die vom friedlichen Kampf, wo man Seite an Seite demonstriert hat. Die sind ja nicht einfach so vom Himmel gefallen oder als himmlische Heerscharen plötzlich vom Mars gekommen. Das waren Leute, die man kannte. Ich finde auch weiterhin, dass der Song „Der Kampf geht weiter" von unserer ersten LP ein super Statement zur damaligen Zeit ist:

Die Richter und Staatsanwälte, für wen sind sie da?
Für die Kapitalisten und für ihren Staat!
Sie verurteilen uns, nach ihrem Gesetz!

Wer das Geld hat, hat die Macht, und wer die Macht hat, hat das Recht!
Sie sind gekauft, um uns zu quälen!
Beschützen die Reichen, die uns bestehlen!

Oder auch „Menschenjäger":

Menschenjäger, werdet ihr's kapieren?
Ich weiß nicht, wie viel heut durch euch alle krepieren
Aber eins kann ich euch garantieren: Eure MGs werden nicht ewig regieren!
Ihr könnt uns verfolgen und massakrieren, doch für jeden, den ihr kriegt, werden zwölf andere marschieren.
Ihr könnt gehorchen, ihr könnt kommandieren, doch ihr kämpft gegen uns alle, und werdet verlieren.

Das sind aus meiner Sicht auch heute noch ziemlich gute und treffende Beschreibungen der damaligen Verhältnisse und von dem, was wir und unser Umfeld gefühlt haben. Zum besseren Verständnis muss man aber sagen, dass Generationenkonflikte damals stärker ausgetragen wurden, als es heute der Fall ist. Diese kulturelle Umarmung innerhalb der Generationen von Omas, Müttern und Enkelkindern gab es damals noch nicht. Dass eine Oma mit ihrem Enkelkind zum Rolling-Stones-Konzert geht, war damals schwer vorstellbar gewesen. Meine Großmutter war Jahrgang 1875 und hatte tatsächlich noch gelebt, sie wurde 97 Jahre alt, aber mit ihr 1969 in ein Konzert von The Who – „talking about my generation" – ins Theater des Westens zu gehen, war völlig undenkbar. Heutzutage ist das anders, und dadurch sind auch bestimmte kulturelle Konflikte, die in den 1970er Jahren noch ausgetragen werden mussten, weggeschliffen worden.

Ich hatte das große Glück, dass meine Eltern keine Nazis waren, aber die meisten meiner Klassenkameraden hatten solche Eltern, und da gab es entsprechende Konflikte in den Familien. Das kann man mit heute gar nicht vergleichen. Was will man seinen Eltern denn auch Vergleichbares vorwerfen? Natürlich muss man sich als Erwachsener immer vor seinen Kindern oder gegenüber den nachfolgenden Generationen rechtfertigen, aber es ist doch ein ziemlich großer Unterschied, wenn du Teil einer Gesellschaft warst, die einen so unvergleichlichen Massenmord begangen hat.

Die Gewaltdiskussion war damals allgegenwärtig. Inwiefern darf man das staatliche Gewaltmonopol hinterfragen, warum sollten die Bullen immer nur Recht haben und wir nicht? Warum dürfen die uns auf die Köppe hauen und wir uns nicht wehren? Solche Dinge waren ja nun wirklich für viele von uns Alltag, gang und gäbe. Man musste sich mit deutlichen und aggressiven Äußerungen zumindest verbal zur Wehr setzen, weil man sonst nicht gehört wurde.

Unsere Fans waren zu dieser Zeit völlig gespalten. Es gab sehr viele, die extrem unsicher waren, wie sie sich positionieren sollten. Schließlich war es nicht nur eine Gewissensentscheidung, sondern auch eine ganz massive, den Rest des Lebens bestimmende Richtungsentscheidung, wenn man gesagt hat, ich gehe in den Untergrund, überfalle Banken und stehe irgendwann auf irgendwelchen Fahndungsplakaten, die damals an jeder Ecke aushingen. Man musste bewusst in Kauf nehmen, dass man sich nicht mehr wie bisher in der Öffentlichkeit bewegen konnte. Das war eine wirklich grundsätzliche Entscheidung, denn man konnte natürlich nicht bei der RAF mitmachen und nebenher seinem bürgerlichen Job nachgehen.

Die Perspektive, aktiv etwas gegen die bestehenden Machtverhältnisse zu tun, war für viele verlockend. Ich kenne etliche, die gesagt haben, dass sie sich das auch zutrauen würden, und lange hin und her überlegt haben. Von denen haben sich dann viele, Gott sei Dank, muss man rückblickend sagen, aber dagegen entschieden und nur indirekt die RAF unterstützt. Kai Sichtermann erinnerte daran im Katalog zur Ausstellung über *Ton Steine Scherben in ihrer Zeit*:

> Da gab es damals die neue Straßenverkehrsordnung. Da wurde analysiert, ob und wie man den bewaffneten Kampf, das Konzept der Stadtguerilla aus Südamerika vielleicht nach Europa überträgt, in den Untergrund geht und den Staat bekämpft, damit wir eine Revolution einleiten, um alles zum Besseren zu

wenden. Und ich war sehr beeindruckt davon, muss ich sagen. Das war, glaube ich, '71. Ich habe dann später mal Daniel Cohn-Bendit davon erzählt, dass ich überlegt habe, ob ich meine Gitarre gegen eine Knarre eintausche. Da hat er gesagt, „ja, ja, die Hinwendung zum Wahnsinn war da". Recht hat er. Es ist Wahnsinn. Man kann so keine Veränderung herbeiführen. Das geht nicht. Und ich habe es zum Glück rechtzeitig für mich erkannt und gesagt, ich mache Musik und mit guten Texten.

Zumindest in den Anfangszeiten des bewaffneten Widerstands gab es eine ziemlich breite Masse, die sich solidarisch mit der RAF gezeigt hat. Gerade in Berlin waren die Übergänge zwischen normalem Leben und Untergrund zu dieser Zeit komplett fließend. Man traf Menschen bei einer Demo oder in der Kneipe, und zwei Wochen später sah man ihr Bild auf einem Fahndungsplakat. Das waren zum Teil Kumpels von mir, mit denen ich gerne ein Bierchen getrunken und gequatscht habe. Über Gott und die Welt haben wir gesprochen, aber nicht darüber, dass sie sich bewaffnen und anfangen, Banken zu überfallen.

Ich hatte ein ganz persönliches Erlebnis mit einem jungen, total offenen und freundlichen Typ, den ich auf dem S-Bahnhof kennengelernt hatte, und ein oder zwei Tage später sah ich ihn auf einem Fahndungsplakat. Da dachte ich mir auch, Herrgott nochmal, was ist da los? Das passt gar nicht zu dem, so wie ich ihn kennengelernt habe. Man hat durch solche Begegnungen aber auch am eigenen Leib mitbekommen, dass viele RAFler sich noch ganz normal im öffentlichen Raum bewegt haben. Die saßen nicht alle in irgendwelchen Kellern und haben darauf gewartet, dass die Sonne untergeht. Es war, wie Mao Zedong gesagt hat: „Der Revolutionär schwimmt im Volk wie ein Fisch im Wasser."

Die Sympathisanten sammelten Geld, organisierten die Rote und die Schwarze Hilfe und Prozessunterstützung. Auch sie hatten innerlich mit vielen Dingen abgeschlossen, was die Bundesrepublik Deutschland und die Stadt West-Berlin betraf, hatten aber andere

Bedenken, vielleicht weil sie Pazifisten waren und sich nicht vorstellen konnten, mit der Waffe durch die Gegend zu laufen und immer dazu bereit zu sein, sie auch zu benutzen. Von den Medien wurden wir damals alle in einen Topf geworfen, das fand ich extrem schwierig. Diese Pauschalisierung, die es noch heute gibt, hat viel Schaden angerichtet. Zum Beispiel, wenn man auf einer Demo mitgelaufen ist, um gegen Polizeigewalt zu demonstrieren, und ein paar radikalere Demonstranten Steine geworfen haben, war man sofort jemand, der auch Steine geworfen hat. Selbst dann, wenn 10.000 Menschen sehr friedlich demonstriert haben und lediglich vier Demonstranten darunter waren, die ein paar Steine geworfen haben. Medial sind wir ständig in eine Ecke gestellt worden, in die wir gar nicht wollten. Die Medien waren damals mehrheitlich auf Seiten des Staates und haben wenig differenziert mobil gemacht gegen die vermeintlichen Linksterroristen, während wir uns als Freiheitskämpfer sahen.

Eine linke Presse gab es zu dieser Zeit eigentlich gar nicht, die *taz* wurde ja erst später gegründet. Am ehesten war noch die *konkret* auf unserer Seite. Insofern gab es keine größere mediale Gegenöffentlichkeit zu den Zerrbildern, die über uns verbreitet wurden. Ich weiß noch genau, wie viel Wut ich damals oft empfunden habe, wenn ich die *Bildzeitung* aufgeschlagen habe und sich Psychologen darin zu der Frage äußern durften, wie krank diese Leute sind, die da auf die Straße gehen. Das war ein subtiler Propagandaapparat, der perfekt funktioniert und Tag für Tag gegen uns gehetzt hat.

Zur RAF hatten wir meines Wissens keinen direkten Kontakt. Schlotterer kannte einige von früher, weil er ja beim Sozialistischen Deutschen Studentenbund (SDS) war, dem auch einige RAF-Leute mal angehört hatten, Jan-Carl Raspe und Holger Meins zum Beispiel. Wie gut er Ulrike Meinhof oder Andreas Baader kannte, weiß ich nicht, und Horst Mahler war damals ein in der ganzen Stadt bekannter Anwalt. Aber von der RAF hat niemand nachts an unsere WG-Tür angeklopft, um bei uns übernachten zu können. Wir wurden meines Wissens auch nie darum gebeten, Geld, Waffen oder andere Dinge von denen zu verstecken.

Wir hatten damals allerdings recht regen Kontakt zu den Leuten von der Bewegung 2. Juni. Das waren Bommi Baumann, Verena Becker und ihre Kumpels. Die hatten sich nach dem Todesdatum von Benno Ohnesorg benannt und sahen sich als Stadtguerilla. Zu denen gehörte auch Georg von Rauch, der 1971 von Polizisten erschossen worden ist und nach dem das von der Hausbesetzerszene in Beschlag genommene ehemalige Schwesternwohnheim des Bethanien-Krankenhauses in Berlin-Kreuzberg benannt wurde. Dem haben wir den „Rauch-Haus-Song" gewidmet, den Rio und Lanrue 1972 für unser zweites Studioalbum geschrieben und komponiert haben:

Und vier Monate später stand in Springers heißem Blatt,
dass das Georg-von-Rauch-Haus eine Bombenwerkstatt hat.
Und die deutlichen Beweise sind zehn leere Flaschen Wein,
und zehn leere Flaschen können schnell zehn Mollies sein.

Beide Seiten waren ideologisch ganz schön aufgeheizt und man hätte manches verhindern können, aber einige Dinge mussten vielleicht auch einfach mal auf diese radikale Art und Weise eskalieren. Als Anarchisten hatten wir damals immer das Problem, die eigenen Grenzen zu erkennen und herauszufinden, ab welchem Moment die eigenen Wünsche in einer Form, die nicht in Ordnung ist, zu Lasten anderer Menschen gehen. In dem Augenblick, in dem es dann um die praktische Gewaltanwendung ging, haben sich unsere Ansichten dann komplett von denen der RAF unterschieden. Wir haben die Frage, wie weit man geht und was man dafür in Kauf nimmt, für uns bandintern komplett anders entschieden als Baader, Meinhof und Co.

Natürlich gab es bei uns auch Abstufungen in der Frage, wie radikal man werden darf, wie weit man gehen kann, aber insgesamt waren wir uns immer absolut darüber einig, was die politische Ausrichtung anbelangt. Da war keiner dabei, der auf der Bühne mit Ton Steine Scherben den Anarchisten gespielt hat und abends zu Hause dann der größte Spießer war. Oder anders gesagt: Bei uns hat ganz sicher kein CDU-Mitglied mitgemacht, das dann bei „Macht kaputt, was euch kaputt macht“ im Chor singen musste. Das wäre gar nicht gegangen. Es gab sicherlich sehr unterschiedliche Wege, Einschätzungen, Bewertungen, und einige waren radikaler als andere. Das kam oftmals aus der persönlichen Biografie, bei anderen lag es daran, dass sie von Natur aus wilder gestimmt waren.

Klar ist aber, dass es eine gemeinsame Grundeinstellung, eine gemeinsame politische Haltung gab. Nach Konzerten wurden wir oft von radikalen Linken angesprochen, die sich darüber beschwert haben, dass wir so soft sind. Die wollten uns davon überzeugen, dass wir uns ganz anders organisieren müssten, wir sollten in deren kommunistische Gruppe kommen oder was auch immer. Da standen wir häufig Rede und Antwort, mussten uns rechtfertigen und verbal kloppen. Da wir aber ein klares Verständnis untereinander hatten, konnten wir immer sehr gut unsere Position verteidigen und argumentieren. Für uns war immer völlig klar, dass wir keinen radikaleren Weg einschlagen werden, sondern nur mit unseren Texten, also Worten und niemals mit Waffen kämpfen wollen.

Es gab sehr früh mal ein Flugblatt von uns, das war überschrieben mit „Musik ist eine Waffe“, wo wir eben geschrieben haben, dass auch eine Gitarre eine Waffe sein kann und nicht nur eine Knarre. Dieses Selbstverständnis hatten wir, dass wir klar gesagt haben: Wir führen einen anderen Kampf mit anderen Mitteln. Aber es war keiner so drauf, dass er gesagt hätte, jetzt machen wir Schluss mit den Scherben, jetzt gehen wir an die Front und überfallen eine Bank, üben Gewalt gegen Polizisten aus oder besorgen uns Sprengstoff und jagen irgendwas hoch. Das war nicht unser Ding.

18.
Flucht aufs Land

Wir waren in einem ständigen Gewissenskonflikt, weil wir mit vielen Idealen und Zielen, die die RAF postuliert hat, grundsätzlich einverstanden waren. Auch wir waren gegen den Vietnamkrieg und für die Befreiung der Dritten Welt, einen Umsturz in Deutschland und selbstverständlich auch für ein bisschen mehr Revolution innerhalb der Bevölkerung. Wir wollten uns nicht mehr anpassen. Mit diesen Ideen sympathisierten wir natürlich, schließlich wollten auch wir eine andere Art von Freiheit leben als die, die uns zugestanden wurde.

Aus diesem Grund wollten wir den Genossen, soweit wir es mit unserem Gewissen vereinbaren konnten, auch helfen. Es gab damals viele Konzerte von uns, auf denen wir am Ende dazu aufriefen, Geld zu spenden. Wenn ein Genosse zum Beispiel im Knast saß, kein Geld für einen Anwalt hatte oder dringend Hilfe benötigte, haben wir das Publikum darum gebeten, für die Rote Hilfe Geld zu spenden. Von denen waren dann immer welche im Publikum, die mit Sammelbüchsen rumgegangen sind. Oft haben wir auch Soli-Konzerte gespielt, deren komplette Einnahmen linken Gruppen zugutekamen. Ein typisches Beispiel dafür war eine Anfrage aus Hannover. Im Anschluss an ein Scherben-Konzert sollte ein Haus besetzt werden.

Der Grund für die Besetzung war nicht fehlender Wohnraum, sondern die Organisatoren wollten in einem leerstehenden Gebäude ein Jugendzentrum eröffnen. Das war 1971, in der Arndtstraße 20. Diese Aktion fanden wir gut und haben sofort zugesagt. Der Auftritt war eines unserer sogenannten „Scheinkonzerte“, das wir in unsere Hausbesetzer-Tour eingebaut hatten, und fand im Audimax der Uni Hannover statt. Zirka um 21 Uhr wurde das Konzert wie geplant abgebrochen, und Rio verkündete dem verdutzten Publikum live von der Bühne herab den Plan zur Besetzung. Es hat auch alles prima geklappt, nur leider verstanden die Polizisten keinen Spaß, nach zwei Tagen haben sie das Haus geräumt.

Aber immerhin hatten die Veranstalter ihr Anliegen in der Öffentlichkeit so bekannt gemacht, dass sie wenig später andere Räume von der Stadt gestellt bekamen, in die sie mit ihrem Jugendzentrum eingezogen sind. Die Jugendzentrums-Bewegung fanden wir sowieso klasse, Jugendzentren sind zu der Zeit ja wie Pilze aus dem Boden geschossen, weil viele Politiker endlich erkannt hatten, dass es sinnvoll sei, den Jugendlichen einen solchen Freiraum zu bieten, in dem sie unter sich sein können. Jugendzentren haben wir, wann immer es ging, unterstützt. Oft sind wir umsonst aufgetreten, manchmal haben wir sogar noch draufgelegt, weil wir unsere Spritkosten selbst getragen haben, nur weil es uns wichtig war, die zu unterstützen.

Viele Veranstalter, die uns gebucht haben, waren nicht professionelle Konzertagenturen, sondern Studentenausschüsse oder Jugendzentren, kleine linke Gruppen, die uns kannten und bei denen wir für wenig Geld aufgetreten sind. Die haben sich zwar gefreut, wenn wir den Gig zugesagt haben, aber man hat auch gemerkt, dass die das auch von uns erwartet haben. Das war unser Image, links, Hausbesetzer, die wussten, dass wir uns immer für die gute Sache stark machen. Da war es für mich als Manager oft schwierig, denen klarzumachen, dass wir natürlich auch Geld verdienen müssen. Funky hat das im Katalog der Ausstellung über *Ton Steine Scherben in ihrer Zeit* sehr schön beschrieben:

> Ich bin abends fix und fertig nach Hause gekommen, und es war natürlich nix zu essen da. Und dann hieß es, es gibt einen Auftritt, wir spielen ein Solidaritätskonzert, packt alles zusammen, wir fahren da hin. Alle haben sich gefreut, aber die Gage war halt sehr klein: 300 D-Mark.

Dann haben wir die Verstärker und alles, was wir eben so hatten, in diesen alten Hanomag-Laster geladen. Wir fuhren los, haben alles in den vierten Stock hochgeschleppt. Da lagen auf einer Papierdecke auf einer losen Tischplatte ein paar Schmalzbrötchen. Alle hatten Hunger und haben auf die Schmalzbrötchen geschielt. Wir haben gefragt, Mensch, können wir nicht was zu essen bekommen? Und dann hat die eine Veranstalterin gesagt: „Dann müsst ihr aber den Solidaritätspreis bezahlen."

Rio riss sich das Hemd auf, packte die Tischplatte an einer Ecke und schmiss sie mit den Brötchen durch den Raum. Wahnsinn! Dann hat er geschrien: „Sofort alles zusammenpacken, wir gehen!" Und alle, alle waren mucksmäuschenstill, wie immer, wenn Rio ausgeflippt ist. Das wusste ich ja schon von meinen Beobachtungen aus der Küche, wenn es gekracht hat und neues Geschirr hermusste. Er hatte eine wahnsinnige Ausstrahlung. Und dann kam: „Morgen früh, Plenum 10 Uhr!" Um 10 Uhr hatte es noch nie ein Plenum gegeben. Aber es waren alle da. Das war auch wirklich sehr ernst. Beim Plenum wurde ja sonst auch oft rumgekaspert. Aber auf diesem Plenum wurde beschlossen, dass man Berlin verlassen will und irgendwo auf dem Land ein großes Haus sucht, wo wir praktisch neu anfangen könnten.

Nicht selten musste ich Veranstaltern sogar noch erklären, wie sie halbwegs ordentlich ein Konzert organisiert bekamen, weil wir vor Ort so chaotische Zustände vorgefunden haben. Die waren alle mit viel Idealismus dabei und auch selbst Fans von uns, aber organisatorisch hatten die null Ahnung von dem, was sie da taten. Mit professionellem Booking, wie man es heute kennt, hatte das nichts zu tun. Das war immer eine Gratwanderung. Zum Glück hatten wir 1972 in einem unserer Flugblätter geschrieben, dass man die Band zu Konzerten einladen kann und wir normalerweise 800 D-Mark bräuchten, um unsere Unkosten zu decken. Dadurch hatten wir schon mal angedeutet, dass wir keine musikmachende Wohltätigkeitsorganisation waren, sondern auch etwas Geld verdienen mussten, um leben zu können. Im Normalfall hat es dann auch immer geklappt, dass wir zumindest diese 800 D-Mark bekommen haben.

Mit den Jahren kamen dann aber auch immer mehr professionelle Veranstalter dazu. Einfach weil wir populär und angesagt waren und dementsprechend auch in größeren Hallen spielen konnten, die wir dann auch ordentlich gefüllt haben. Bei solchen Auftritten erhielten wir bessere Gagen, durch die wir wiederum kleinere Dorf-Gigs, für die es wenig bis nichts gab, verkraften konnten. Denn auf die kleinen Auftritte wollten wir auf keinen Fall verzichten.

Das klingt jetzt so, als wären ich fürchterlich materialistisch und ständig nur am Rechnen und Geld zählen gewesen. Aber so war das natürlich nicht. Mit Mitte 20 wollte sich ja keiner von uns ein Haus bauen oder hat an seine Rente gedacht. Wir wollten einfach ein wildes Leben führen und unseren Idealen so nah wie möglich kommen. So ging es auch den meisten anderen Musikern, mit denen wir damals zu tun hatten. Leute, denen es nur ums Geld ging, gingen ins Schlagergeschäft. Trotzdem mussten wir aber Essen und Miete zahlen, wie alle anderen auch, und unsere Tourneekasse war in der Tat immer ganz hart an der Grenze zum Minusgeschäft. Wir hatten halt das Glück, dass sich unsere Langspielplatten richtig gut verkauft haben, und so konnten wir über unsere Plattenkasse viele Dinge gegenfinanzieren, die sonst einfach völlig unmöglich gewesen wären.

19.
Rio Reiser – ein Gleicher unter Gleichen

Wahnsinnig habe ich Rio nie erlebt. Er war rhetorisch sehr gut und konnte Leute von dem überzeugen, was er gerne wollte, und sie für seine Ideen begeistern. Er hatte auch viele Psychospielchen drauf, die man braucht, wenn man andere für sich gewinnen will. Aber dadurch, dass er immer sehr klar gesagt hat, was er will und wie er dieses Ziel erreichen will, wussten wir auch immer, woran wir bei ihm waren. Andersherum hat er anderen auch immer zugehört, war für sie da, hat viel mit ihnen über Probleme und Fragen diskutiert.

Was die musikalischen Dinge der Band betraf, wurde immer viel argumentiert, machen wir es so oder machen wir es lieber so Klar, am Ende hat Rio meistens versucht, die Argumente der anderen einzukassieren und seinen Weg durchzusetzen, auch wenn die anderen eigentlich etwas dagegen hatten und wir bandintern immer gesagt haben, dass das gemacht wird, was die Mehrheit will. Obwohl er am Ende fast immer bekommen hat, was er wollte, hatte man jedoch nur selten das Gefühl, dass er es autoritär durchgesetzt hat. Irgendwie hat er es geschafft, die Entscheidung wie einen gemeinsam beschlossenen Prozess aussehen zu lassen. Selbst dann, wenn er das letzte Wort hatte und seinen Willen durchgesetzt hat. Das haben wir anderen aber auch verstanden, denn meistens ging es ja um seine Texte, seine Songs.

Trotzdem hat er nie platt den Bandleader raushängen lassen und einfach bestimmt, wo es lang geht. Und er hatte auch nie die Weltfremdheit eines Wahnsinnigen, wenn man mal das Klischee zugrunde legt, dass Genies, und Rio war sicherlich auf seine Art und Weise ein Genie, gerne auch mal zum Wahnsinn neigen. Wir anderen hatten nie das Gefühl, dass wir das normale Leben um Rio herum organisieren mussten, um ihm die Zeit zu geben, in höheren Sphären geniale Ideen zu finden. Wir haben ihm auch immer Kontra gegeben und nie gedacht, okay, der ist halt ein Genie, lassen wir ihn mal machen. Rio wusste im Alltäglichen sehr genau, wie er zurechtkommen wollte, was notwendig war und wie die Realität draußen tickte. Er hatte auch keine Macken, die mich zur Weißglut gebracht hätten. Wir hatten aber auch ein anderes Verhältnis zueinander, weil ich eher der Pragmatiker war und immer versucht habe, alles so effektiv wie möglich umzusetzen.

Rio und Lanrue haben viele Jahre miteinander gearbeitet, das war nach meinem Empfinden immer ein blindes Vertrauen. Beide wussten sehr genau, wie der andere tickt, was er mochte und was nicht, und konnten abschätzen, wie etwas funktioniert. Wenn es um die Arrangements ging, war immer die ganze Band gefragt. Wenn es hieß, dass wir den Song umgestalten müssen, einen anderen Basslauf brauchen oder so, wurde das so lange geprobt, bis alle der Meinung waren, so soll es sein.

Viele andere interne Entscheidungsprozesse waren oft sehr zäh und endlos. Wenn es zum Beispiel um Geld ging und die Frage, was wir damit machen wollen, waren das immer ausschweifende Diskussionen, aber Rio hat sich da oft auffällig zurückgehalten, denn die Finanzen waren ja mein Bereich, und Rio hatte auf diese ganzen Zahlen und Rechnungen absolut keine Lust. Das war ihm alles zu langweilig und unkreativ. Dadurch überschnitten sich unsere beiden Bereiche so gut wie gar nicht. Wir haben einfach beide anerkannt, dass der jeweils andere in seinem Bereich besser ist, und haben uns wunderbar arrangiert. Aus diesem Grund hat er mir auch nie groß in Entscheidungen reingequatscht.

Natürlich hatten wir ab und an mal kleinere Auseinandersetzungen, aber die gibt's ja immer, gerade wenn man nicht nur eine Band hat, sondern auch noch als Gemeinschaft zusammenlebt. Erst in der WG in Berlin, später in Fresenhagen, mitten auf dem platten Land, haben wir ja unseren kompletten Alltag miteinander geteilt. Andere Bands sahen sich im Proberaum, im Plattenstudio und auf Tourneen, bei denen war privat auch wirklich privat. Die sind nach einer Probesession nach Hause gegangen, in ihre eigene Wohnung und haben ein eigenes Leben geführt. Bei uns waren Band und Privatleben eins, und diese Konstellation brachte natürlich oft auch Probleme mit sich. Andererseits ist dadurch über die Jahre auch viel Vertrauen entstanden, weil man eben so lange so eng zusammengelebt hat und genau wusste, was man an dem anderen hat, was der kann und was er nicht kann und wo jeweils die Grenzen sind, wenn man den anderen nicht mit Erwartungen überfordern will.

20.
Nicht alles totlabern – einfach mal ausprobieren

Ton Steine Scherben waren einerseits Kinder der damaligen Zeit, andererseits aber auch nicht. Unser Ideal hieß immer: Nicht alles totlabern, sondern einfach ausprobieren. Die meisten aus unserem Umfeld neigten dazu, alles wahnsinnig zu theoretisieren und die Praxis zu vergessen. Das war typisch für die damalige Zeit, stand aber konträr dem gegenüber, was wir leben wollten. Bei uns war immer klar: Wir wollen etwas machen, dann machen wir es doch einfach! Also ran, und los geht's. Einfach ausprobieren. Dieses ständige Gefühl, mit angezogener Handbremse unterwegs zu sein, weil es überall nur Bedenkenträger gab, hat mich ziemlich genervt.

Trotzdem waren diese Jahre unfassbar toll. Es wurden damals überall neue Strukturen aufgebaut. Viele neue Buchverlage wurden gegründet, die ganz andere Programme und Ideen hatten als die etablierten. Man war halt nicht mehr ausschließlich auf das angewiesen, was der Suhrkamp Verlag veröffentlichte, plötzlich gab es so kreative und frische Verlage wie die Edition Nautilus, die ganz wichtig für mich war. Oder den Merve Verlag, der auch deutsche Autoren veröffentlichte, aber vor allem die Schriften von Foucault und viele philosophische Bücher, an deren Veröffentlichung in Deutschland sonst niemand Interesse hatte.

Auch der wunderbare Literaturverlag von Klaus Wagenbach, der 1970 anfing, das *Kursbuch* von Hans Magnus Enzensberger zu veröffentlichen, nachdem der Suhrkamp Verlag es aus politischen Gründen abgelehnt hatte, die Zeitschrift fortzuführen. Damals hat Klaus Wagenbach auch ein bahnbrechendes Experiment gewagt und eine kollektive und solidarische Verlagsarbeit eingeführt. Er gab seinem Verlag ein Statut, das die Rechte und Pflichten aller Mitarbeiter und der Eigentümer klar regelte. In seinen wesentlichen Punkten sah es eine weitgehende Mitbestimmung der Verlagsangehörigen bei allen ökonomischen Prozessen, gleiches Gehalt für alle Mitarbeiter und regelmäßige Besprechungen aller wichtigen Angelegenheiten vor.

Man merkte damals überall, dass ein Stimmungswechsel stattgefunden hat, es passierte etwas. Das politische Bewusstsein, das sich ab Ende der 1960er Jahre in Form von Büchern oder Filmen oder eben auch in der Musik äußerte, fand andere, neue Wege. Es kam vieles zusammen, von dem man einfach sagen konnte, es ist etwas Großes, Wichtiges in Bewegung. Es sprühte förmlich.

Dieser neue Schwung, dieses neue Bewusstsein sollte natürlich auch an die nächste Generation weitergegeben werden. Das bedeutete Ende der 1960er, Anfang der 1970er Jahre zum Beispiel, dass man sein Kind nicht, wie es bis dahin selbstverständlich war, in den Kindergarten schickte, sondern mit anderen Müttern und Vätern eine eigene Kindergruppe oder einen Kinderladen aufmachte. Von denen gab es plötzlich viele in West-Berlin, weil auch viele Erzieher damals keine Lust mehr hatten, in den alten Strukturen zu arbeiten.

Nicht selten waren damals tatsächlich noch alte Nazis, vorwiegend Männer, aber nicht selten auch Frauen, die Chefs von Kindergärten. Das ging natürlich nicht, und die neuen Möglichkeiten gaben den Menschen, die das nicht akzeptieren wollten, jetzt die Chance, eigene Einrichtungen zu gründen. In denen wurde ein neues, vermeintlich zeitgemäßeres, antiautoritäres Erziehungsmodell erprobt, in allen möglichen Schattierungen und Facetten. Rückblickend war dieser Weg auf jeden Fall ein guter Versuch, der in die richtige Richtung ging. Selbstverständlich hat man es hier und da übertrieben, aber man musste ja erstmal die neuen Grenzen kennenlernen.

Die mussten ständig abgeklopft werden. Wo ist die Synthese und wo sind die Zwischenwege zwischen diesen beiden Polen? Alle haben intensiv über die neuen Probleme und Herangehensweisen nachgedacht und immer wieder nachjustiert. Wie kriegen wir das hin, was soll jetzt die Essenz unserer Botschaft für die Kinder sein? Wie verhalten wir uns ihnen gegenüber? Wie streng können wir sein? Es wird manchmal fürchterlich viel verwechselt oder vermanscht, was die Themen autoritär, antiautoritär und Wissbegierde bei Kindern anbelangt. Es wurde auch mit Erziehungssystemen experimentiert, bei denen man in die Verhaltensweisen der Kinder gar nicht eingegriffen hat. Die durften den ganzen Tag einfach machen, was sie wollten. Dabei negierte man schlicht die Wissbegierde der Kinder, dass ihnen vieles in den Schoß fällt, wenn sie lernen. Wie aufnahmefähig sie sind. Der Ansatz, dass Kinder nichts lernen sollen, weil das ja ein Leistungsdruck wäre, und Leistung galt ja als etwas Fürchterliches, musste erstmal ausgelotet werden und hat sich Gott sei Dank nicht durchgesetzt.

Es gab also in allen Bereichen diese Bewegung, raus aus dem strukturierten Herrschaftlichen, rein in ein freieres Denken, und diese Grundstimmung in der Gesellschaft passte perfekt zu mir und zu Ton Steine Scherben. Wir waren ein Mosaikstein dieser Bewegung, die alles auf den Kopf stellen und neu machen wollte und das in vielen Bereichen auch erreicht hat.

21.
Ein Schneeball kommt ins Rollen

Unser Vertriebsmodell passte natürlich auch sehr gut in die damalige Zeit. Das sorgte zwar für mehr Arbeit, als wenn wir den Vertrieb in andere Hände gegeben hätten, aber es lief so gut, dass im Laufe der Zeit immer wieder befreundete Musikgruppen auf uns zukamen, die Probleme mit dem Vertrieb ihrer Platten hatten und sich darüber wunderten, wie gut wir das organisiert hatten, dass wir in allen Underground-Läden unsere Platten stehen hatten und wir es schafften, überregional präsent zu sein. Befreundete Bands aus München hatten zwar ein regionales Vertriebsnetz, wunderten sich aber, dass in den einschlägigen Plattenläden in Bayern auch Platten dieser Berliner Band Ton Steine Scherben erhältlich waren, während sie selbst es mit ihren Aufnahmen nie über Bayern hinaus geschafft hatten.

Wir haben uns auf Festivals und bei Konzerten oft getroffen, und weil es damals eine Aufbruchsstimmung gab, beschlossen wir, gemeinsam etwas aufzubauen. 1974 gab es eine erste Initiative, die von den Bands Missus Beastly, Embryo, der Rockband Sparifankal und uns vorangetrieben wurde, mit dem Ziel, unseren eigenen Vertrieb zu gründen: „Musik im Vertrieb der Musiker". Etwas später kam noch der Liedermacher Julius Schittenhelm dazu. Am 1. April 1976 ging es an den Start, wir nannten uns nach dem Monat unserer Gründung April Records.

Unsere Idee bestand darin, dass nicht mehr jede Band für sich einen bundesweiten Vertrieb macht, sondern wir das regional aufteilen. Jede Band übernahm den Vertrieb der Platten aller anderen teilnehmenden Bands dort, wo sie zu Hause war. Ton Steine Scherben waren für den Norden und zusätzlich für den Westen zuständig, weil von dort keine der Bands kam. Embryo kümmerte sich um das ganze schwäbische Gebiet und Oberfranken, Sparifankal um die Passauer Ecke, München hatte Julius Schittenhelm übernommen, und Missus Beastly Frankfurt und das Rhein-Main-Gebiet. Auf diese Weise teilten wir die gesamte Bundesrepublik unter uns auf. Dazu ließ Othmar Schreckeneder, der Manager von Embryo, seine Auslandskontakte spielen.

Ich machte dann ab und an meine Tour und fuhr bestimmte Läden ab. Die Platten hatte ich immer direkt dabei, weil wir ja ein großes Band-Fahrzeug hatten, und wenn ich zum Beispiel nach Hannover zu boots kam, hieß es: Was haste denn dieses Mal mit? Ach ja, das ist interessant, dann nehme ich 100 Ton Steine Scherben und 30 hiervon und 10 davon. Wir wurden entweder bar bezahlt oder das Geld wurde überwiesen. Das habe ich immer möglichst locker und unkompliziert gehalten. Es war ein Vertrauensverhältnis, eher freundschaftlich, und ganz anders war es natürlich, wenn ein Vertreter der Industrie vorbeigekommen ist, dann liefen diese Deals viel steifer und geschäftsmäßiger ab.

Bei den ganz kleinen Plattenläden hatten wir ohnehin einen Sympathiebonus, die wurden von den Vertretern der großen Plattenfirmen nämlich gar nicht erst besucht. An den geringen Mengen, die sie dort hätten absetzen können, hatten die Majors kein Interesse. Wenn wir vor der Tür standen, gab es hingegen immer ein großes Hallo. Auf der Homepage von Schneeball Records beschrieb Christian Burchard von Embryo die Anfänge unseres gemeinsamen Vertriebs so:

> Ich bin damals mit Butze Fischer losgefahren mit dem Bandbus und Platten drin und in die Läden rein und wir hatten wirklich absurde Erlebnisse. In Forchheim gehen wir in einen Laden und sagen: Hallo! – niemand da! Als wir rausgehen, sehen wir, wie jemand von hinten kommt, eine Frau. Die hatte Angst vor

uns mit unseren langen Haaren, irgendwelche Kartons unterm Arm … Oder in Nürnberg in einem Laden, da haben die Verkäuferinnen nur gelacht. Kein Wort geredet, nur gelacht. Aber sie haben uns was abgekauft – ich hab' einfach einen Lieferschein ausgefüllt.

Die ersten Schwierigkeiten ließen jedoch nicht lange auf sich warten. Carl-Ludwig Reichert von Sparifankal berichtet darüber ebenfalls auf der Homepage von Schneeball Records:

> Unglücklicherweise war der Name „Musikkooperative April" schon vergeben. Wir hatten nicht bedacht, dass in der großen, weiten, fernen Welt der Mega-Konzern CBS einen kleinen Musikverlag – nicht mal ein Schallplattenlabel – hatte, der „april music" hieß. Und da haben wir bald gemerkt, wie das ist, wenn man mit so einem Koloss zusammenrauscht. CBS hat den Markt offensichtlich sehr genau beobachtet und uns mit einer irrsinnigen Klage überzogen. Der Streitwert war bei 100.000 Mark angesetzt, und wir kleinen, unabhängigen Wichtel hatten überhaupt keine Chance, uns über solche Summen mit einem Weltkonzern zu streiten. Wir haben uns gesagt, der Klügere gibt nach.

Die Situation war juristisch aussichtslos, und es hätte nichts gebracht, zu prozessieren. Allerdings beschlossen wir, es bekanntzumachen, dass wir leider unseren Namen ändern müssten, weil die böse CBS was gegen uns hat. Das war mal wieder schön David gegen Goliath, und natürlich standen alle auf unserer Seite und haben auf die Plattenindustrie geschimpft. Dadurch hatten wir einen kleinen Coup gelandet und bekamen unverhofft viel Aufmerksamkeit, standen aber vor dem Problem, dass wir uns auf einen neuen Namen einigen mussten. Überraschend schnell haben wir uns dann für Schneeball entschieden. Das klang zwar erstmal nicht unbedingt wie ein Plattenvertrieb, aber unser Gedanke war, dass wir einen Schneeball ins

Rollen bringen wollten, der immer größer und dicker wird und am Ende eine Lawine auslöst.

Und das hat auch geklappt. Wir erhielten viele Anfragen von Bands, die in unseren Vertrieb im Besitz der Musiker aufgenommen werden wollten. So wurde unser rollender Schneeball immer dicker und die Deutschlandkarte immer feiner aufgeteilt. Nach einem Jahr kamen Checkpoint Charlie aus Karlsruhe dazu, Munju, eine Jazzrock-Band aus Würzburg, Moira aus der Nähe von Stuttgart und die Real Ax Band aus der Nähe von Kassel. Natürlich war die Nachfrage nach den Platten der einzelnen Bands unterschiedlich groß. Aus diesem Grund gab es zu Beginn viele ideologische Diskussionen. Was machen wir hier eigentlich? Tauschen wir untereinander Platten oder zahlen wir uns gegenseitig aus? Wie gehen wir damit um, dass die Platten der einen Gruppe besser laufen als die der anderen?

Dieses Problem wollten wir lösen, indem derjenige, der die Platten einer anderen Band in die Läden bringt, einen gewissen Prozentsatz für sich behält, als Provision. Davon haben wir uns aber ziemlich schnell wieder verabschiedet, weil dieses System den bekannteren Bands gegenüber ungerecht war. Unsere Platten verkauften sich zum Beispiel deutlich besser als die der noch relativ unbekannten Real Ax Band. Wenn die nun in der Region um Kassel 100 Alben von Ton Steine Scherben vertickt haben, hatten sie ein ganz schönes Sümmchen verdient. Wohingegen wir, die wir bei vergleichbarem zeitlichen Aufwand deutlich weniger Alben der Real Ax Band verkauften, in die Röhre geschaut hätten.

Wir einigten uns dann darauf, dass wir die kompletten Einnahmen von Scherben-Platten, die beispielsweise Moira in Stuttgart verkaufte, erhielten und Moira wiederum das gesamte Geld, das wir durch Verkäufe ihrer Platten in unserem Gebiet einnahmen. Wir tauschten also sozusagen Zeit miteinander: Andere Bands brachten in ihren Regionen so viel Zeit mit dem Verkauf von Scherben-Platten zu, wie wir mit dem Verkauf ihrer Platten. Dieses Geschäftsmodell fanden wir einfach, transparent, überschaubar, und es ersparte uns die ganze Abrechnerei. Um das rechentechnisch zu bewältigen, musste man kein großer Zahlenkünstler sein. Dieses ursprüngliche Modell – „ich mache meinen Job auch für dich, und du machst deinen Job auch für mich, ich will nichts an deinen Platten verdienen und du nicht an meinen, weil wir beide eine ehrliche und gleichwertige Arbeit machen" – gefällt mir bis heute gut. Es ließ sich nicht auf alle Bereiche übertragen, aber in diesem Fall funktionierte es gut.

Als ein weiteres Problem in der Geschäftsbeziehung stellte sich mit der Zeit heraus, dass man natürlich von jeder Band, die mitmachte, erwartete, dass sie die Platten der anderen Bands mit dem gleichen Engagement in die Läden stellte wie die eigenen. In der Realität war das aber nicht immer so, denn mitunter war einem die eigene Platte oft näher als die eines Vertriebspartners. Schneeball war aber auch von der gesamten Konstellation her sehr spannend, denn wir hatten vereinbart, uns alle drei Monate zu treffen, immer abwechselnd bei einer Band, um über die Produktionen, die neuen Entwicklungen und was man zukünftig vielleicht anders machen könnte, zu sprechen. Das ging meistens über ein langes Wochenende, und es wurde natürlich zusammen auch viel Musik gemacht.

Alle waren gleichgestellt, weil es keine klassischen Verkaufs- oder Vertriebsleiter gab und keinen Marketingchef. Wir mussten uns alle Konzepte gemeinsam überlegen und uns auf eine Vorgehensweise einigen, was oft nicht so einfach war, wie bei unserer Namensgebung. Auch die Preispolitik musste besprochen werden. Wir waren damals wesentlich billiger, weil es bei uns keine Zwischenhändler gab, die an den Produkten mitverdienen wollten. Wir haben die Läden direkt beliefert und konnten aus diesem Grund bessere Preise anbieten. Andererseits waren wir aber auch keine Großhändler, die es sich problemlos leisten konnten, mal mit Mega-Rabatten zu locken. Bei uns wurde immer endlos darüber diskutiert, ob man einem Großkunden mal 10 Prozent Rabatt geben könne.

Über Schneeball lief lange Zeit auch der Vertrieb aller David-Volksmund-Produkte, bis zu einer legendären Sitzung Ende der 1970er Jahre, auf der entschieden wurde, künftig getrennte Wege zu gehen. Rio Reiser und Christian Burchard von Embryo hatten sich ziemlich in die Haare bekommen, weshalb eine Zusammenarbeit nicht mehr möglich war. Die David Volksmund Produktion beschloss daraufhin, den Vertrieb ihrer Platten wieder eigenständig abzuwickeln.

Ich selbst war noch bis Anfang der 1980er Jahre in einer Zwitterfunktion tätig, sowohl für Schneeball als auch für David Volksmund. Alle Bands, die damals bei Schneeball unter Vertrag standen, hatten 1981 auch zusammen eine Oper geschrieben, eher eine Art Theaterstück oder Musical. Das haben wir gemeinsam einstudiert und sind damit zusammen auf Tournee gegangen. Das war auch so ein Projekt, in das ich meine kreative Ader einbringen konnte und das mich ein bisschen aus meinem Schreibtisch-Job rausgeholt hat.

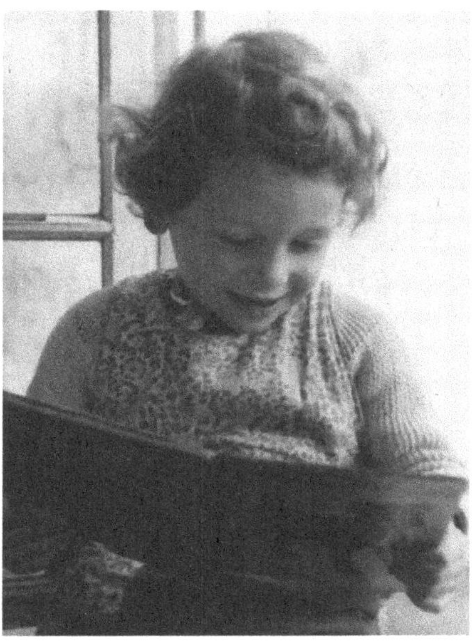

Nikel als Dreijähriger, Dezember 1948. Foto: Privat

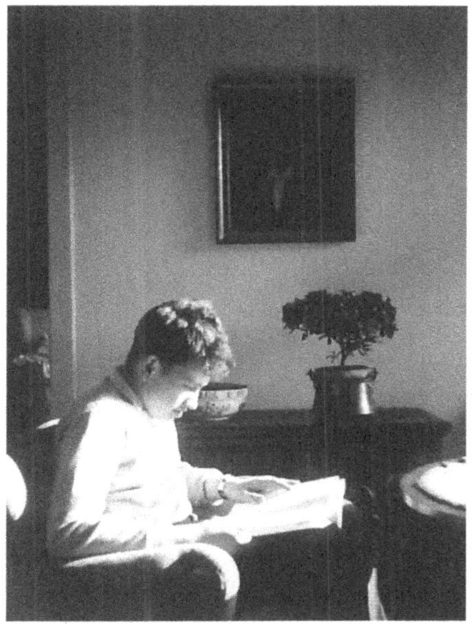

Nikel im Wohnzimmer seiner Eltern in Göttingen, 1959

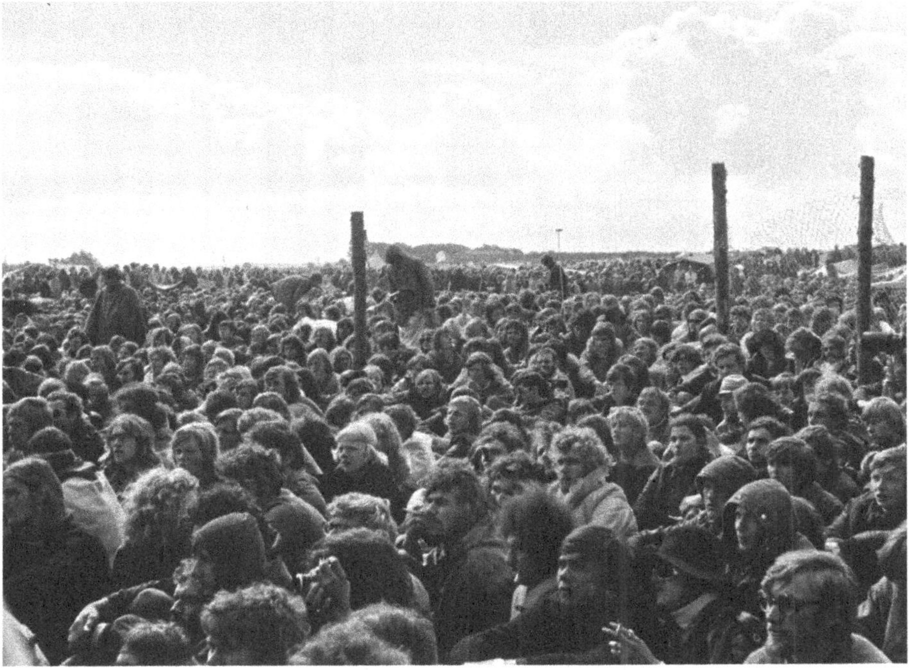

Fehmarn-Festival 1970: Hier hat Nikel zum ersten Mal Ton Steine Scherben gehört.

Foto: Detlef Hansen / https://de.m.wikipedia.org/wiki/Datei:Fehmarn_Festival_1970,_Zuschauer.jpg

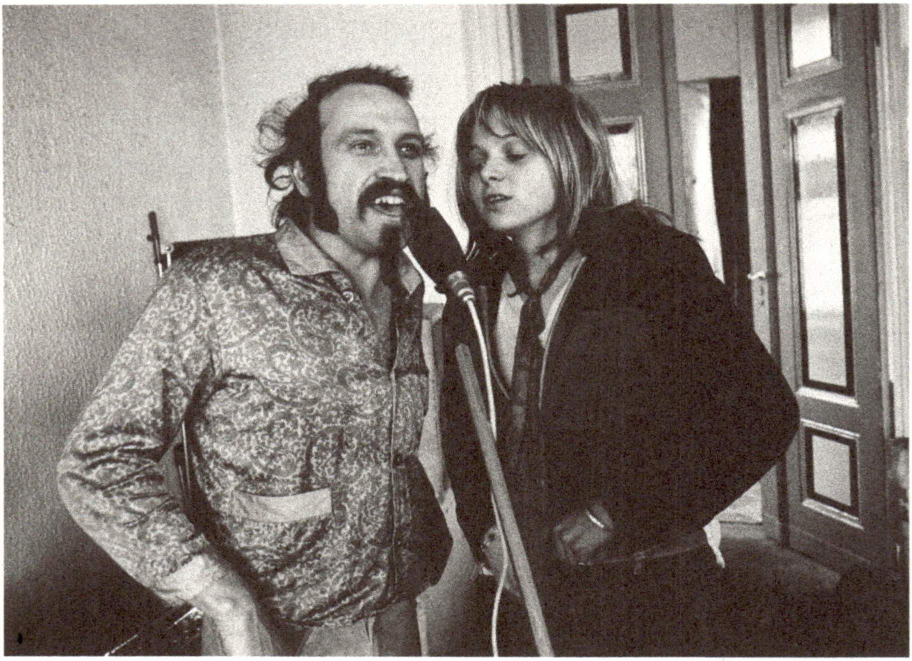

Nikel und Britta Neander bei Proben in der WG am Tempelhofer Ufer, 1974. Foto: Rita Kohmann

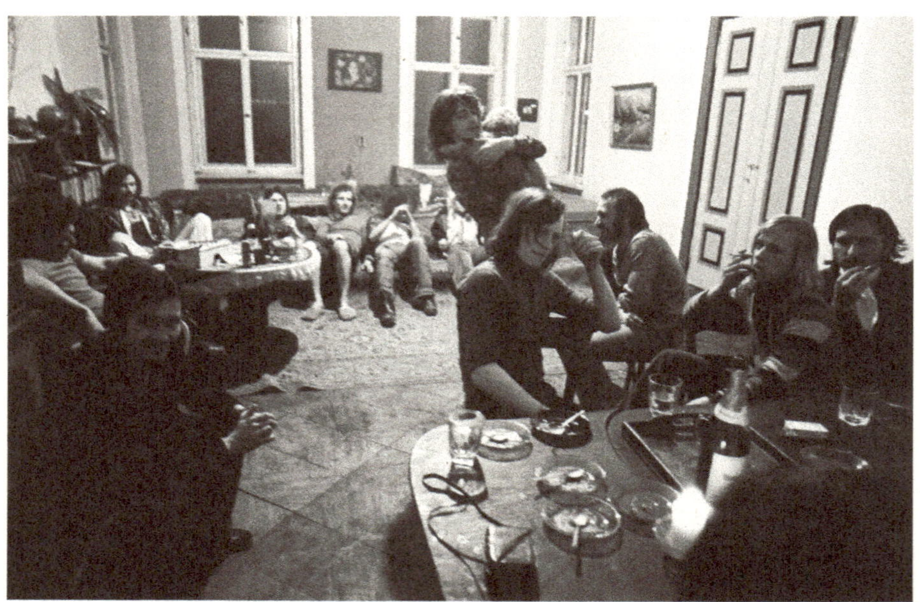

Leben in der Großkommune 1974: Rio mit Hund auf dem Arm, Nikel sitzend neben ihm. Foto: Rita Kohmann

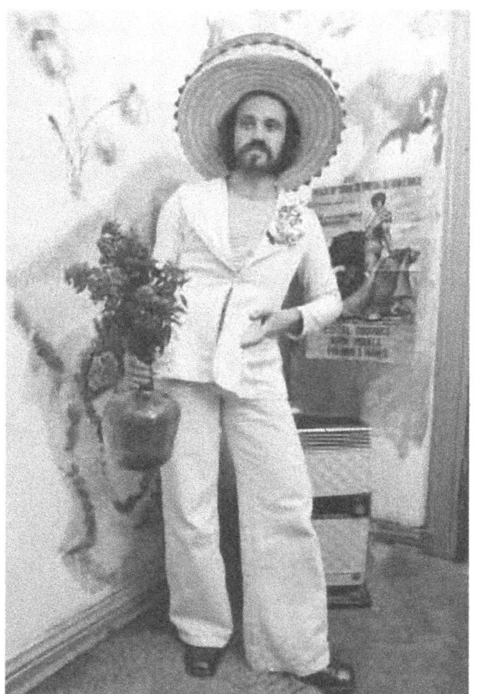

1974 bei einem Auftritt mit mexikanischen Liedern im Tempodrom in Berlin.
Foto: Rita Kohmann

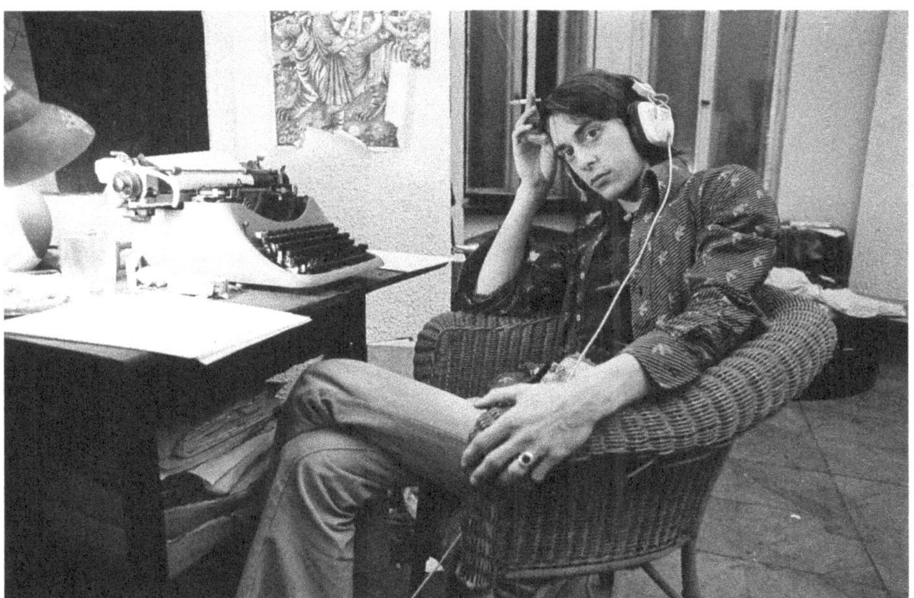

Rio Reiser an seinem Schreibtisch in der WG am Tempelhofer Ufer, 1974. Foto: Rita Kohmann

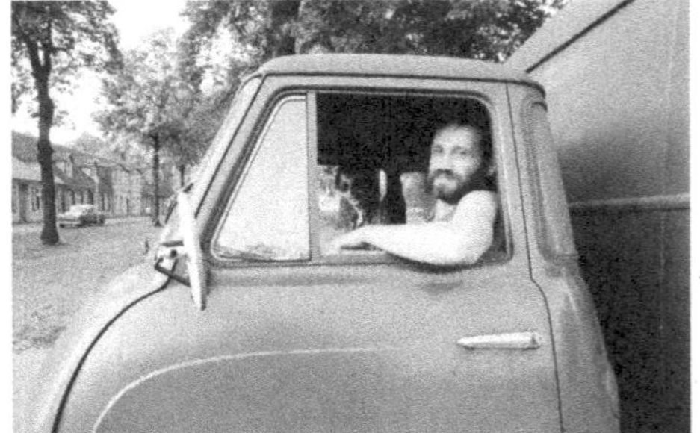

Mit dem Band-Hanomag auf dem Weg nach Hamburg ins Studio für die Aufnahmen zur LP *Wenn die Nacht am tiefsten*, 1974.

Foto: Rita Kohmann

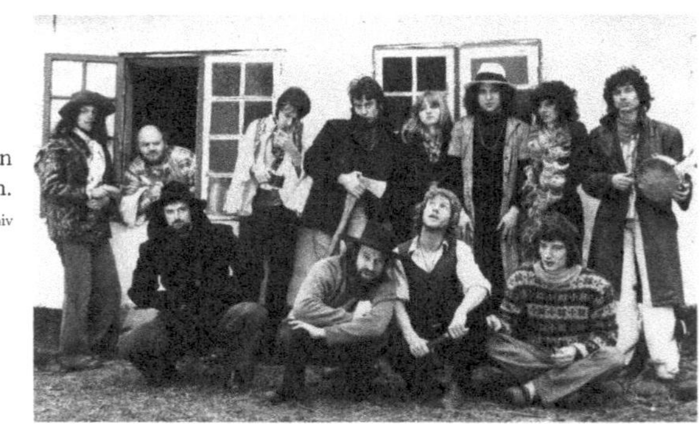

Ton Steine Scherben 1976 in Fresenhagen.

Foto: Rio Reiser Archiv

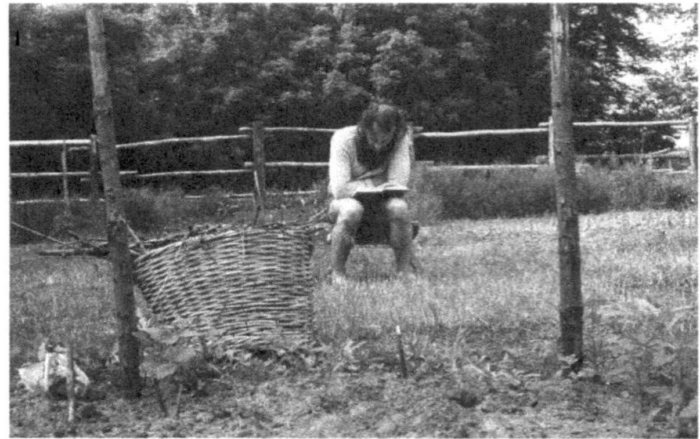

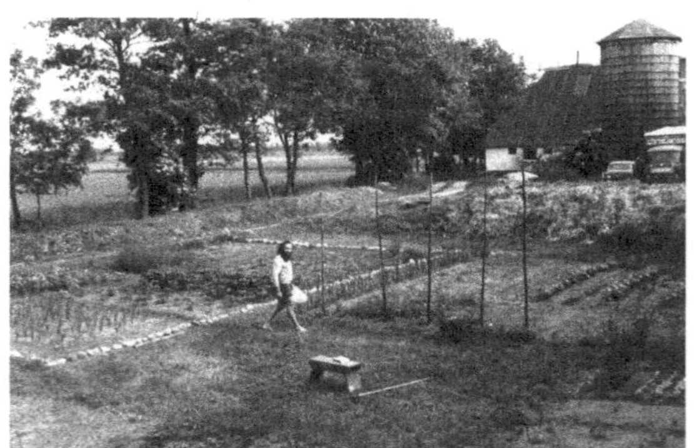

Feldarbeit in Fresenhagen im Frühjahr 1976.

Fotos: Egon Bunne

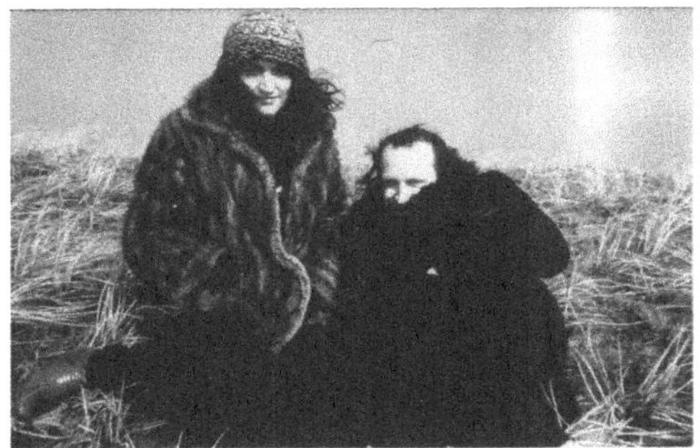

Nikel mit Marie Sublet 1976 beim Videodreh zur Single „Land in Sicht“ auf Sylt

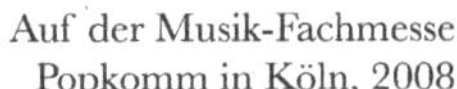

Auf der Musik-Fachmesse Popkomm in Köln, 2008

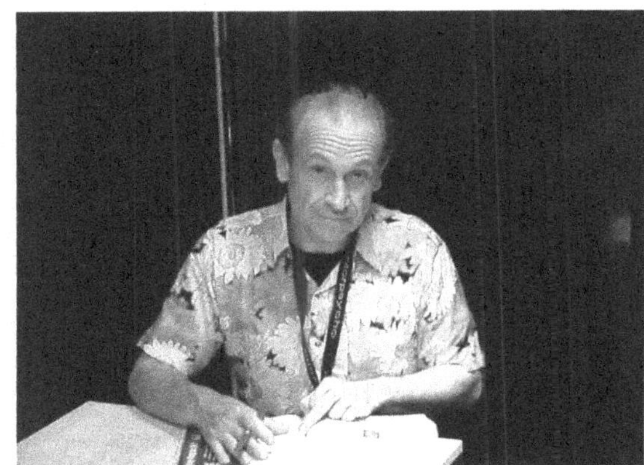

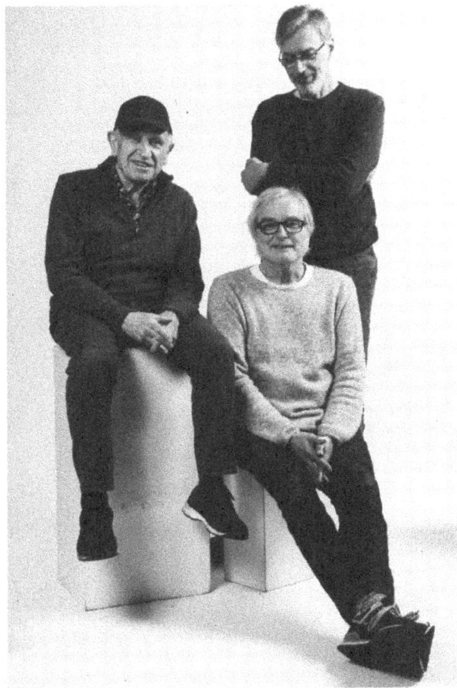

Seit mehr als 40 Jahren befreundet: Das Indigo-Team Jörn Heinecker, Albrecht Boehm und Nikel.

Foto: Thomas Schloemann

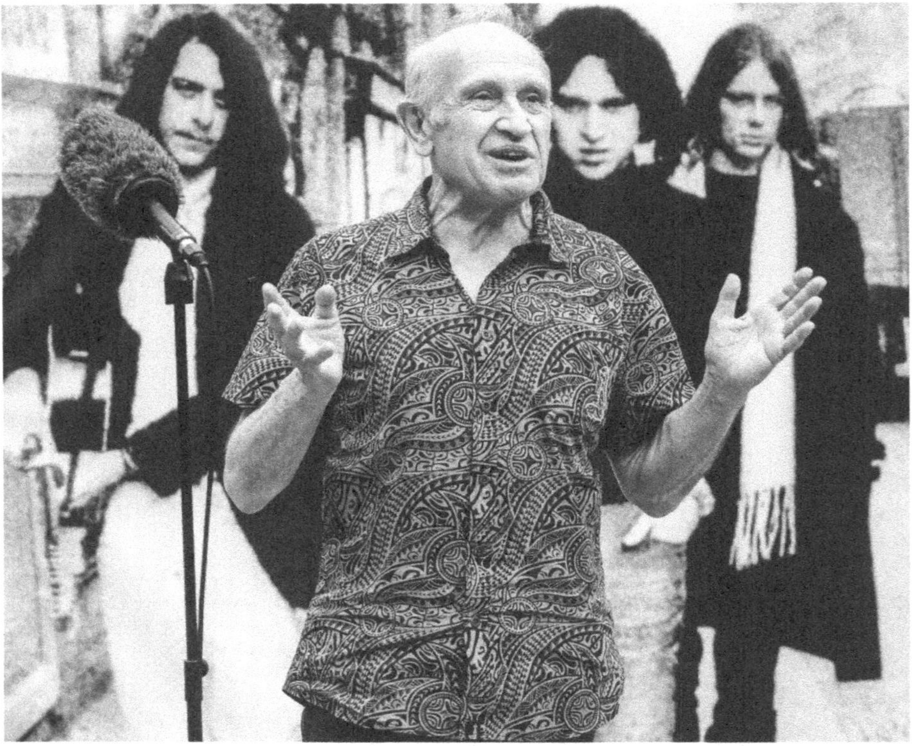

Eröffnung der Ausstellung 50 Jahre Ton Steine Scherben 2021 in Berlin. Foto: Sönke Tollkühn

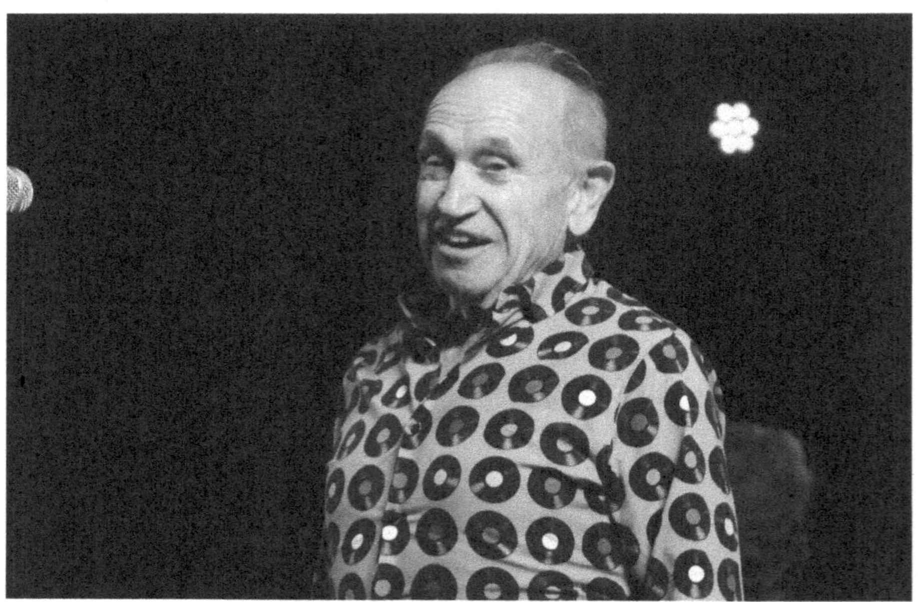

50 Jahre Ton Steine Scherben: Auftritt in Merkers im September 2022. Foto: Christof Dörr

Intermezzo mit Marie Sublet (I)

Marie Sublet lernte Nikel 1974 auf einer Party kennen, ist seitdem mit ihm zusammen und mittlerweile auch mit ihm verheiratet.

Nikel und seine Mutter waren sich sehr ähnlich, sowohl äußerlich als auch vom Charakter her. Auch sie war immer optimistisch und gut gelaunt. Das hat er alles von ihr.

Seine Mutter war auch stolz auf ihn wegen dieser Axtgeschichte beim WDR. Sie war ganz angetan davon und hat ihren Freundinnen von Nikels waghalsigem Abenteuer erzählt. Warum? Schwer zu sagen, vielleicht weil es im Fernsehen kam. Wie die Freundinnen darauf reagiert haben, kann ich leider nicht sagen. Ich weiß aber, dass sein Vater und seine Schwester davon weit weniger angetan waren.

Ich komme aus Frankreich, wo ich Deutschlehrerin war, aber ohne große Begeisterung. Freunde von mir lebten in Berlin und sie haben immer von der Lebendigkeit, die dort herrschte, und dem Leben dort geschwärmt, sodass ich 1972 nach Berlin gezogen bin. Ich hatte zwar weder einen Job in Aussicht noch viel Geld in der Tasche, dafür aber das unbändige Vertrauen darauf, dass alles bestimmt irgendwie gut wird. Nikel habe ich ganz klassisch auf einer Party kennengelernt, das war 1974. Hätte ich ihn nicht kennengelernt, wäre ich sicherlich wieder zurück nach Frankreich gegangen, weil ich in Berlin keinen vernünftigen

Job gefunden hatte. Denn als Lehrerin für Deutsch als Fremdsprache, war es schier unmöglich, in einer Schule unterzukommen. Um Geld zu verdienen habe ich dann als Assistentin in einem Verlag gearbeitet, wo ich unter anderem die Post verteilen musste. Außerdem habe ich privat Französischunterricht gegeben, aber das war nicht das, was ich mir erträumt hatte.

Die Musik von Ton Steine Scherben kannte ich natürlich, die waren als wilde Anarcho-Band auch in Frankreich bekannt. Diese Art von Musik und selbstverständlich auch die politische Ausrichtung gefielen mir. Nachdem ich Nikel kennengelernt hatte, war ich oft in der legendären WG am Tempelhofer Ufer. Man hat gemerkt, dass Nikel anders war als die anderen, dass er nicht nur Künstler und Musiker war, sondern auch Ahnung von einem anderen Leben hatte. Er war schon damals sehr diszipliniert und stand jeden Morgen früh auf, wenn alle anderen noch tief und fest schliefen. Diese Zeit hat er genutzt, um Auftritte zu organisieren, Plattenverkäufe, Fahrten zu Konzerten und so weiter.

Kurze Zeit, nachdem ich mit Nikel zusammengekommen war, stand plötzlich ein sehr einschneidendes Erlebnis vor der Tür. Am 1. Juni 1975 hat die komplette Scherben-WG Berlin verlassen und ist nach Fresenhagen in Nordfriesland gezogen, mitten ins Nirgendwo. Dort hatten sie einen alten und ziemlich heruntergekommenen Bauernhof gekauft. Der Plan war, weit weg vom Stress und der Rastlosigkeit der Großstadt in Ruhe, Frieden und im Einklang mit der Natur zu leben. Damals waren dort sieben Einwohner gemeldet, wir haben die Einwohnerzahl also quasi über Nacht verdreifacht.

Ich war 29 Jahre alt und die Vorstellung vom Leben auf dem Land kam mir entgegen, weil ich selbst auf dem Land aufgewachsen war. Nikel und ich haben unser neues Leben dann auch vom ersten Tag an sehr ernst genommen und den Alltag organisiert. Im Garten gearbeitet und die Einkäufe erledigt und Kontakt zu den Einheimischen aufgebaut. Plötzlich lebte ich also in einer Kommune auf dem Land, um mich herum nichts als Felder und Kühe. Das war für die meisten etwas völlig Neues: Die anderen Gruppenmitglieder hatten ja einen ganz anderen Hintergrund als ich, hinzu kam das nasse norddeutsche Wetter. Wir waren nur vier Frauen, ich war schon fast 30, Britta war 19 Jahre alt, und die anderen waren noch jünger. Viele gemeinsame Interessen hatten wir also nicht.

Auch mit Rio war es schwierig, und wir sind oft aneinandergeraten. Er mochte es nicht, wenn ich über Dinge, die mich störten, mit ihm diskutieren wollte. Außerdem waren Nikel und Rio sich wegen mir nicht mehr so nah wie früher. Die beiden waren seit einigen Jahren sehr gut und eng befreundet gewesen, und plötzlich war ich da und wollte auch Zeit mit Nikel verbringen. Rio war der uneingeschränkte Mittelpunkt der Gruppe, auf ihn richtete sich immer die ganze Aufmerksamkeit der anderen Bewohner von Fresenhagen.

Fresenhagen war für uns alle ein harter Neustart. Soeben waren wir noch im pulsierenden, hektischen Berlin, und plötzlich war da nichts mehr. Kein Telefon, wenig Verbindungen nach außen, keine Auftritte. Wir waren auf uns allein gestellt, hatten nur noch uns und wenige Möglichkeiten, uns auch mal aus dem Weg zu gehen. Das Gruppenleben war nicht leicht, trotzdem war es für mich nie eine Option, Nikel und den Hof zu verlassen. Wir haben uns ein Zimmer in der ehemaligen Waschküche ausgebaut, damit wir wenigstens etwas Abstand zum Rest der Gruppe hatten, und haben damit angefangen, einen Garten anzulegen. Jetzt, wo wir den ersten Schritt gewagt hatten und hier angekommen waren, war es uns wichtig, unsere Vorstellungen eines alternativen Zusammenlebens zu realisieren. Schwierigkeiten gab es genügend, und Nikel suchte bei Problemen immer nach Lösungen, konnte nie auf andere Menschen böse sein, war immer freundlich und zuvorkommend. Ich weiß nicht, wie er das schafft, aber so ist er bis heute.

Irgendwann sind die Scherben dann wieder aufgetreten. Mir lag es jedoch nicht, auf der Bühne mit Perkussioninstrumenten zu stehen. Nicht, weil ich keine Rockmusik mochte, ich hatte lange in Chören gesungen und Klavier gespielt. Ich habe stattdessen für mich Musik gemacht und mir dort auch selbst beigebracht, Gitarre zu spielen.

Auf dem Hof war aber meistens sehr viel los und man hatte viele Gelegenheiten, sich abzulenken. Das Gruppenleben hatte auch seine positiven Seiten. Ständig kam jemand zu Besuch und es musste gekocht und gebacken werden. Ich habe mich gerne mit den anderen darum gekümmert. Richtig nett war Rios Familie. Sie hat uns den Eindruck vermittelt, dass sie sich bei uns wohlfühlte. Für meine Familie war es hingegen nicht leicht zu verstehen, dass ich mit einer Lehrerausbildung ein solches Leben führte. Als wir in Fresenhagen wohnten, wollte meine Mutter mich unbedingt besuchen, aber ich fand immer eine Ausrede, um sie davon abzuhalten.

Ein anhaltendes, großes Problem unserer Kommune war das fehlende Geld. Man denkt ja immer, dass Ton Steine Scherben viel Geld haben müssten, weil sich ihre Platten gut verkauft haben und die Konzerte ausverkauft gewesen sind, aber das war absolut nicht so. Wir waren auf kleine Jobs oder auf die Unterstützung von Eltern angewiesen. Im Sommer habe ich als Kellnerin in Restaurants auf Sylt gearbeitet, und an der Volkshochschule in Niebüll habe ich immer mal wieder ein paar Französischstunden gegeben. 1978 sind Nikel und ich dann aus Fresenhagen ausgezogen und haben mit anderen aus dem Jugendzentrum Niebüll die Theatergruppe Deichtraum gegründet. Das war eine tolle Zeit.

Die Sache mit dem Vertrieb ging ganz klein los. Am Anfang ist Nikel mit drei Platten unter dem Arm losgetrampt, um sie im Ruhrgebiet zu verkaufen. Damals dachte ich, dass er jetzt völlig verrückt geworden ist. Wir hatten beide über diese Idee gelacht, aber irgendwann ist er dann mit zehn Platten losgezogen, und so ging es immer weiter, bis es irgendwann so viele Platten waren, dass er sie nicht mehr tragen konnte und ein eigenes Auto brauchte, das er vollgepackt hat und mit dem er dann zu den Kunden gefahren ist. Es ging für ihn immer weiter bergauf, und ich war schon mächtig stolz auf das, was er geleistet hat.

Bei mir war es damals ganz anders, ich nahm mir 1980 vor, nach Frankreich zurückzukehren und wieder in meinem Beruf als Deutschlehrerin zu arbeiten. Ich bin dann auch tatsächlich weggegangen und nach Toulouse zu meiner Schwester gezogen. Das Problem war nur: Ich habe auch in Frankreich keinen Job gefunden.

Nach drei Monaten hat Nikel dann angerufen und erzählt, dass er ein Haus in Bremen gemietet hätte. Sollte ich zurückkommen? Es fiel mir schwer, aber dann habe ich mich doch für diesen Schritt entschieden. Nikel hat zu dieser Zeit sehr intensiv daran gearbeitet, den EfA-Vertrieb aufzubauen, und ich habe meine erste eigene Band gegründet. Durch eine Anzeige habe ich Frauen gefunden, die Schlagzeug, Bass, Saxofon und Keyboards spielten, und ich spielte Gitarre. Wir verstanden uns auf Anhieb gut und lagen auch musikalisch auf einer Wellenlänge. So entstand die Band Bruno und Paul, benannt nach den beiden Wellensittichen der Schlagzeugerin. Musikalisch waren wir richtig gut, hatten erfolgreiche Auftritte und viel Spaß miteinander. Wir haben eine Mischung verschiedener Stile gespielt, Funk, Rock und Jazz. 1983 haben wir uns dann aber wieder aufgelöst, weil zwei von uns aus Bremen weggezogen sind.

22.
Die Scherben-Aktie

Als Manager und Kassenwart musste ich immer versuchen, die Finanzen im grünen Bereich zu halten. Somit musste ich manchmal auch Bandkollegen bremsen, wenn sich etwas nicht realisieren ließ. Das funktionierte auch immer problemlos, wenn ich die passenden Argumente auf meiner Seite hatte.

Natürlich habe ich erwartet, dass sich alle solidarisch verhalten. Oft genug waren wir wirklich extrem knapp bei Kasse und mussten ganz genau überlegen, wie wir uns in den nächsten Wochen durchschlagen und woher wir das Geld zum Leben bekommen. Das war vor allem auf dem Land, in Fresenhagen, ein großes Problem. Viele dachten damals, wir würden im Geld schwimmen und hätten einen Geldspeicher, aus dem wir uns bei Bedarf bedienen konnten, weil wir ziemlich bekannt waren, viele Fans und Auftritte hatten und ständig im Rampenlicht standen. Die Gruppe bestand aber nicht nur aus zwei oder drei Leuten, die von den Einnahmen leben mussten, wir schleppten auch viele Leute mit durch.

In Berlin hatten wir in einer Großkommune mit 12 bis 16 Leuten auf zwei Etagen am Tempelhofer Ufer gelebt, und als wir nach Fresenhagen gezogen sind, waren wir auch etwa 15 Leute. Und es waren nicht wenige dabei, die kein Einkommen hatten, Trebegänger, die, wie es so schön heißt, von der Hand in den Mund lebten und sich von uns durchfüttern ließen. Wenn man ständig für 15 Leute kochen muss, geht das richtig ins Geld. In Berlin hatten wir 1.000 D-Mark Miete gezahlt, was zwar angesichts der Größe der

Wohnung wenig Geld war, das aber auch erstmal erwirtschaftet werden musste. Außerdem war von vornherein klar, dass wir eine gemeinsame Kasse haben, in die das ganze Geld floss.

Wir mussten also zusehen, wie wir gemeinsam durchkommen. Das besungene Lebensmodell also auch in der Realität leben, mit allen Widersprüchen und Schwierigkeiten. Das hat manchmal gut funktioniert, manchmal aber auch überhaupt nicht.

Über viele Jahre ist uns das sehr gut gelungen. So lange ich bei Ton Steine Scherben war, gab es nie den Gedanken, zu privatisieren oder Geld für die Rente zur Seite zu schaffen. Daran haben wir nie einen Gedanken verschwendet. Wenn wir das gut hinbekamen, fühlten wir uns bestätigt. Das waren ja nicht nur Träume, die wir leben wollten, im Gegenteil: Es taten sich immer wieder völlig überraschend neue Probleme auf, die wir gemeinsam bewältigen mussten. Für jeden von uns war das eine absolut intensive Zeit.

Grundsätzlich haben ja die meisten Musiker ein recht eigenartiges Verhältnis zur Realität. Sie verstehen sich als Musiker und achten hauptsächlich darauf, dass ihre Gage stimmt. Wie das Geld verdient wurde, darum musste sich jemand anderes kümmern. Das auch noch zu organisieren, überforderte die meisten. Vor allem jungen Künstlern fehlt diesbezüglich oft eine gewisse Erdung.

Dadurch, dass ich beruflich viel mit Finanzen zu tun hatte, hatte ich ein anderes Verständnis von Geld und einen anderen, geübteren Überblick über die Gesamtsituation. Mir war es nicht nur wichtig, den ganzen Tag Musik machen zu können, ich wollte auch alles auf sichere Füße stellen. Aus diesem Grund berechnete ich gerne die Produktionsetats, stellte die Gesamtkosten zusammen, handelte Gagen aus und kümmerte mich um alles, was sonst noch anfiel. Mein Blick und mein Zugang war zweifellos ein ganz anderer als der von Lanrue oder Rio. Die beiden schoben das eher vor sich her beziehungsweise von sich weg, solange ihr Taschengeld einigermaßen ausreichte.

Vor allem in den frühen Scherben-Jahren war meine Arbeit für die Band oberwichtig, weil sie sich darauf verlassen konnte, dass ich diesen Bereich seriös abdeckte. Sie mussten nur zu mir kommen, wenn sie mal wieder Geld brauchten oder wenn es darum ging, einen neuen Verstärker oder eine Gesangsanlage zu finanzieren. So eine junge Band hat ja anfangs ein gewisses Investitionsprogramm. Da ging es um die Frage, wie und woher bekommen wir für die Tourneen einen Lkw? Können wir uns einen eigenen leisten oder müssen wir uns einen leihen? Tausend Fragen über die Alltäglichkeiten einer Rock'n'Roll-Band, auf die reine Musiker keinen Bock haben, um die ich mich als Organisator aber gerne gekümmert habe.

Eigentlich ging es dabei rund um die Uhr um die vier großen Fragen:

Wie viel Geld haben wir noch?

Woher bekommen wir neues?

Wofür geben wir unser Geld aus?

Müssen wir uns Kohle pumpen?

Aus dieser ganzen Gemengelage heraus entstand die Idee der berühmten Ton-Steine-Scherben-Aktie, mit der wir quasi das Crowdfunding erfunden haben. 1973/74 standen wir vor der Frage, wie wir die Produktionskosten unserer neuen LP *Wenn die Nacht am tiefsten* bezahlen sollen. Die Bandkasse war damals ziemlich leer. Also haben wir eine Aktie erfunden und alle Menschen, die uns über den Weg gelaufen sind, gebeten, sie zu kaufen. Im Gegenzug erhielten sie ein schönes Dokument, in dem wir versprachen, die Einlagen von den Einnahmen aus dem Plattenverkauf zurückzuzahlen. Als Zinsen sollten sie eine Platte umsonst erhalten.

Dieses Versprechen haben wir auch brav eingehalten. Einige Leute erhielten so fünf LPs, weil sie größere Summen investiert hatten. Andere wollten das Geld gar nicht zurückhaben und uns einfach nur unterstützen, weil sie uns klasse fanden. Absagen gab es selbstverständlich auch, manch einer fand unsere Idee zu suspekt, um Geld in uns zu investieren. Das war ja auch etwas ganz Neues und wir sahen nicht gerade aus wie Banker, denen man guten Gewissens sein Geld anvertrauen kann. Insgesamt kam aber doch ein Betrag im unteren vierstelligen Bereich zusammen, sodass wir das Studio bezahlen und die Platte veröffentlichen konnten.

23.
Jenseits von Kreuzberg

Unsere ersten beiden Platten waren so große und unerwartete Erfolge gewesen, dass ein ziemlicher Druck auf uns lastete. Wir wollten daran anknüpfen, doch die Messlatte lag plötzlich viel höher. Trotzdem haben wir unsere Arbeitsabläufe nicht geändert und sind uns treu geblieben. Eine Selbst- oder Erwartungszensur gab es bei uns nicht, das hätten wir uns auch strikt verbeten. Wir haben unsere Songs geschrieben und getextet wie zuvor auch. Uns anzupassen, um die Erwartungen unserer Fans zu erfüllen, wäre uns nie in den Sinn gekommen.

Im Juni 1975 sind wir aufs Land gezogen, mitten rein ins nordfriesische Nirgendwo, nach Fresenhagen. Das war ein Highlight, und der Start mitten im herrlichsten Sommer war trotz aller Probleme, die in dem ziemlich heruntergekommenen Bauernhof auf uns warteten, einfach nur großartig. Wir stürzten uns Hals über Kopf ins Landleben, legten voller Begeisterung Gärten und Beete an, machten das Heu und was sonst noch so zu tun war. Im September jenes Jahres haben wir dann auch unsere dritte Platte *Wenn die Nacht am tiefsten …* veröffentlicht. Die kam auch gut an, war aber nicht so erfolgreich wie *Keine Macht für Niemand*, doch das hatten wir auch nicht erwartet.

Auf der Platte befinden sich mit „Guten Morgen“ und „Wir sind im Licht“ gleich zwei Lieder, die ich getextet habe. Mein Gefühl sagte mir, dass ich mich stetig weiterentwickelt hatte und dass es mir immer besser gelang, das, was ich sagen wollte, auf den Punkt zu bringen. „Guten Morgen“ wurde mit der Zeit zu einem der erfolgreichsten

Scherben-Songs, den wir auch immer live gespielt haben. „Wir sind im Licht“ war zwar von der Idee ganz gut, aber er wurde nicht optimal umgesetzt. Das hatten wir nicht so richtig hinbekommen.

Dann kam plötzlich und unerwartet ein großes Problem auf uns zu: Es wurde immer schwieriger, auf Tournee zu gehen. Das Publikum wollte die Scherben von 1975, die einen Reifeprozess durchlebt hatten, nicht akzeptieren, sondern auch weiterhin die Scherben der Jahre 1970 – 1972 hören, die Revoluzzer-Band mit den Parolen zum Mitgrölen. Wir waren inzwischen aber viel älter, subtiler und ruhiger geworden. Und gelassener, was man auch an den Texten unseres neuen Albums gemerkt hat. Die waren längst nicht mehr so parolenmäßig, sondern fast schon lyrisch, teilweise etwas verspielt, indirekter, nicht so sehr mit dem Vorschlaghammer zustandegekommen. Wir hatten einfach eine andere, möglicherweise erwachsenere Sichtweise.

Die Situation war vor allem für Rio sehr schwierig. Er hatte einem echten Gewissenskonflikt, weil er definitiv nicht mehr auftreten wollte, wenn er das Gefühl hatte, seine Songs zu verraten. Er konnte die alten Songs nicht mehr mit derselben Intensität rüberbringen, die er gefühlt hatte, als er sie geschrieben hatte. Bei „Der Kampf geht weiter“ oder „Macht kaputt, was euch kaputt macht“, unseren knallharten Politsongs, fiel es ihm zunehmend schwer, sich wieder in dieses Gefühl, diese Stimmung reinzuversetzen und sie angemessen zu singen.

Deshalb wollte er sie live eigentlich gar nicht mehr spielen. Er hatte zu große Angst davor, sich zu verstellen und wie ein Schauspieler in eine Rolle schlüpfen zu müssen. Er hat uns immer wieder gesagt, dass er die Lieder nur guten Gewissens singen könne, wenn er sie als absolut authentisch empfände. Diese Songs waren seine Kinder, und die wollte er nicht zynisch behandeln, sondern mit Liebe und Hingabe, sonst hätte er es als Selbstverrat oder Betrug empfunden und wäre seinen hohen Ansprüchen nicht gerecht geworden. Mit anderen alten Songs wie „Der Traum ist aus“ oder „Schritt für Schritt ins Paradies“ hatte er aber keine Probleme, die sang er auch weiterhin mit großer Leichtigkeit, aus ganzem Herzen und mit voller Liebe.

Die Erwartungshaltung unseres Publikums war jedenfalls ein großes Problem. Es wollte am liebsten ausschließlich die härteren, politischen Sachen hören. Wenn wir dann live aufgetreten sind und die Leute zu murren anfingen, weil die alten Hits nicht kamen, nahmen wir das zur Kenntnis und akzeptierten es, zogen aber trotzdem unser Ding durch. Schließlich gab es genügend andere Songs in unserem Repertoire, auf die wir Bock hatten.

Zum Glück gab es auch immer genügend Menschen auf unseren Konzerten, die nicht ausschließlich auf die Politsongs aus waren, sondern auch die anderen Lieder hören wollten. Aber das Publikum wächst nun mal nicht immer unbedingt mit einem mit. Es findet dich in einer Phase toll und in der nächsten plötzlich nicht mehr. Damit muss man als Künstler leben, wenn man nicht nur noch reine Nostalgieveranstaltungen machen will, was natürlich grausam ist und künstlerisch das Schlimmste, was einem passieren kann. Wir entschieden uns, unser Ding weiterzumachen und es in Kauf zu nehmen, so auch Leute zu verprellen, die irgendwo 1970 stehen geblieben waren. Dafür gewannen wir aber neue, junge Leute hinzu, die unsere aktuelle Art mochten und zu schätzen wussten.

Rio war, was das anbelangte, die treibende Kraft. Er entschied für sich klipp und klar, nicht zu einer Musicbox werden zu wollen, in die man eine Mark einwirft und dann das Lied zu hören bekommt, das man gewählt hat. Deswegen gab es ab 1977 nur noch ausgewählte Auftritte und keine größeren Tourneen mehr. Die Scherben haben das auch ein paar Jahre lang durchgehalten.

Zwischen 1976 und 1981 kamen erstmals keine neuen Platten von Ton Steine Scherben raus, nur ein paar Kooperationen. Zwei mit der schwulen Theatertruppe Brühwarm, *Mannstoll* und *Entartet.* Corny Littmann hatte die Texte geschrieben; weil seine Theatergruppe keine Band war, erhielten die Scherben den Auftrag, die Musik zu komponieren. Man kannte sich schon seit Jahren, Rio war bei Brühwarm auch vorübergehend als Schauspieler tätig gewesen. Die Musik lief später bei den Aufführungen vom Band und die Darsteller sangen live dazu und konnten sich austoben. Das war damals ein gängiges

Modell, denn eine eigene Band, also mindestens fünf Musiker plus Tontechniker mit auf Tour zu nehmen, hätte den Kostenrahmen gesprengt. Außerdem gab es von Ton Steine Scherben noch zwei Veröffentlichungen mit dem Münchner Kollektiv Rote Rübe.

Für mich war allerdings schnell klar, dass nicht mehr viel zu tun ist. Ich hatte plötzlich das Gefühl, keine große Perspektive mehr zu haben, sowohl persönlich als auch, was die Band betraf. Ich hätte zwar noch schön die Platten verkaufen und ausliefern können, aber dafür hätte ich nicht unbedingt in Fresenhagen wohnen müssen. Ich merkte, dass es mal wieder an der Zeit für etwas Neues war.

24.
Bye, bye, Fresenhagen

Im Frühjahr 1978 entschied ich mich, die Band zu verlassen. Das hatte verschiedene Ursachen, aber die entscheidende war, dass wir damals keine Auftrittsperspektiven mehr hatten. Wir hatten kein neues Programm, keine neuen Shows. Wir wurden zwar weiterhin zu Konzerten eingeladen, auch zu größeren Sachen, aber dadurch, dass Rio zu dieser Zeit überwiegend in Berlin war, weil er verschiedene Filmrollen angeboten bekommen hatte, und wir ohne Frontmann schlecht auftreten konnten, waren wir als Band zwar nicht gerade arbeitslos, aber wir kamen halt einfach nicht weiter.

Die anderen Bandmitglieder hatten damals regelmäßig Nebenprojekte, und es gab auch ein paar kleinere Projekte, die bei uns im Studio in Fresenhagen liefen, aber das hatte mich nicht ausgelastet. Weil mir die Perspektive mit der Band gefehlt hat und ich schlicht nicht wusste, wie es für mich persönlich weiter gehen sollte, war dann irgendwann in mir die Entscheidung gereift, zu sagen: Okay, ich ziehe jetzt hier aus, verlasse Fresenhagen und die Band. Es gab natürlich auch die eine oder andere persönliche Querele, aber für mich war klar: Ich will hier raus.

Als ich damals ausschied, hatten wir natürlich Schulden, weil die Band zwar monatliche Unkosten hatte, aber so gut wie nicht mehr aufgetreten ist, also keine Einnahmen generiert hat. Wir haben einen Kassensturz gemacht und festgestellt, dass sich unsere Schulden zu einem Berg von rund 40.000 D-Mark aufgetürmt hatten. Die haben wir dann brüderlich unter allen Bandmitgliedern aufgeteilt. Ich musste sogar noch Mietschulden von der WG vom Tempelhofer Ufer, von anno Tobak also, übernehmen. Aber das waren noch Beträge, von denen man sagen konnte, dass man sie irgendwann mal wieder einspielt. Erst als es in den 1980er Jahren in den dicken sechsstelligen Bereich ging, wurde es Boris-Becker-mäßig und es war klar: Das holen wir allein mit unserer Musik definitiv nicht mehr so einfach rein.

Als ich ausstieg, gab es zwei große Fragen: Was machen wir mit unserer gemeinsamen Firma, der David Volksmund Produktion, und was wird aus dem Haus? Das Haus lief zwar auf meinen Namen, weil ich damals den Kaufvertrag abgeschlossen hatte, für mich stand aber fest, dass ich künftig nicht ihr Vermieter sein und für die ganzen Sachen, die dort passierten, geradestehen wollte. Aus diesem Grund kamen wir sehr schnell überein, dass ich das Haus auf Lanrue und Rio überschreiben lasse. Das war eine klare Entscheidung für mich, weil ich absolut keine Lust darauf hatte, für ein Haus verantwortlich zu sein, in dem ich nicht mehr wohnte.

Die anderen fanden es völlig okay, dass wir es so organisierten. Unseren Vertrieb, die David Volksmund Produktion, haben wir dann aufgeteilt. Einige Bereiche bekam ich, hauptsächlich den Vertrieb an den Plattenhandel, und die anderen sollten von Fresenhagen aus künftig den Vertrieb über den Buchhandel und per Mailorder organisieren. Außerdem sollte ich mich weiterhin um die Nachpressungen und solche Dinge kümmern. Das war sehr zeitaufwendig, weil es leider immer wieder Ärger gab, schließlich waren wir nur ein relativ kleiner Kunde und wurden deshalb von den Presswerken oftmals nur sehr halbherzig bedient. Wenn zum Beispiel das Weihnachtsgeschäft bevorstand und es wichtig war, die Platten mit einigem Vorlauf zu erhalten, war es ärgerlich, wenn die Pressungen erst Anfang Dezember kamen und damit schon fast zu spät, um sie alle noch pünktlich zum Weihnachtsgeschäft in die Geschäfte zu bringen.

All so was zu organisieren und zu verhandeln, fiel nun auch weiterhin in meinen Bereich. Was den Schallplattenvertrieb anbelangte, war ich also noch involviert in die Band, beziehungsweise das war noch unser gemeinsames Projekt, auch wenn das Geld jetzt in unterschiedliche Kassen floss. Wir hatten uns so geeinigt, dass ich meine eigene Firma gründe, über die die ganzen Abrechnungen laufen sollten, und die anderen konnten einfach unter dem etablierten Namen David Volksmund weitermachen. So entstand ein erster Ableger im Bereich der Vertriebsarbeit.

Nach meinem Auszug aus Fresenhagen im Frühjahr 1978 bin ich erstmal in Nordfriesland geblieben, nur ein paar Dörfer weiter gezogen. Erst habe ich in Rodenäs gelebt, was gerade mal 400 Einwohner hat und dort liegt, wo der Hindenburgdamm nach Sylt anfängt, also direkt an der Marsch. Danach ging es weiter nach Holm, das war dann schon etwas größer. Es waren jeweils Wohngemeinschaften, in denen ich zusammen mit Marie untergekommen bin. Nach Fresenhagen waren es von dort aus gerade mal 30 Kilometer. Wir hatten damals die Theatergruppe Deichtraum gegründet, und über die neuen Schauspielkollegen haben wir auch die Wohnmöglichkeiten vermittelt bekommen.

Das Theaterspielen und Stückeschreiben hat mir sehr viel Spaß gemacht. Diese Art der kreativen Betätigung war mir zum damaligen Zeitpunkt viel näher als Ton Steine Scherben. Marie und ich waren damals Mitglieder einer Bürgerinitiative gegen Atomkraft, aus der heraus die Idee entstand, gemeinsam Theater zu machen. Folgerichtig haben wir dann auch unser erstes Stück über Brokdorf geschrieben, das große Atomkraftwerk, das 1977 gebaut und heftig bekämpft wurde. Der Bürgerinitiative gehörten auch noch andere Scherben-Leute an. Jörg Schlotterer und Britta Neander engagierten sich dort ebenfalls und haben eine Zeitlang beim Deichtraum-Theater mitgemacht. Gemeinsam haben wir viel demonstriert und sind auch nach Brokdorf gefahren. Von diesen Erlebnissen handelte auch das Theaterstück: Eine Reise nach Brokdorf. Das war sehr unterhaltsam, und es haben viele Jugendliche aus dem Jugendzentrum Niebüll mitgemacht.

Anfänglich war es reines Amateurtheater und hat allen Beteiligten einfach nur unglaublich viel Spaß gemacht. Wir bekamen dann auch

Einladungen zu den *Umsonst und Draußen*- Festivals in Vlotho und spielten in Hamburg in der Markthalle. Es hatte sich wohl rumgesprochen, dass wir ganz gut waren. Das hatte absolut nichts mit Ton Steine Scherben zu tun, auch die Musik war nicht von den Scherben. Wir hatten eine eigene kleine Band. In dieses Projekt habe ich mich ein gutes Jahr lang reingeworfen. Wir hatten wirklich tolle Auftritte und Tourneen, vor mehreren tausend Zuschauern. 1979 lief das aber mehr oder weniger aus.

Anfang 1981 sind Marie und ich dann nach Bremen gezogen. Ich war glücklich, endlich mal wieder etwas Großstadtleben genießen zu können und am normalen kulturellen Leben teilzunehmen. Einfach mal abends ins Theater, zu Konzerten, ins Kino oder in eine Kneipe zu gehen, war in Nordfriesland nur sehr, sehr reduziert möglich gewesen. Dort konnte man einmal in der Woche in die Disco gehen, in den Trichter in Niebüll, und das war's auch schon. Der Trichter war damals eine legendäre Institution. Sonst gab es nur noch ein paar Kneipen, in die man gehen und einen heben konnte. Mich mit anderen Leuten einfach so zu besaufen, war aber nie meine Welt gewesen. Nach der kulturellen Ödnis, die nach fünf Jahren eintritt, wenn man auf einem Bauernhof in Nordfriesland lebt und immer nur die gleichen Menschen um sich hat, konnte ich in Bremen endlich mal wieder das ganz banale Nachtleben erleben und genießen.

Anfangs war die Ödnis eine Bereicherung für mich gewesen. Als wir Mitte der 1970er Jahre nach Fresenhagen gezogen waren, wollten wir ja ganz bewusst dem hektischen Berliner Rhythmus entkommen und mal wieder geerdet werden, was zu Beginn auch absolut bereichernd und wunderbar war. Aber irgendwann war das Pendel in die andere Richtung ausgeschlagen, weil man auch mal was anderes erleben will, wenn man kulturell und künstlerisch interessiert ist. Abends hatten wir nur die Auswahl zwischen Fernsehen, was meistens langweilig war, oder 100 Kilometer zu fahren, zum Beispiel nach Kiel, das auch nicht gerade der Burner war, oder Flensburg, wo es ebenfalls nicht viel besser war, das waren irgendwann keine reizvollen Perspektiven mehr.

Die einzige Abwechslung auf unserem Bauernhof gab es alle paar Monate, wenn eine Band zu Besuch kam. Das war nett, aber irgendwann haute mich auch das nicht mehr vom Hocker. Als dann noch die Arbeit mit der Band weggebrochen ist, war das Gesamtkonstrukt für mich einfach nicht mehr reizvoll. Da haben wir uns gesagt: Jetzt brauchen wir mal wieder ein paar andere Anstöße, ein paar neue Anregungen, das gute, inspirierende Nachtleben. Mit „wir" meine ich mich und meine herzallerliebste Marie, die ich seit 1974 kenne und mit der ich auch heute noch zusammen bin. Mein Freund Friedel Muders meinte, wenn du vom Land kommst und nicht gleich wieder in einer Großstadt versumpfen willst, dann komm nach Bremen, das ist ein großes Dorf an der Weser. So kam es schließlich, dass wir nach Bremen zogen, wo wir heute noch leben.

Gefehlt hat mir nach meinem Auszug in Fresenhagen die intensive Arbeit mit der Band. Die gemeinsamen kreativen Prozesse, das Streiten um Songs, Textzeilen, Musik. Nachdem ich den Bauernhof und die Scherben räumlich verlassen hatte, habe ich ja erstmal Theater gemacht, um mich kreativ weiter zu betätigen, aber das war eine ambitionierte freie Theatergruppe. Da fanden natürlich auch Auseinandersetzungen statt, aber lange nicht so intensiv wie mit Ton Steine Scherben. Da ist definitiv etwas für immer verloren gegangen, was mein Leben bereichert hatte, als ich noch in Fresenhagen war.

25.
Nikels Spuk

Nach meinem Ausstieg bei Ton Steine Scherben hatte ich noch immer regelmäßig Kontakt zur Band, es war also nichts für immer und ewig zerbrochen. Ich war ja auch bis Anfang 1983 noch für die Herstellung und den Vertrieb der Platten zuständig, sodass wir auch weiterhin ein ziemlich enges Geschäftsverhältnis hatten, und auch privat hatten wir immer miteinander zu tun. Wenn zum Beispiel Konzerte stattfanden, trafen wir uns und saßen natürlich hinterher noch zusammen. Oder wir trafen uns bei verschiedenen Anlässen, weil ich ja auch viel unterwegs war. Es gab auf jeden Fall über die ganzen Jahre hinweg immer eine persönliche Ebene, auf der wir miteinander sprechen konnten.

Bei den Scherben gab es, was die Bandbesetzung anbelangte, auch große Veränderungen. Anfang der 1980er Jahre war eine neue Generation eingestiegen. Martin Paul kam 1981 als Keyboarder dazu. Nach sechs Jahren Pause erschien auch endlich das lange erwartete neue Album. Weil es das vierte Album war, wurde es schlicht *IV* betitelt. Wegen des schwarzen Albumcovers wird es aber auch „Die Schwarze" genannt. An der Entstehung des Albums war ich nicht beteiligt. Es ist eine erstaunliche Ansammlung verschiedener Einflüsse, von Folk bis Punk, mit Jazz- und Klassikelementen. Die *IV* hatte musikalisch eine völlig andere Qualität als die Platten, die davor rausgekommen waren. Da wurden wieder neue Dimensionen beschritten. Musikalisch hatte die Band für sich noch einmal eine andere Welt erschlossen, die meiner Meinung nach mit den früheren

Scherben-Alben nicht mehr allzu viel zu tun hatte. Linke Parolen wie „Macht kaputt, was euch kaputt macht“ oder „Keine Macht für Niemand“ waren ganz verschwunden, einige Songs aber trotzdem sehr politisch, zum Beispiel der Scherben-Klassiker „Der Turm stürzt ein“. Die Platte hatte schlicht alles und öffnete ganz neue Türen, die vorher nicht mal ansatzweise erkennbar waren.

Die letzte Studioplatte, die Ton Steine Scherben veröffentlichten, kam dann 1983 heraus und hieß einfach nur *Scherben*. Sie war aus meiner Sicht kein großer künstlerischer Fortschritt mehr. Das war eine gute Platte in ihrer Zeit, hat aber für die Band keinen Fortschritt, keine Entwicklung mehr gebracht, sondern war nur solide.

Damals, 1981, habe ich auch eine Soloplatte rausgebracht: *Nikels Spuk*. Zu diesem Zeitpunkt war ich ja schon länger völlig raus aus dem Scherben-Kontext, und auch die Theatergruppe Deichtraum gab es nicht mehr, bei der ich ebenfalls gesungen hatte und mich textmäßig ein bisschen ausgetobt habe. Für *Nikels Spuk* habe ich Songs des italienischen Singer/Songwriters Lucio Dalla aufgenommen. Der war mir schon Mitte der 1960er Jahre aufgefallen, also lange vor meiner Zeit mit Ton Steine Scherben. Im Urlaub in Italien hatte ich einen Song von ihm gehört, der mich so schwer beeindruckte, dass ich mir sofort eine Platte von ihm gekauft habe.

Während meiner Scherben-Zeit habe ich Lucio Dalla natürlich einige Jahre lang aus den Augen verloren und hatte ihn nicht mehr auf dem Zettel. 1979 war ich aber mal wieder in Florenz, und da lief zufällig der Film *Banana Republic*, ein Konzertfilm von Lucio Dalla, den ich mit meiner Liebsten angeschaut habe. Italienisch konnten wir beide nicht so gut, aber es ging ja auch mehr um die Musik. Wir waren beide sehr angetan von dem Film, und ich habe mich sofort inspiriert gefühlt von der Art und Weise, wie Lucio Dalla singt, von seiner Ausstrahlung und wie er sich auf der Bühne bewegt hat. Das war einfach ein großartiges, unvergessliches Erlebnis.

In diesem Urlaub habe ich mir gleich am nächsten Tag die Platte gekauft, und als ich wieder zu Hause war, habe ich mich monatelang drangesetzt und versucht, eine Textadaption in deutscher Sprache dazu zu machen. Ich ließ mir die Lieder von italienischen Freunden grob übersetzen, damit ich zumindest wusste, worum es überhaupt ging, und um eine Grundlage für meine Interpretation zu haben. Mein Plan war es, Coverversionen in deutscher Sprache aufzunehmen, die Arbeit an dem Werk zog sich aber leider ewig hin. Anfang der 1980er Jahre habe ich mir dann gesagt, dass ich das Projekt jetzt mal auf den Punkt bringen müsste. Ich habe damals mit der Band Munju zusammengearbeitet, die das musikalische Arrangement nachgespielt hat, was sie auch super hinbekam. Meine Texte waren ebenfalls fertig, endlich konnte es losgehen.

Dann begannen allerdings die Probleme, denn wenn man Texte übersetzen will, muss das von dem Urheber genehmigt werden. Also trat ich in Kontakt mit Lucio Dalla und lernte ihn sogar während einer seiner Deutschland-Tourneen persönlich kennen. Ich schickte ihm einige meiner Texte, und er fand sie richtig gut. Ob er auch mit der musikalischen Umsetzung einverstanden war, hat er allerdings nie gesagt. Ich war schon happy und dachte, alles läuft super, doch dann gab es plötzlich Probleme mit seinem Verlag, mit dem ich zeitgleich verhandelt habe, weil ich dessen Einverständnis natürlich ebenfalls brauchte. Der Verleger war der Meinung, dass unsere Produktion nicht der Standard sei, den die Fans von Lucio Dalla gewohnt wären, und wollte uns deshalb untersagen, die Platte rauszubringen. Das war eine kalte Dusche für mich.

Später wurde mir dann aber klar, warum der Verlag sich gegen die Veröffentlichung so gesperrt hat: Zusammen mit einem anderen deutschen Sänger und Texter wollte er selbst Coverversionen von Lucio Dallas Songs rausbringen. Diese Pläne hätten sie natürlich vergessen können, wenn ich meine Platte veröffentlicht hätte. Es gab dann ein monatelanges Hin und Her, die Veröffentlichung meiner Platte musste mehrfach verschoben werden, aber am Ende hat es doch funktioniert. Wir haben die Platte bei Schneeball rausgebracht und nicht bei David Volksmund. Ich war damals ja nicht mehr Teil der David Volksmund Produktion und auch in Fresenhagen ausgezogen, so gesehen war das für mich ein logischer Schritt.

Wir machten dann auch zwei Tourneen, die ordentlich liefen, aber Munju hatten eigene Vorstellungen und wollten ihre eigene Musik machen, sodass sie immer nur ab und zu Zeit hatten, um mit mir auf Tournee zu gehen. Für mich stand aber schnell fest, dass es sich nicht lohnt, nur eine Woche mal hier und eine Woche dort unterwegs zu sein, und so versandete das Projekt schließlich, was ich natürlich sehr schade fand. Die Platte hat sich für die damalige Zeit aber ganz gut verkauft und ich bekam auch relativ viele wohlwollende Besprechungen in den Zeitungen, sogar von Leuten, die sich intensiv mit Lucio Dalla und seinen Texten auseinandergesetzt hatten.

Rückblickend muss ich sagen, dass ich die Platte vor allem in ihren unterschiedlichen Stimmungen gelungen finde, und ich bekomme ab und zu Rückmeldungen von Leuten, die sie jetzt erst entdecken. Das ist ein lustiger Effekt, denn in der Breite der Bevölkerung hat sich die Platte natürlich nie durchgesetzt, dafür war die Musik zu speziell.

Manchmal liegen noch Restexemplare bei Scherben-Konzerten am Merchandising-Stand aus, und dann gibt es interessierte Rückfragen.

26.
Rollentausch

Nach meinem Solo-Abenteuer konzentrierte ich mich auf meine Tätigkeit im Plattenvertrieb und vollzog einen Rollentausch. Ich verließ den kreativen Prozess des Musikmachens und war plötzlich nur noch ein Organisator im Hintergrund. Bei Ton Steine Scherben war ich als Manager zwar auch mehr hinter der Bühne aktiv gewesen, aber immerhin noch an den meisten kreativen Prozessen beteiligt. Damit war es jetzt ganz vorbei, was mich aber nicht gestört hat, weil ich genau genommen ja auch nie ein Musiker im engeren Sinne war.

Wenn man meine Kollegen dazu befragen würde, ob ich ein guter Musiker bin, würden die meisten vermutlich sagen, dass es reicht, um ein bisschen mitzumachen, aber zu mehr auch nicht.

Ich habe nie ein Instrument gelernt, sondern mir alles selbst beigebracht, und ich verstehe mich selbst eher als Entertainer. Meine kreative Seite war schon immer das Texten, so habe ich mich kreativ ausgelebt; die Musik dazu haben dann andere geschrieben. Lustig war es immer, wenn ich eine Idee im Kopf hatte, wie die Musik klingen könnte. Die habe ich dann gesummt und grinsend gesagt: „Versucht doch mal, daraus einen Song zu machen." Ich kann lediglich ein bisschen Saxofon spielen, da bekomme ich eine Melodie einigermaßen hin, aber für einen typischen Komponisten oder kreativen Musiker habe ich nicht das Format, das war mir schon immer klar.

Darum habe ich mich immer mit Leidenschaft darauf fokussiert, bestimmte Ideen und Inhalte in eine Textform zu bekommen. Das war für mich immer ein extrem spannender Prozess. Sprache auf so wenige Worte zu verdichten, dass sie eine kompakte Aussage hat, alles genau auf den Punkt zuzuspitzen, der einem wichtig ist. Das ist das, was ich so unglaublich am Texten mag. Darum hatte ich auch nie Interesse daran, einen Roman zu schreiben, also eine Geschichte über mehrere hundert Seiten zu erzählen. Der besondere Reiz für mich war es immer, Texte zu komprimieren, Gedanken auf ihre Kernaussage zu bringen. Es ist für mich aber auch nicht schlimm, wenn ich jahrelang mal nichts mache. Ich muss nicht ständig Texte schreiben, ich kann auch tausend andere Dinge zwischendurch machen, und irgendwann packt es mich dann mal wieder, ich habe eine gute Textzeile im Kopf, manchmal sind es auch nur ein paar zusammenhanglose Worte, und dann setze ich mich hin und lege einfach los.

Manchmal klappt es dann und manchmal auch nicht – wenn ich mein Bestes gebe und merke, dass der Text nicht die Aussage trifft, die ich gerne hätte, dann ist es halt so. Manchmal bekommt man die Sache eben nicht auf den Punkt, dann muss man weiter dran arbeiten, manchmal auch den Resetknopf drücken, alles verwerfen und von vorne anfangen. Darin sehe ich meine kreative Seite. Aktiv Musik zu machen, ständig im Proberaum zu stehen und zu üben, zu üben, zu üben, das können andere dreitausend Mal besser als ich.

Was mir wiederum richtig Spaß macht, ist das Singen. Da versuche ich, mich immer auf meine spezielle Weise gesanglich auszudrücken. So, dass es eben nicht dem üblichen Mainstreamstandard entspricht. Manchmal setze ich die Betonungen anders. Ich singe Lieder auch nicht immer gleich, das kann ich auch gar nicht. Die Worte sind dann zwar noch dieselben, aber ich betone sie anders, ich schiebe den Refrain weiter nach hinten und so weiter. Das ist meine Kreativität beim Singen. Ich wäre definitiv kein klassischer Chorsänger, wo jedes Mal das Gleiche notengenau gesungen wird. Das wäre nichts für mich. Ich finde es zwar toll, wenn Menschen das können, aber ich würde da nicht meine künstlerische Freiheit finden.

In meiner Scherben-Zeit habe ich ab und zu ein bisschen Bläsersatz gemacht, meistens zusammen mit Jörg Schlotterer. Er spielt hauptsächlich Flöte, hatte sich aber auch mal eine Posaune besorgt, und ich spielte Saxofon. Das hat manchmal mehr und manchmal weniger gut hingehauen, aber weil die anderen keine Blasmusiker waren, konnten wir beide uns ganz gut austoben und eigene Wege beschreiten. Das war unsere eigene kleine Spielwiese. Manchmal kamen auch noch andere Musiker dazu und wir haben einfach mal losgelegt. Wobei wir uns natürlich an die musikalischen Vorgaben der restlichen Band halten mussten, da konnten wir nicht einfach ausbrechen und ein Solo dazwischenbrettern. Es war völlig klar, dass die musikalischen Leitlinien von Lanrue und Rio kamen und wir uns anzupassen hatten. Wenn es zu sehr ausuferte, wurden wir auch zurückgepfiffen, trotzdem hat es richtig Spaß gemacht.

27.
Energie für alle

1976 hatten wir den Schneeball-Vertrieb gegründet, der aber mehr und mehr an seine Grenzen stieß. Carl-Ludwig Reichert von Sparifankal fasste das treffend zusammen: „Einen Schnellkurs in Betriebswirtschaft machen zu müssen, sein eigener Vertreter zu sein und dazu noch kreativer Musiker zu bleiben, das hat sich irgendwann als ein fast zu großer Spagat erwiesen. Irgendwann musste ein richtiger Vertrieb daraus werden."

Mit den Jahren kam es immer öfter vor, dass wir Besuch bekamen von anderen Leuten aus der Musikbranche, die nachfragten, ob man nicht kooperieren könne. Ihr nehmt unsere Platten mit, wir verkaufen dafür auch eure auf unseren Konzerten. Es gab damals in Deutschland schon einige kleinere unabhängige Vertriebe wie Eigelstein in Köln, bei dem zum Beispiel die ersten beiden BAP-Platten erschienen sind. Oder Trikont, die schon seit Jahren eigene Platten produzierten, vor allem von Liedermachern. Oder Tritt Records von den Straßenjungs aus Frankfurt, einer der ersten deutschen Punk-Bands. Auf der Homepage von Schneeball Records hieß es später dazu:

> Der hehre Anspruch sollte der rauen Wirklichkeit nicht standhalten. Das Labelmotto „Musik im Vertrieb der Musiker" galt eigentlich nur in der Anfangsphase von Schneeball, dann setzten sich doch wieder die Strukturen durch, die man eigentlich überwinden wollte. Die Herausbildung eines gewissen Spezialistentums war unvermeidbar, denn Musiker sind schlechte Buch-

halter, sortieren Aktenordner nur unter Androhung körperlicher Gewalt und schreiben Mahnbriefe erst, wenn ihnen das Zigarettengeld ausgeht. Obwohl es dafür natürlich jede Menge stichhaltiger Erklärungen gibt. Und so fragte man gute Freunde, ob sie nicht gegen einige Prozente vom Verkaufserlös die Platten in die Läden bringen wollten. Die Freunde fanden bald heraus, dass mit einem breiteren Angebot bedeutend mehr Platten verkauft werden konnten. Also nahmen sie noch einige der eben entstehenden Punk- und New-Wave-Labels mit in den Vertrieb. Aus einem losen Vertreterverbund entstand schließlich 1983 der erste deutsche Independent-Vertrieb: Energie für Alle, abgekürzt EfA.

Damals lernte ich Jörn Heinecker kennen, der neben seinem Studium als Vertreter für Trikont in Hamburg und Hannover gearbeitet hat. Zwischen uns gab es eine große Schnittmenge, und so haben wir gemeinsam überlegt, wie wir diesen Wildwuchs im Independent-Markt, diese vielen kleinen Initiativen verschiedener Leute, zusammenführen können. Unser Ziel war es, sie zu vernetzen und gemeinsam etwas auf die Beine zu stellen, sodass man den großen Plattenfirmen Konkurrenz machen kann.

Das war mehr oder weniger die Grundidee von EfA – Energie für Alle. Der Name war die Idee von Jörn Heinecker, und in den Anfangsjahren war unser Logo ein Tankwart mit einer Zapfpistole in der Hand. Das E haben wir damals immer großgeschrieben, dass f klein und das A wieder groß. EfA – Energie für Alle fanden wir gut, weil unsere Kunden die Energie der Bands von uns geliefert bekamen und wir im Gegenzug den Bands die Energie gaben, ihre Musik besser verkaufen zu können.

1981 gingen wir das ernsthaft an und luden alle Leute, die Lust hatten, daran mitzuarbeiten, zu einem Vertriebstreffen ein. Da kamen dann Leute wie zum Beispiel Friedel Muders, der heute Fuego Records macht. Zu Beginn bestand EfA aus vielen, über ganz Deutschland verteilten Lagern selbstständiger Kleinunternehmen, die gemeinsam den EfA-Katalog vertrieben.

Es gab EfA Nord, das waren Jörn Heinecker und Albrecht Boehm. Ich war für EfA West verantwortlich, später dann EfA 45, was für den Postleitzahlbereich stand, für den ich zuständig war. Dann gab es EfA Mitte, das waren die Kollegen aus Frankfurt, und EfA Berlin, wo Werner Schrödl zuständig war. Der kam eigentlich aus dem bayrischen Dachau, war aber irgendwann in Berlin gestrandet. Weil er aber in seiner alten Heimat noch viele gute Kontakte hatte, war er auch noch für Bayern zuständig. Und dann gab es auch noch jemanden, der sich um Baden-Württemberg gekümmert hat. Das wuchs mit den Jahren etwas mehr zusammen, jeder brachte seine Connections zu verschiedenen Labels ein, und so entstand ein immer breiter aufgestellter Katalog.

Werner Schrödl hatte zum Beispiel gute Kontakte zu vielen englischen und amerikanischen Bands und Labels. So holte er die Band Crass zu uns und mit ihr alle Veröffentlichungen auf deren Label Crass Records. Später hatte er dann sehr gute persönliche Beziehungen zu Jello Biafra und den Dead Kennedys. Solche Kontakte entwickelten sich peu a peu. Ich kannte noch aus meiner Scherben-Zeit viele Bands und Labels in Deutschland. Die Norddeutschen hatten Kontakte zur Punk-Szene rund um No Fun Records, und dann gab es noch eine wundersame Fügung des Schicksals. EfA Mitte, die Frankfurter also, hatten zu dem Zeitpunkt die David Volksmund Produktion im Vertrieb.

Das lag daran, dass Horst Lewald, einer der beiden Verantwortlichen aus Frankfurt, Anfang der 1980er Jahre Tourmanager der letzten Tourneen der Scherben gewesen war. Als die Scherben dann zu dem Entschluss kamen, ihre Platten doch wieder etwas breiter anbieten zu wollen, haben sie das über Horst gemacht und kamen so indirekt wieder zurück zu mir, also in den EfA-Katalog, und so hatten wir alle auf die Platten der Band Zugriff, die mein Leben so sehr geprägt hatte, und wir konnten sie unseren Geschäftspartnern anbieten. Das war für mich natürlich eine ganz wunderbare Sache, denn selbstverständlich hing ich noch sehr an den alten Sachen und an der Firma David Volksmund.

1982/83 ging es dann richtig los. Zu Beginn von Energie für Alle waren Ton Steine Scherben eindeutig der wichtigste Umsatzbringer, es gab aber auch andere Platten, die ganz entscheidend für die erste Phase waren, und das waren zu unser aller Erstaunen vor allem die ganzen Deutsch-Punk-Sachen. Wir hatten zum Start das besonders große Glück des Tüchtigen, dass in Deutschland der Hype um die Neue Deutsche Welle losbrach und Punk, der ja typisch independent war, plötzlich total angesagt war. Zum Beispiel der ganze Katalog von No Fun Records, mit Hans-A-Plast, Der Moderne Man, Rotzkotz und was da noch so alles rauskam. Alfred Hilsberg mit seinem Labels Whats So Funny About und ZickZack brachte auch jede Menge starker Platten raus, zum Beispiel von Abwärts, Palais Schaumburg und den Einstürzenden Neubauten. Wir vertrieben also viele Veröffentlichungen, die auf den kleinen Labels erschienen. Diese ganzen Punk-Sachen liefen damals nicht nur in der Szene, sondern auch beim breiten Publikum extrem gut, die Neue Deutsche Welle hat's möglich gemacht. Mit Eigelstein hatten wir nur eine kleine Kooperation: Die ersten beiden BAP-Platten haben wir leider nie im großen Stil vertrieben, und dann wurden Wolfgang Niedecken und Co. ja von der EMI unter Vertrag genommen.

In den ersten Jahren gab es immer wieder solche Überraschungen. Ein Label, mit dem wir schon sehr früh international zusammengearbeitet haben, war Crammed Discs aus Belgien, auf dem die Platten von Tuxedomoon erschienen. Die Residents waren auch schon sehr früh bei uns, deren Platten haben sich von Beginn an ebenfalls gut verkauft. Bei Trikont gab es immer wieder Überraschungserfolge, mit denen keiner gerechnet hatte. Rückblickend muss ich wirklich sagen, dass wir damals ziemlich gut auf dem Stand der Zeit waren, was uns gerade in der Anfangsphase sehr geholfen hat.

Und wir hatten auch großes Glück, denn wie die Jungfrau zum Kind kam, wurden wir unverhofft zum Vorläufer von Rough Trade Records in Deutschland. Bevor die eine Niederlassung in Deutschland hatten, importierte Barbara Starostik deren Hochkaräter wie New Order und die ersten Platten von The Smiths. Da sie kein eigenes Vertriebsnetz hatte, arbeitete sie mit uns zusammen. Das war ein echter Glücksfall, denn dadurch waren wir auch der Vertrieb der Maxi-Single „Blue Monday" von New Order, die damals ja ein Riesen-Hit war. Die wollten alle haben, auch die Plattenläden, die sonst mit unserem Independent-Angebot nichts am Hut hatten, und so ergaben sich für uns ganz neue Kontakte. Dank „Blue Monday" haben wir direkt zum Start von EfA 1982/83 unglaubliche Mengen an Vinyl-Maxis verkauft. Wirtschaftlich war das für uns ein enormer Gewinn.

Ein paar Jahre später wurde dann Rough Trade Deutschland gegründet und vertrieb auch die alten Titel selbst – leider, muss ich dazu natürlich sagen. Wir haben deren Gründungsphase aber begleitet und sind mit einigen aus dem damaligen Rough-Trade-Team noch immer gut befreundet, zum Beispiel mit Kurt Thielen, dem damaligen Geschäftsführer.

Natürlich gab es auch Platten, die nicht so gut liefen, aber der Anteil der Flops hielt sich sehr in Grenzen, vor allem, wenn man bedenkt, dass wir damals wirklich learning by doing gelebt haben, da hätte auch leicht sehr viel mehr schiefgehen können. Uns war aber klar, dass ein chaotischer Haufen das nicht schaffen kann. Wir haben also von Anfang an versucht, alles gut zu strukturieren. Wir mussten liefern können, wir mussten unsere Lieferanten bezahlen können, wir mussten neue Platten einkaufen können. Es ging vor allem um stinknormales kaufmännisches Wissen, und das hatte ich ja gelernt.

Intermezzo mit Michael Polten von Hans-A-Plast und No Fun Records

Michael Polten gründete 1978 zusammen mit Freunden die Punk-Band Hans-A-Plast. Das Debütalbum erschien zunächst im Eigenvertrieb und hat sich bis heute mehr als 200.000-mal verkauft. Damit ist es eines der erfolgreichsten deutschen Punk-Alben der Frühzeit. 1980 gründete er zusammen mit seinen Freunden Jens Meyer und Hollow Skai das Label No Fun Records. Das Label produzierte neben Hans-A-Plast auch Platten von Rotzkotz, Der Moderne Man, The 39 Clocks, Bärchen und die Milchbubis und vielen mehr.

Die Anfrage, ob Interesse bestünde, sich mit einem Textbeitrag am Buch über Nikel zu beteiligen, wurde von Michael Polter prompt per Mail beantwortet. Seine Antwort ließ mich schmunzeln, warf aber auch einige Fragen auf:

> Meine erste persönliche Begegnung mit Nikel werde ich nie vergessen, denn wer kann schon von sich behaupten, dass er mal eine lebende Legende in seinem WG-Flur stehen hatte, die um eine Tasse Tee gebeten hat?
>
> Wir vier von Hans-A-Plast haben damals in einer WG in der Gretchenstraße in Hannover gewohnt, in der wir unsere Schallplatten selbst zusammengebastelt und die Texthefte beigelegt haben. So standen die gesammelten Werke dann sauber

in Kartons verpackt im Flur unserer Wohnung und haben auf Käufer gewartet. Wir hatten nie einen Exklusivvertrag mit einem Vertrieb, jeder, der Interesse hatte, konnte einfach kommen und kaufen. Eines schönen Tages, Anfang '79, ist Nikel zu uns gekommen, um Platten bei uns zu kaufen. Wir waren natürlich immer froh, wenn jemand Interesse hatte, und so habe ich mich auch über Nikels Besuch gefreut. Als guter Gastgeber habe ich ihm was zu trinken angeboten. Ich habe damit gerechnet, dass er Bier, Schnaps oder Kaffee will. Irgendwas mit Wumms, passend zum Anarcho-Image der Scherben. Zu meiner großen Überraschung wollte Nikel einen Tee, am liebsten Kräuter- oder Pfefferminztee. Da war ich erstmal etwas irritiert, denn mit allem hatte ich gerechnet, aber nicht mit Tee.

Hektisch habe ich dann versucht, in unserem WG-Chaos Tee aufzutreiben. Ich wusste, dass irgendwo noch welcher sein musste, aber weil bei uns die Nachfrage gen Null tendierte, hatte ich keine Ahnung, wo die Packung sein könnte. Irgendwo in einem der Hängeschränke, ganz nach hinten gerutscht, habe ich dann noch Pfefferminztee gefunden und ihm eine Tasse aufgebrüht. Ich glaube, er hat ihm auch geschmeckt.

Ich konnte damals nicht glauben, dass Nikel Pallat bei mir in der Wohnung steht und genüsslich an einem Tässchen Tee schlürft.

Denn natürlich wusste ich, wer Nikel Pallat ist. Legendär und berühmt geworden war er durch den Auftritt im Fernsehen mit der Axt und dem Tisch. Das hat uns, Anfang der 1970er Jahre, alle schwer begeistert. Einfach großartig, habe ich damals gedacht, da traut sich einer was. Das muss man ja auch erstmal bringen, zu einer Talkshow eine Axt mitnehmen, um mit der dann live in einer Fernsehsendung den Tisch zu zertrümmern. Ich habe es nicht live gesehen, weil wir damals eigentlich nie Fernsehen geschaut haben, vor allem keine Talkshows, aber das hat sich ja schnell rumgesprochen, und ich fand es einfach unfassbar, dass sich einer so was traut.

Ich war zu dieser Zeit in der Anti-AKW Bewegung sehr aktiv. Lichtenhorst war ja der erste Vorschlag als Endlager-Standort in Niedersachsen. Das ist zirka anderthalb Stunden von meiner Heimatstadt Hannover entfernt, und um den Bau zu verhindern haben wir eine Bürgerinitiative gegründet. Aus der ist dann Hans-A-Plast hervorgegangen, wir waren im Prinzip die Song-Gruppe, machten Anti-AKW-Lieder und sangen am 1. Mai auf den Demos. Dann schwappte der Punk aus London zu uns rüber und wir waren hin und weg. Wir haben sofort gemerkt, dass das die neue Art ist, politische Songs zu schreiben. Die altbackene Art, von einer akustischen Gitarre begleitet Songs nachzuträllern, war plötzlich nicht mehr angesagt. Genau diese Musik wollten wir machen, voller Wut und Kraft.

Die Scherben waren zu dieser Zeit unsere absoluten Helden, und weil wir sie so toll fanden, haben wir 1983 im Veranstaltungszentrum Rotation in Hannover ein Scherben-Konzert organisiert. Leider war das absolut enttäuschend. Wie die Band uns damals behandelt hat, war einfach nicht okay. Die gaben uns die ganze Zeit das Gefühl, dass wir sie sowieso nur über den Tisch ziehen wollen. Das war vom Moment der Ankunft an ihre Grundhaltung. Es kann natürlich sein, dass sie mit vielen Veranstaltern negative Erfahrungen gemacht hatten, aber wir waren das genaue Gegenteil. Wir waren reine Enthusiasten, die das Konzert mit viel Mühe und Arbeitsaufwand organisiert und für die ganze Arbeit keinen Pfennig kassiert haben, und dann schlug uns eine dermaßen schlechte Laune entgegen. Man muss dazu sagen, dass die von uns eine richtig gute Gage bekommen haben. Es war einfach ein völlig verkorkster Abend.

Als wir wegen Hans-A-Plast und No Fun Records geschäftlich mit Nikel zu tun hatten, hat er auf mich immer einen absolut bodenständigen Eindruck gemacht. Zurückhaltend, höflich, freundlich und vor allem extrem professionell. Ich habe ihm immer hoch angerechnet, dass er keinerlei Arroganz an den Tag gelegt hat, das wäre aufgrund seiner Vorgeschichte mit

Ton Steine Scherben ja durchaus denkbar gewesen. Man hat gemerkt, dass er den Umgang mit finanziellen Dingen gelernt hat, er war zu 100 Prozent verbindlich und präzise, einfach ein äußerst netter, korrekter Kerl. Bei ihm gab es keine dummen Sprüche und kein Larifari wie bei vielen anderen Leuten aus der Branche, die einem erst das Blaue vom Himmel versprochen und dann nichts davon eingehalten haben. Bei ihm war immer von vornhinein klar, dass das, was er sagt, auch eintritt, da konnten wir uns einfach drauf verlassen. Wenn er was gesagt hat, dann stimmte das auch.

Aus meiner Sicht hat Nikel später mit EfA den ganzen unabhängigen Vertrieb in Deutschland professionalisiert. Zum ersten Mal wurde Geschäftliches sauber abgewickelt und nicht nur gekifft, weil Jörn, der für uns in Hannover zuständig war, und Nikel eben absolut verbindliche Geschäftsleute waren. Vorher, bei Schneeball und Trikont, mit denen wir auch schon in Kontakt standen, endete vieles im Chaos, weil gekifft wurde wie bekloppt und am Ende nix bei rauskam außer stundenlangem Gelaber. Durch EfA wurde das alles ab 1983 in professionelle Bahnen gelenkt. Da waren keine Schaumschläger am Werk, Nikel war zwar ein Freak, aber auch Geschäftsmann. Wir haben uns in den folgenden Jahren häufiger getroffen, weil er oft persönlich vorbeikam, um die Platten für den Vertrieb abzuholen. Später, als die Mengen immer größer wurden, haben wir die Pakete dann allerdings direkt ab Presswerk verschickt. So haben wir uns das durch-die-Gegend-Schleppen erspart.

28.
Ein anderer Blick

Mit den eher chaotischen und unzuverlässigen Musikern hatten wir bei EfA Gott sei Dank nicht mehr so viel zu tun, mit denen haben sich die jeweiligen Labels rumgeschlagen. Die mussten darauf achten, dass die Platten pünktlich fertig und auch vernünftig gepresst wurden. Das war bei Schneeball noch anders gewesen. Da war es tatsächlich noch so, dass wir uns jedes Vierteljahr mit den Bands trafen, um über die nächsten Projekte zu sprechen. Woran sie gerade arbeiteten und wie ihr Zeitplan aussieht. Wobei diese Worte natürlich nie bare Münze, sondern meistens Schall und Rauch waren. Platten, die auf diesen Treffen für das nächste Frühjahr angekündigt wurden, erschienen meistens erst im Herbst darauf, wenn überhaupt. Bei Schneeball hatten wir eine Künstlergemeinschaft im engeren Sinne, da war der sehr enge Kontakt gewollt und auch Teil des Konzepts.

Das war bei EfA nicht mehr so und wäre aufgrund der Größe der Firma und der Masse an Musikern auch gar nicht mehr möglich gewesen. Trotzdem kannte ich natürlich viele der Künstler persönlich, mit denen ich damals zusammengearbeitet habe. Wir hatten zum Beispiel die Platten des Trikont-Labels im Vertrieb, das sehr viele deutsche Bands unter Vertrag hatte, mit denen ich mich regelmäßig auf Konzerten getroffen habe. Oder das Punk-Label No Fun Records, von dem ich mehrmals jährlich nach Hannover eingeladen wurde, wenn es eine neue Platte veröffentlicht hatte. Oder ZickZack, das damals Abwärts unter Vertrag hatte.

Mit Frank Ziegert, also Frank Z., dem Frontmann von Abwärts, bin ich seit vielen Jahren, naja, befreundet ist vielleicht übertrieben, aber wir kennen uns sehr gut. Den fand ich immer große Klasse mit seiner sarkastischen, zynischen Art. Wir haben den gleichen Humor, deshalb haben wir uns immer bestens verstanden und konnten immer Sprüche klopfen. Wenn es sein musste, die ganze Nacht durch. Später sind wir dann auch gemeinsam auf Festivals aufgetreten: ich mit den Scherben und er mit Abwärts. Zwischen uns gab es immer eine große gegenseitige Wertschätzung und Achtung.

Es war für mich zu Beginn meiner Zeit bei EfA immer inspirierend, wenn ich mich mit den Künstlern getroffen habe, weil da ja ein Zeitsprung von zehn Jahren war. Ich hatte bei Ton Steine Scherben Anfang der 1970er Jahre angefangen, die meisten Bands, die ich jetzt kennenlernte, vor allem die aus dem Punk-Bereich, hatten sich aber erst Anfang der 1980er gegründet. Die hatten einen ganz anderen Blick auf unsere Zeit. Und Punk hatte ja auch eine ganz klare Attitüde gegen all die Superstars der 1970er Jahre, die ich miterlebt hatte, Queen, Pink Floyd und weiß der Himmel, wie sie alle hießen. Deren endlose Soli und deren Geschwalle war der neuen Musikergeneration zuwider.

Sie hatten auch einen anderen Blick auf die Freizeitgestaltung, zum Beispiel mit Computerspielen, das fing damals ja an. Zu meiner Zeit waren Flipperautomaten das höchste der Gefühle. Die Punks hatten auch andere ästhetische Vorstellungen und haben ihre politischen Ansichten nicht so deutlich nach außen gestellt wie Ton Steine Scherben, obwohl sie eine klare politische Haltung hatten.

Vor allem die gesellschaftskritische Komponente war ähnlich, nur dass die sich anders artikuliert hat als bei uns. Insbesondere die Punkrock-Bands haben Ton Steine Scherben immer voll akzeptiert, im Gegensatz zu vielen anderen Bands aus den 1970er Jahren, die auf Deutsch gesungen haben. Vor allem die Krautrock-Bands waren bei den Punks unbeliebt und auch die meisten elektronischen Bands, die fanden sie total unmöglich. Dass sie die Scherben akzeptiert haben und sogar cool fanden, lag vermutlich daran, dass wir auch schon

Punkelemente hatten. Diese schlagwortartigen, parolenartigen Texte und auch unsere Haltung glich der Punk-Attitüde. Auch wir wollten nicht die großartigen Künstler sein, sondern einfach nur – 1,2,3,4 – Musik machen und uns auf diese Art ausdrücken und Gehör verschaffen. Vor allem Rio Reiser haben die Punks geliebt.

Wir hatten bei EfA eigentlich keine Bands unter Vertrag, die ich musikalisch genial, aber menschlich schwierig fand. Sicher gab es Künstler, die etwas grenzwertig waren, denen bestimmte Umgangsformen gefehlt haben. Aber wenn wir gemerkt haben, dass es auf die eine oder andere Art gar nicht passt, dann haben wir sie einfach nicht unter Vertrag genommen beziehungsweise Verträge auch mal beendet.

Es gab eine klare Trennlinie, vor allem, wenn es um die politische Ausrichtung ging. Die Böhsen Onkelz oder OHL hätten wir nie vertrieben. Überhaupt alles, was damals auf dem extrem rechten Label Rock-O-Rama rausgekommen ist. Der Chef, Herbert Egoldt, hat damals zwar Gespräche mit uns geführt, weil er seine Platten gerne von uns vertreiben lassen wollte, aber für uns war immer klar, dass wir mit denen definitiv nichts zu tun haben wollen und dass die niemals bei uns in den Vertrieb kommen würden.

29. Monarchie und Alltag

Die Fehlfarben hätten wir liebend gerne und sogar mit Kusshand und Begrüßungsgeschenk bei EfA aufgenommen. Leider sind sie jedoch zur Industrie gegangen, ihre erste LP ist ja bei der EMI rausgekommen. Ich hatte die Band im Ratinger Hof kennengelernt, wo ich oft zu tun hatte, und dann traf man sich noch ein paarmal in Düsseldorf und ich habe immer wieder versucht, sie zu EfA zu locken. Aber da war leider nichts zu machen. Das war sehr, sehr schade, weil ich das Potential und die Genialität der Fehlfarben sofort gespürt hatte und „Paul ist tot" für mich immer noch lebendig ist.

Allerdings hat sich mein guter Kontakt zum Fehlfarben-Sänger Peter Hein kurze Zeit später doch noch gelohnt, denn zusammen mit Xao Seffcheque hat er 1981 die Band Family 5 gegründet, und die haben wir dann bei EfA vertrieben. Geduld zahlt sich eben aus. In Düsseldorf war ich damals ständig, das war definitiv immer eine musikalische Entdeckungsreise wert, weil die dortige Szene unfassbar kreativ war. Die hatte damals, Anfang der 1980er Jahre, einen ganz eigenen und sehr spannenden Stil. Es gab wunderbare Gruppen, die zum Beispiel auf Carmen Knoebels Label Pure Freude waren, S.Y.P.H. und Dunkelziffer standen da zum Beispiel unter Vertrag. Großartige Musiker.

Es gab auch Leute, die einen eigenen kleinen Vertrieb aufgebaut hatten, zum Beispiel Das Büro. Die haben sich damals um die Vermarktung des Labels Ata Tak gekümmert, bei denen Der Plan unter Vertrag war und noch viele andere interessante Gruppen. Mit Ata

Tak kam ich dann auch über meine Düsseldorf-Beziehungen in Kontakt und trat in Verhandlungen ein. Sie waren natürlich sehr interessant für uns, und ich wollte sie gerne bei EfA haben. Das Büro war ein sehr kleiner Vertrieb, und es bestand immer die Gefahr, dass es in Geldschwierigkeiten gerät und schließen müsste. Es ging dann ein paar Mal hin und her, und am Ende sind sie Gott sei Dank zu EfA gekommen.

So lief es damals immer: Man hat interessante neue Bands kennengelernt, Gespräche geführt, intensiv verhandelt und dann die Daumen gedrückt, dass es hinhaut. Das war alles sehr intensiv und direkt, oft sind die Geschäftstermine in eine wilde Party ausgeartet und man musste vorsichtig sein, dass man nicht unter den Tisch gesoffen wurde, weil das keinen guten Eindruck hinterlassen und die Verhandlungsposition geschwächt hätte. Dieses Persönliche, was wir damals bei EfA etabliert haben, hatte aber auch den Vorteil, dass ich bis heute zu vielen der Künstler, mit denen ich über einen längeren Zeitraum verhandelt habe, Kontakt habe. Daraus sind wirklich sehr angenehme Verbindungen entstanden.

Intermezzo mit Frank Fenstermacher

Frank Fenstermacher ist Gründungsmitglied der Band Fehlfarben und spielt Keyboard, Saxofon und Percussion.

Das Fehlfarben-Album *Monarchie und Alltag* rangiert im deutschen *Rolling Stone* auf Platz 61 der 500 besten Alben aller Zeiten. Zudem wählte das Magazin das Album auf Platz 1 der 50 besten deutschen Alben aller Zeiten.

In der Zeitschrift *Spex* rangierte *Monarchie und Alltag* ebenfalls weit oben, in ihrer Rangliste der 100 Platten des Jahrhunderts stand es auf Platz 15.

Außerdem ist Frank Fenstermacher Mitbegründer der Bands Der Plan („Da vorne steht 'ne Ampel") und A Certain Frank.

Bis heute betreibt er das 1980 von ihm zusammen mit Freunden gegründete Plattenlabel Ata Tak, das bei Nikel Pallat und EfA im Vertrieb war. Es gilt als einer der Vorreiter der deutschen Independent-Bewegung und Mitauslöser der Neuen Deutschen Welle. Die bekannteste Veröffentlichung des Labels ist „Fred vom Jupiter" von Andreas Dorau.

Er erinnert sich:

> Wir alle haben Nikel als Menschen und EfA-Vertriebschef von Ata Tak sehr geschätzt. Ton Steine Scherben und Rio Reiser waren für mich auch Vorbilder in der Schulzeit und sind Wegbereiter bis heute, da kannte ich Nikel aber noch nicht.

Es gab fünf bis sechs Vertriebstreffen mit ihm und Jörn Heinecker, an die ich mich dunkel erinnere, und wir teilten das Interesse an guter und auch inhaltlicher deutscher, aber auch internationaler Musik.

Ich habe mich immer gefreut, wenn wir uns trafen, und es war mit ihm immer konstruktiv und konspirativ.

Nikel ist sicher einer der wichtigsten Multiplikatoren für emanzipatorische Musik in unserer Kultur-Banausenrepublik.

30.
Seele brennt

Wir hatten bei EfA auch die ersten Alben der Einstürzenden Neubauten im Vertrieb, die damals noch auf Alfred Hilsbergs Label What So Funny About erschienen. Blixa Bargeld kenne ich leider kaum persönlich. Wir haben uns ab und zu mal kurz gesehen, aber ich kann mich nicht erinnern, jemals einen längeren Dialog mit ihm geführt zu haben. Ich hatte ihn Anfang der 1980er Jahre in Bremen gesehen, in einer ganz frühen Phase der Band, als sie in einem kleinen Club aufgetreten sind. Ich hatte damals einen Tipp bekommen, dass ich mir die mal anschauen sollte, die wären ganz neu und besonders. Und das waren sie dann auch tatsächlich.

Ihre Musik war rau und ruppig, Blixa sah völlig verwildert aus, und ich bin mir sicher, dass er damals eine relativ harte Drogenphase auf der Bühne ausgelebt hat. Es war wirklich ein extremer Auftritt, der allerhöchstens eine Stunde dauerte, aber mich tief beeindruckt hat. Ich musste sofort an den ersten Auftritt von Ton Steine Scherben denken, damals auf Fehmarn, weil ich wie damals bei Rio Reiser das Gefühl hatte, dass sich da einer auf der Bühne austobt. Blixa war aber sonst nicht mit Rio zu vergleichen, das wurde mir ziemlich schnell klar. Er tickte völlig anders und setzte ganz andere Prioritäten. Da merkte man wieder, dass das eine ganz andere Generation war, der war völlig anders drauf als wir damals bei Ton Steine Scherben. Er hatte eine ganz andere künstlerische Attitüde.

Blixa hat sich auf der Bühne immer total ausgelebt und war exzessiv bis zum Geht-nicht-mehr. Er hat sich als Kunstfigur aufgebaut und inszenierte sich dementsprechend. Auf seine spezielle Art und Weise war das einzigartig, aber es war halt eine Kunstfigur, alles nur inszeniert, nichts echt. Das hätte es bei Rio nicht gegeben, der war immer er selbst und viel authentischer. Aber man hat halt auch da wieder gesehen: Blixa Bargeld und die Einstürzenden Neubauten kamen zehn Jahre nach uns, und damals hat man in der Punkszene ja nicht die Authentizität gesucht, sondern eine Rolle gespielt, und das hat Blixa absolut klar und künstlerisch wunderbar umgesetzt.

Am 25. August 1996 schrieb der damals 37-jährige Blixa Bargeld im *Spiegel* einen Nachruf auf seinen fünf Tage zuvor mit 46 Jahren verstorbenen Freund Rio Reiser:

> Ton Steine Scherben waren die beste Alternative zu einem schlechten Tag, sie spendeten Kraft und Identität. Ihre Musik war wahr, der Text war deutsch. Und das Jahre bevor andere sich ganz selbstverständlich das Recht nahmen, deutsch zu singen. Rio hat es vorgemacht – und er ist für mich der einzige deutsche Rocksänger geblieben …
>
> Ich habe noch nie jemanden in Deutschland singen gehört und gesehen, der wie Rio in der Lage war, innerhalb von Sekunden eine intime Beziehung, geradezu eine Liebesbeziehung, mit jedem einzelnen seiner Zuhörer aufzubauen. Rio Reiser strahlte Kraft und Macht aus, die er vom Publikum bekam, und er gab sie wieder zurück. Charisma ist eine Fähigkeit, die sich nicht erlernen lässt, und sie hat nichts mit Image und bloßer Bühnenpräsenz zu tun. Selbst bei einem banalen Song konnte er irgendein bestimmtes Wort so singen, dass es einem kalt den Rücken runterlief.

Intermezzo mit Mark Chung

Mark Chung spielte ab 1980 Bass bei Abwärts, bevor er Anfang 1982 Bassist der Einstürzenden Neubauten wurde. 1994 verließ er die Band, um sich ausschließlich auf seine Arbeit in der Musikindustrie zu konzentrieren. Bereits 1984 hatte er den Musikverlag Freibank Music Publishing gegründet. 1996 zog er nach London als Senior Vice President von Sony Music Entertainment International. Seit 2005 lebt Mark Chung wieder in Deutschland und ist Geschäftsführer des Musikverlags Freibank.

Es gibt Argumente dafür, dass man, um musikalisch wirklich Neues zu schaffen, Bestehendes konsequent ablehnen muss. Ob wir mit den Einstürzenden Neubauten der Musik etwas Neues hinzugefügt haben, sollen andere beurteilen. Ob die Ablehnung des Existierenden notwendig oder nur hilfreich ist, kann ich nicht abschließend beurteilen. Aber wir waren uns einig, dass wir eigentlich fast nichts gut fanden, was aktuell oder in den Jahren zuvor produziert wurde. An Zeitgenossen fallen mir nur zwei Ausnahmen ein: Throbbing Gristle – und Ton Steine Scherben.

Die Scherben natürlich wegen Rios Umgang mit der deutschen Sprache im Gesang – aber auch wegen ihrer galvanisierenden Wirkung auf die anarchistisch geprägte Subkultur, mit der wir sympathisierten. Nikels vorbildlicher Umgang mit der – damals monotheistisch und uneinnehmbar scheinenden – deutschen Fernsehwelt war für uns wegweisend und legendär. Respekt.

Es gehört zu den Freuden meiner späteren Arbeit, dass sich unsere Wege beim unabhängigen EfA-Vertrieb und dessen Nachfolger Indigo manchmal kreuzten. Es wird meist davon abgeraten, die eigenen popkulturellen Helden persönlich kennenzulernen. Bei Nikel war es das Gegenteil – er ist einer der freundlichsten und konstruktivsten Menschen, die ich kenne – und dabei immer völlig unassuming. Wir hatten gar nicht viele gemeinsame Projekte, haben uns aber auf jeder Messe für einen Kaffee verabredet – und wenn es mal geklappt hat, waren das für mich immer Momente der Ruhe und Rückbesinnung auf Wesentliches inmitten der merkantilen Aktivitäten.

31. Die Scherben sehen Roth

Ab 1982 war Claudia Roth die Managerin von Ton Steine Scherben und sozusagen meine Nachfolgerin. Dass sie als Managerin der Scherben heute bekannter ist als ich, obwohl ich sie in der erfolgreichsten Zeit der Band gemanagt hatte, während sie nur bis 1985 dabei war und das Ende von Ton Steine Scherben verwalten musste, ärgert mich jedoch überhaupt nicht. Denn Claudia und ich haben uns immer sehr gut verstanden, und das ist bis heute so geblieben.

Sie kam ja auch erst zu der Gruppe, als ich schon vier Jahre nicht mehr dabei war, aus diesem Grund ist sie auch nie auf mich zugekommen, um mich nach Tipps zu fragen oder Ideen auszutauschen, wie man bestimmte Probleme innerhalb der Band lösen könnte. Sie hat sich das alles selbst erarbeitet, so wie ich es zu Beginn auch gemacht habe. In der Zeit, als sie das Management gemacht hat, haben wir uns so gut wie gar nicht gesehen, denn wenn Konzerte waren, auf denen ich die Band besucht habe, war sie meistens nicht dabei. Da sie im Gegensatz zu mir musikalisch nicht live aktiv war, blieb sie eher in Fresenhagen. So richtig miteinander zu tun hatten wir erst später, als die Scherben schon Geschichte waren.

Claudia kam vom Theater, sie hatte als Regieassistentin bei den Städtischen Bühnen Dortmund gearbeitet und war von dort Ende der 1970er Jahre als Dramaturgin zu Hoffmanns Comic Teater nach Unna gewechselt. Ihr damaliger Chef war Peter Möbius, Rios ältester Bruder. Auch Rio war immer wieder für das Theater aktiv, schrieb vor allem Musik für die Stücke. Bei Hoffmanns Comic Teater war damals auch Martin Paul aktiv, mit dem sie eine Liebesgeschichte hatte. Als Martin Paul 1981 Keyboarder von Ton Steine Scherben wurde, brachte er Claudia einfach mit nach Fresenhagen. So ist sie damals zu den Scherben gekommen und dann nach und nach in ihre neue Rolle als Managerin der Band reingewachsen.

Bei ihr war es im Prinzip genauso wie bei mir: Wir beide hatten zu Beginn unserer Tätigkeit eigentlich keine Ahnung von dem Job, mussten uns nach und nach reintasten und viel lernen. Wie der Rest der Band kam sie aus der kreativen Ecke und sollte plötzlich Abrechnungen machen, Konzerte organisieren und mit Veranstaltern über Gagen verhandeln. Es gab zwar bestimmte Rahmenbedingungen, trotzdem war sie plötzlich in einer ganz neuen Welt unterwegs, was sicher nicht leicht für sie war.

Als Ton Steine Scherben sich 1985 endgültig aufgelöst haben, wusste sie natürlich auch nicht, wie es für sie weitergehen soll. Dann hat sie in der *taz* eine Stellenanzeige der Grünen gesehen, die eine Pressesprecherin gesucht haben. Auf die hat sie sich kurzerhand beworben, und unter uns gesagt verstand niemand aus unserem Umfeld, warum ausgerechnet sie dann tatsächlich den Zuschlag bekommen hat. Denn Claudia war weder Mitglied bei den Grünen, noch hatte sie Ahnung von Pressearbeit. Wenn man für Ton Steine Scherben ab und zu mal ein paar Mitteilungen verschickt, dann ist das ja keine ernstzunehmende Pressearbeit. Als Pressesprecherin einer Bundestagsfraktion war es dann auf einmal ihre Aufgabe, Pressekonferenzen zu organisieren und offizielle Pressestatements der Partei nach außen zu kommunizieren, das ist schon ein ganz anderes Kaliber.

Wir haben uns dann zusammengereimt, es habe wohl im Bewerbungsgespräch großen Eindruck auf den Grünen-Vorstand gemacht und den Ausschlag für sie gegeben, dass sie in der Band mit so vielen unterschiedlichen Typen und Charakteren zurechtkommen musste. Denn die Grünen waren damals von den unterschiedlichen Typen her, die in der Partei etwas zu sagen hatten, ja auch extrem kontrovers unterwegs. Das ging von Petra Kelly über Otto Schily bis Joschka

Fischer, Fundis contra Realos. Den ganzen Haufen als Pressesprecherin zu moderieren, war sicherlich ein Höllenjob, den sie aber sehr gut hinbekommen haben muss. Erst viel später fing sie an, selbst als Politikerin zu arbeiten. Da hat sie dann auch ziemlich schnell Karriere gemacht und saß für die Grünen im Europaparlament. Jetzt ist zwar das Kanzleramt noch nicht ganz „unser Haus", aber ich hoffe, mit ihr weht da noch lange ein anderer Wind.

Intermezzo mit Claudia Roth

Claudia Roth war von 1982 bis 1985 Managerin von Ton Steine Scherben und lebte in dieser Zeit mit ihrem Freund, dem Scherben-Keyboarder Martin Paul, und der Band auf dem Bauernhof in Fresenhagen. Sie hatte Rio Reiser über dessen Bruder Peter Möbius kennengelernt, der in Dortmund ein Kinder- und Jugendtheater leitete, wo Rio Reiser 1976 in einer *Struwwelpeter*-Aufführung mitspielte, an der auch sie mitwirkte. Nachdem sich Ton Steine Scherben 1985 aufgelöst hatten, ging Claudia Roth in die Politik. Unter anderem war sie Vorsitzende ihrer Partei Bündnis 90/Die Grünen und Vizepräsidentin des Deutschen Bundestages, und seit 2021 ist sie Staatsministerin beim Bundeskanzler sowie Beauftragte der Bundesregierung für Kultur und Medien.

Ton Steine Scherben waren und sind der Ausdruck einer ganzen Generation. Der musikalische Ausdruck des Versuchs, aus einer spießigen engen deutschen Realität auszubrechen. Denn ihnen – und uns – ging es um nichts weniger, als die Verhältnisse zu ändern: überall und für jede*n. Selbstbestimmt und authentisch.

Und genau so war und ist Nikel. Ein Macher und einer, der sich und seinen Werten immer treu geblieben ist. Das sieht man bei allem, was er in den letzten 50 Jahren angepackt hat.

Das wohl symbolträchtigste Beispiel stammt aus der Fernsehszene, mit der Nikel endgültig berühmt und berüchtigt wurde.

„Fernsehen ist ein Unterdrückungsinstrument der Massengesellschaft." Mit diesen Worten erklärte Nikel 1971 im WDR-Talkshow-Format „Ende offen", was er anschließend tat: „Und deswegen mach ich jetzt hier diesen Tisch mal kaputt." Er holte eine Axt hervor und zertrümmerte den Tisch, an dem die Runde saß.

Die Scherben standen für Unangepasstheit und dafür, dass sie ihren eigenen Weg gingen. Das war so. Und das gleiche kann ich auch über Nikel sagen.

Er ist ein unglaublich kluger Mensch, der sein Herz am rechten Fleck trägt. Er stand immer auf der Seite der Künstlerinnen und Künstler und tut es auch heute noch. Ohne ihn und seine Initiative sähe die Independent-Musiklandschaft heute anders aus. Er ebnete den Weg für die unabhängigen Labels und Vertriebe, die einen so unschätzbaren Wert für die Musikszene in Deutschland haben. Als Manager hat er immer gesagt: Man geht nicht einfach zu einem großen Mega-Konzern. Nikel ist auf dem Boden geblieben und hat weiter daran gearbeitet, die Independent-Szene am Laufen zu halten. Erst mit seinem Plattenvertrieb EfA, der lange ein Keyplayer der deutschen Independent-Szene war und ganze Genres marktfähig machte, und bis heute mit seinem vielseitigen und unabhängigen Musikvertrieb Indigo.

Einer meiner liebsten Momente mit Nikel bleibt ein musikalischer. Nikels Song, den er eingesungen hat, und den ich bis heute höre und liebe: „Guten Morgen". Nikel hatte neben den Scherben noch einen ganz bürgerlichen Job im Finanzwesen, weshalb wir in unserer WG-Zeit Nikels „Guten Morgen" eigentlich nie mit ihm, sondern immer von ihm hörten. Ich habe immer noch dieses Bild im Kopf, wie alle frühmorgens noch im Bett rumhingen, während Nikel uns „Guten Morgen" sang und längst schon in den Tag gestartet war.

32.
König von Deutschland

Rios Solokarriere habe ich natürlich mit sehr großem Interesse verfolgt. Seine Trennung von Ton Steine Scherben zeichnete sich ja schon etwas länger ab, seit Anfang der 1980er Jahre eigentlich, als die Band sich mit einer Tour völlig in die Miesen geritten hatte. Das war 1982, bevor Claudia das Management übernahm. Nur der Himmel weiß, warum sie damals dachten, sie könnten ein Equipment auffahren wie eine internationale Band, aber die Eintrittspreise trotzdem auf gewohnt und gewollt niedrigem Scherben-Niveau belassen. Sie hatten allein durch das geliehene Equipment einen Kostenrahmen, der die Einnahmen durch die Eintrittsgelder komplett gesprengt hat, und so haben sie bei der Tournee einen Mörderverlust eingefahren. Damals war von 200.000 D-Mark die Rede. An diesem Fehlbetrag hatten sie jahrelang zu knabbern.

Deshalb haben sie irgendwann eine Krisensitzung abgehalten, wo sie gesagt haben, dass sie so nicht weitermachen können, weil sie die Band nicht mehr zum Kreativsein und Herumexperimentieren am Leben halten können, sondern nur noch, um die Schulden abzuzahlen. 1985 haben sie dann einen Schnitt gemacht und die Band mehr oder weniger aufgelöst. Und dann war eben die Frage, wie es für die einzelnen Mitglieder weitergeht. Am wenigsten Sorgen, das war von Anfang an klar, musste man sich um Rio machen. Aus der damaligen Zeit stammt der legendäre Spruch von Funky, dem Schlagzeuger: „Rio ging zur Sony, und ich ging zum Sozi."

Die erste Solo-Single von Rio kam 1984 raus. Sie hieß „Dr. Sommer“ und wurde produziert von Annette Humpe, die zuvor mit Ideal große kommerzielle Erfolge gefeiert hatte. „Dr. Sommer“ war eigentlich ein sehr netter, langsamer, grooviger Song, aber auch ein bisschen sehr schlagerhaft. Der kam bei Warner raus und war leider ein Flop. Ich weiß auch nicht, wie da die vertraglichen Verhältnisse waren, ob das nur als einmaliger Versuch gedacht war oder längerfristig. Zumindest bekam Rio anschließend ein Angebot von Sony, die eine ganze LP mit ihm produzieren wollten. Das war der Moment, vor dem alle Angst gehabt hatten, denn einer unserer Grundpfeiler bei Ton Steine Scherben war ja immer gewesen, dass wir uns nicht an die Musikindustrie verkaufen. Um mit möglichst viel Nachdruck für dieses Ideal zu kämpfen, hatte ich 15 Jahre zuvor mit einem Beil die Fernsehdiskussion im WDR gecrasht. Wir hatten eigenhändig nächtelang unsere Plattencover gedruckt und zusammengeklebt und sind tausende Kilometer kreuz und quer durch Deutschland gefahren, um sie selbst auszuliefern. Dafür hatten wir David Volksmund und später Schneeball gegründet. Sollte Rio sich an Sony verkaufen?

Diese Frage zog eine ewige Diskussion nach sich, auch intern. Rio hat mich damals um Rat gefragt und wollte von mir wissen, wie es am besten für ihn weitergehen solle. Als Ikone der Linken wollte er natürlich nicht den Anschein erwecken, dass er sich an die Industrie verkaufen würde. Andererseits hatte er aus der Scherben-Zeit immense Schulden und wollte auch selbst einen Neustart. Er hat gespürt, dass er mit dem alten Image in einer Sackgasse steckte. Er war hin und her gerissen, das war für ihn eine wirklich schwierige Gewissensentscheidung. Er wollte von mir wissen, ob er trotz des lukrativen Angebots der Sony seine Solokarriere lieber im Underground starten solle. Heute würde man sagen, bei einem Independent-Label. Ich habe ihm damals dazu geraten, zu Sony zu gehen, auch, um endlich mal einen Imagewandel zu schaffen. Schließlich hatte er ja seit Mitte der 1970er Jahre zunehmend mit der Situation der Scherben gehadert, wollte nicht mehr nur der krawallige Oberrevoluzzer sein, sondern auch als Musiker ernst genommen werden. Auch mal eine Ballade singen, ohne dass ihm Verrat am Klassenkampf vorgeworfen wird.

Rio hat mir damals seine Situation geschildert. Ich sagte ihm, dass er nur eine Chance habe, sich nach außen hin von seiner Vergangenheit bei den Scherben zu emanzipieren: Er müsse zu einem Major-Label gehen. Wenn er weiter im Underground rummachen würde, könnte er seine Karriere gleich ganz sausen lassen. Er sollte sich lieber ein neues Image verpassen lassen und sich selbst neu erfinden, mit allen Möglichkeiten, die eine große Plattenfirma hat.

Jetzt hatte er die Chance, sich ein neues Leben aufzubauen, sein Talent anderen Leuten zu zeigen und die Karriere richtig voranzutreiben. Durch Sony hatte er auch die finanziellen Möglichkeiten, zum Beispiel Videos zu produzieren. Die waren damals noch wahnsinnig teuer, haben aber ganz neue Zielgruppen erreicht, viele Menschen, die Rio zuvor nur vom Hörensagen als vermeintlich linken Krawallbruder kannten. In den 1980ern war das ja noch anders als heute. Die kleinen Plattenfirmen hatten gar keine Möglichkeiten, jemanden ohne Weiteres ins Fernsehen oder in die Tageszeitungen zu bringen. Das war eindeutig die Domäne der großen Plattenfirmen, die hatten die nötigen Kontakte und waren es gewohnt, eine Woche lang den einen und anschließend eine Woche lang den anderen Künstler durchzupauken. Das war der richtige Weg für Rio zum Imagewechsel, aus diesem Grund hat Sony ihn ganz bewusst in diversen Fernsehsendungen platziert.

Wir hätten da überall anklopfen müssen: Hallihallo, unser Rio macht jetzt Solokarriere, wollt ihr nicht vielleicht mal was darüber bringen? Und vermutlich hätten wir uns eine Absage nach der anderen eingefangen. Da sein Wunsch ganz eindeutig in die Richtung ging, das eine Kapitel zwar nicht zu beenden, aber doch auf jeden Fall ein bisschen ruhen zu lassen und ein neues Kapitel mit 100 Prozent Einsatz und Leidenschaft aufzuschlagen, war das einfach der konsequente Weg.

Rio hatte damals auch Glück, genauer gesagt: George Glück. George war einer der erfolgreichsten deutschen Manager der 1980er und 1990er Jahre und hatte mit Falco, Trio, den Prinzen und vielen anderen zusammengearbeitet, später auch mit Sarah Connor. Er hatte immer eine goldene Nase für Trends, tausend Connections mit den ganzen Industriefirmen und war perfekt vernetzt. 1986 kam dann Rios erste Solo-Platte bei Sony raus, *Rio I.*, und die schlug ein wie eine Bombe. Auf ihr waren große Hits: „König von Deutschland", „Alles Lüge", „Junimond" und so weiter. Sie bekam auch eine ziemlich fette Radiokampagne, also genau das, was eine kleine Independent-Firma sich nicht hätte leisten können. Aber bei Sony ging das und Rio wurde von Anfang an wie ein gestandener Schwerpunktkünstler behandelt und nicht wie ein Nachwuchskünstler, der sich jetzt mal seine ersten Sporen verdienen soll.

Es gab schnell Fernsehtermine, Videos wurden gedreht, und so hat sich die erste Platte sehr ordentlich verkauft. Das erste Video zu „Alles Lüge" fand ein breiteres Publikum, als es im Scherben-Kosmos jemals möglich gewesen wäre. Die Solokarriere hatte also schnell gut gezündet. *Der Spiegel* schrieb am 31.08.1986 in seiner Kritik über die Platte:

„Was dieser Platte ihre knisternde Spannung gibt, ist die bewusste Auswahl der Musiker. So gaben sich bei manchen Titeln Profis aus so unterschiedlichen Lagern wie der Peter-Maffay-Band und der Avantgarde-Combo Einstürzende Neubauten ein Stelldichein im Studio. Aber auch textlich gibt sich Rio heute wesentlicher konzilianter. Die politischen Texte des einstigen Anarcho-Rockers haben eine andere Färbung bekommen. Waren es früher eher rüde, dogmatische Kampfparolen, so versteht er sich heute auf eine feine, aber stets beißende Ironie."

Es ist eine nette Fußnote der Geschichte, dass die größten Hits auf Rios erster Soloplatte Songs sind, die noch zu Zeiten von Ton Steine Scherben entstanden waren. Die Band wollte kurz vor ihrer Auflösung noch eine Platte rausbringen, um den hohen Schuldenberg abzubauen. Daraus wurde dann aber nichts mehr, es gab aber noch die Demo-Tapes von „Alles Lüge", „Junimond" und „Lass mich los", die Rio dann, allerdings in einer völlig anderen Interpretation, auf seiner Solo-LP veröffentlicht hat. „Junimond“ und „Alles Lüge“ gehören bis heute zu den bekanntesten Liedern von Rio. Hätten die Scherben mit diesen Liedern ihre Karriere retten und ihre Schulden abbauen können? Schwer zu sagen. Vermutlich wären die Songs nicht so ein durchschlagender Erfolg geworden, wenn Ton Steine Scherben sie auf ihre Art und Weise, rauer und nicht so leicht eingängig, umgesetzt und aufgenommen hätten.

Bei Indigo haben wir 2020 zum Bandjubiläum von Ton Steine Scherben das Album *Scherben 50* rausgebracht, das auch eine Demoversion von „Junimond“ aus der Scherben-Zeit enthält. Die war zuvor nie erschienen, schlummerte knapp 40 Jahre im Archiv und wir haben sie ausgegraben und veröffentlicht. Das ist auch eine sehr charmante Version, Rio ist aber in einer völlig anderen Stimmung als bei der Sony-Fassung. Viel verschlafener und knarziger, nicht so clean und glatt.

„König von Deutschland“, ein weiterer Klassiker von Rios erster Solo-Platte, stammt übrigens auch von Ton Steine Scherben. Den Song hatte Rio Mitte der 1970er Jahre geschrieben, er sollte eigentlich auf unsere Platte *Wenn die Nacht am tiefsten …*, hat dann aber irgendwie nicht mehr draufgepasst. Allerdings hatten wir ihn in unser Live-Programm aufgenommen und bei einer Tournee Mitte der 1970er Jahre hat Rio mich das Lied singen lassen, mit einem veränderten Text allerdings. Weil wir damals die Konzerte nicht mitgeschnitten haben, gibt es davon aber leider keine Aufnahme.

Rio Reisers erste Solo-Tour kam dann auch ziemlich schnell und war ebenfalls sehr gut besucht. Viele alte Scherben-Fans haben Rio damals vorgeworfen, seine Ideale zu verraten und des lieben Geldes wegen zum Schlagerfuzzi geworden zu sein. Vom Ausverkauf war die Rede. Rio hat damals in einem Interview gesagt, es gebe Schlimmeres, als eine Kunsthure zu sein. Das fand ich ziemlich gut und passend. Die Platte war zwar deutlich poppiger und eingängiger produziert als die Sachen von Ton Steine Scherben, daran bestand kein Zweifel. Andererseits muss man aber sagen, dass Rio schon immer einen Hang zum Schlager hatte. Allerdings hatte er es drauf, die Songs so zu interpretieren, dass sie nicht schlagermäßig klangen.

Rios große Kunst bestand darin, selbst den vordergründig flachsten oder seichtesten Text durch seine Stimme und seine Interpretation so hinzubiegen, dass andere Ebenen mit reingekommen sind und es nicht mehr so eindimensional wie ein Schlager klang. Diese Doppelbödigkeit ist eigentlich durchgehend immer bei Rio dabei, auch noch auf den späteren Soloplatten. Manchmal konnte man sagen, na gut, das ist zwar jetzt hier nicht der Song mit der inhaltlich tiefsten Aussage, der ist nicht gerade hochpolitisch, aber es ist einfach ein guter Song, der eine Stimmung gut rüberbringt. Deswegen fand ich die erste Soloplatte völlig okay und hatte an der Scheibe nichts rumzumäkeln.

Die Produktion von Annette Humpe war zwar sehr mainstreamig, für mich ist manches auch ein bisschen zu glatt, das war aber natürlich auch der Sony geschuldet. Die Platte sollte sich vom Sound her von den Scherben und vom Underground deutlich unterscheiden, was ja durchaus verständlich war. Wie Rio und die Sony sich während der Produktion verstanden haben, weiß ich leider nicht, darüber habe ich nie mit Rio gesprochen. Ich gehe aber mal davon aus, dass sie sich auf einem gewissen Level zusammengerauft haben.

Das sind ja nun mal zwei sehr starke Egos, aber Annette wird sicherlich großen Respekt vor Rio gehabt haben. Sie kannte seine Biografie und wusste, was er in der Scherben-Zeit schon alles gemacht hat. Und Rio wird sich an einigen Stellen auch gesagt haben, dass er jetzt halt musikalische Kompromisse eingehen muss, die er zur Scherben-Zeit nicht eingegangen wäre. Aber ich bin mir sicher, dass er mit dem Gesamtergebnis zufrieden war. Wenn er sich nicht wiedererkannt hätte oder sich zu sehr hätte verbiegen müssen, hätte er garantiert nicht mitgemacht, so gut kenne ich ihn. Das wäre nicht seine Art gewesen.

33.
Die Grunge GmbH

Bei EfA haben wir 1984/1985 gemerkt, dass es extrem wichtig wäre, unsere diversen Einzellager, von denen aus die Kunden beliefert wurden, zu einem zusammenzulegen und dadurch eine zentrale Auslieferung zu bekommen. Also stand der nächste Schritt an und wir gründeten eine GmbH, die zentral von Hamburg aus die Auslieferung übernahm. Es gab also endlich nicht mehr diese Kleinstaaterei mit etlichen kleinen Lagern und viel Kuddelmuddel und Durcheinander bei der Organisation des Versands. Jetzt war bundesweit alles in einer Hand beziehungsweise kam aus einem Lager und war dadurch übersichtlicher organisiert.

Die regional aufgestellten einzelnen Firmen haben aber auch weiterhin die Aufträge besorgt. Die vier bestehenden Kleinfirmen, EfA Nord, EfA Mitte, EfA 45 und EfA Berlin, erhielten jeweils einen Anteil von 25 Prozent unserer neuen GmbH, und so starteten wir dann im Sommer 1986 mit dieser neuen Organisationsstruktur. Schon nach einigen Monaten gab es aber ziemliche Reibereien, weil sich plötzlich zwei Gruppen gegenüberstanden, die sehr unterschiedliche Vorstellungen von der Firma und ihrer Zukunft hatten. Jörn Heinecker, Albrecht Boehm und ich standen gemeinsam auf der einen Seite, die beiden Kollegen aus Frankfurt und Werner Schrödl aus Berlin auf der anderen.

Das eskalierte über die Jahre immer mehr und es gab immer weniger Verständnis füreinander. Unabgesprochen wurden eigene Preislisten an Kunden verschickt. Es wurde keine Rücksicht genommen, wenn fünf verschiedene Punkrock-Platten sich gegenseitig das Wasser abgruben, weil sie in derselben Woche rauskamen. Besonders ätzend war es auch, dass man Gesellschafterversammlungen platzen ließ, indem man einfach nicht erschien.

Die anhaltenden Probleme führten zu einem dauerhaften Patt innerhalb der Firma, denn beide Parteien hielten jeweils 50 Prozent an der Firma. Allerdings war Jörn Heinecker Geschäftsführer und hatte in dieser Funktion das letzte Wort, wenn sich die Parteien mal wieder nicht auf etwas einigen konnten. Das war Gold wert, denn sonst hätten wir das operative Geschäft nicht weiterführen können, weil wir uns immer gegenseitig blockiert hätten. So wurde die Firma zumindest nach außen hin nicht beschädigt und die Kunden und Lieferanten bekamen von all dem, was da hinter den Kulissen abgelaufen ist, nichts oder zumindest nur wenig mit und auch der Laden an sich lief wunderbar.

Wir hatten nämlich mal wieder das Glück auf unserer Seite, diesmal in Form des Labels Glitterhouse. Das hatten wir schon sehr früh in den Vertrieb aufgenommen und damit ein richtig gutes Händchen bewiesen, denn Glitterhouse waren die Ersten, die die amerikanischen Grunge-Bands nach Deutschland gebracht haben. Sie hatten zum Beispiel Verträge mit Sub Pop, einem Label, auf dem das erste Nirvana-Album *Bleach* erschienen ist. So importierten wir die ganzen Sub-Pop-Sachen, und da waren wirklich viele dabei, die damals Rang und Namen hatten und total angesagt waren: Mudhoney, Ted, Sonic Youth, Soundgarden, Smashing Pumpkins, Screaming Trees …

Außerdem hatte Glitterhouse das Label Amphetamine Reptile Records für Europa unter Vertrag, so kamen auch noch Helmet, Boss Hog oder Chokebore dazu. Man kann sagen, dass wir dadurch richtige Glückskinder waren und auf der Grunge-Welle ganz vorne mitsurfen konnten. Außerdem hatten wir City Slang im Vertrieb, auf diesem Label waren zum Beispiel Kurt Cobains Ehefrau Courtney Love mit ihrer Band Hole erschienen. Aber auch Nada Surf, Lambchop, die Tindersticks und The Notwist.

Das war schon eine total verrückte Zeit damals, weil der Markt plötzlich in eine völlig unerwartete Richtung explodiert ist. SST hatten wir ebenfalls unter Vertrag, darauf waren Black Flag, Hüsker Dü, die Meat Puppets und die ersten Sachen von Sonic Youth erschienen. Der Name SST stand für Solid State Transformers und war anfangs ein kleiner Elektroteile-Versand, den Greg Ginn, der Gitarrist der Punk-Band Black Flag, als Funkamateur betrieben hat. Als er 1978 nach einer Möglichkeit suchte, eine Platte von Black Flag zu veröffentlichen, benannte er seinen Laden einfach um in SST Records und begann, Platten zu veröffentlichen. Mit großem Erfolg, denn Black Flag wurden, vor allem als Henry Rollins in den 1980er Jahren bei ihnen gesungen hat, richtig bekannt und erfolgreich.

Alternative Tentacles, das Label von Jello Biafra, hatten wir ebenfalls im Vertrieb. Darauf sind die Dead Kennedys erschienen, aber auch viele andere wichtige Bands, die diese Zeit geprägt haben. Die Liste der Bands und Labels, die wir damals vertrieben haben, ist schier endlos und beeindruckend. Leider hatten wir zu diesen ganzen amerikanischen Bands keinen direkten Geschäftskontakt, weil wir ja nur der Vertrieb waren. Auf Konzerten haben wir die natürlich mal getroffen und kurz Hallo gesagt, Kurt Cobain habe ich aber nie kennengelernt. Was natürlich sehr schade ist. Es war einfach ein riesiger Boom in dieser Zeit, den wir glücklicherweise voll mitnehmen konnten und bei dem wir ziemlich weit vorne mit dabei waren.

Wir hatten damals jedenfalls viele Labels, viele Anfragen und immer wieder auch viel Neues. Wir waren recht erfolgreich, und jeder brachte gute neue Sachen mit in die Firma ein. Das operative Geschäft lief wunderbar, aber die internen Querelen waren heftig und für mich auch zunehmend zermürbend und belastend.

34.
Neue Firma, neues Glück

Irgendwann ging es um die grundsätzliche Frage, ob wir in dieser Konstellation überhaupt weitermachen wollen. Jörn Heinecker, Albrecht Boehm und ich entschieden uns, auszusteigen und unsere Anteile zu verkaufen, bevor wir uns nur noch fetzten für nichts und wieder nichts. Das war uns definitiv zu viel Nervenkrieg. Lieber ein Ende mit Schrecken als ein Schrecken ohne Ende. Eines der größten Probleme während unserer letzten gemeinsamen Phase bei EfA war, dass wir sehr unterschiedlicher Auffassung darüber waren, wie wir künftig programmmäßig wachsen wollten. Der einen Seite war das egal, Hauptsache Masse, und dann wird schon irgendwas klappen. Wir, die wir dann später Indigo gegründet haben, wollten hingegen definitiv nicht inflationär viele Veröffentlichungen.

Wir wollten uns mehr und intensiver um einzelne Veröffentlichungen kümmern, damit unsere Lieferanten auch eine gesunde Situation vorfinden und nicht das Gefühl haben, bei einem gesichtslosen, unpersönlichen Großvertrieb zu sein. Wir wollten schlicht und ergreifend das Beste aus ihren Produkten rausholen. Das war ein sehr unterschiedlicher geschäftlicher Ansatz und letzten Endes auch der Grund dafür, warum es nicht mehr möglich war, zusammen eine Firma zu gestalten und ein Repertoire zu entwickeln.

Wir vereinbarten, dass die anderen die EFA Medien GmbH fortführen und wir eine neue Vertriebsfirma gründen. Daraus ist dann Indigo entstanden. Die Verhandlungen über unseren Ausstieg bei EfA zogen sich von 1990 bis 1992 hin, dann kam es endlich zum

Abschied. Der Verkauf unserer EfA-Anteile an die anderen beziehungsweise einen neuen Investor erfolgte Anfang 1992. Bis wir an diesem Punkt waren, war es aber ein sehr, sehr zähes Ringen um Preise und Rechte und darum, wer zukünftig welche Labels vertreibt.

Dann musste ein Konzept für unseren neuen Vertrieb her. In der Branche ist es üblich, dass man ein halbes Jahr lang sozusagen Berufsverbot bekommt, wenn man mit einem Konkurrenzprojekt an den Markt gehen will. Nach der Trennung von EfA hatten wir also ausreichend Zeit, unsere neue Firma zu planen und ihr überhaupt erstmal einen Namen zu geben. Eigentlich wollten wir uns Impuls Medien GmbH nennen. Nach Energie für Alle sollte jetzt ein anderer Impuls für die Branche kommen. Der Name sollte unsere Aufbruchsstimmung symbolisieren. Leider bekamen wir bereits nach zehn Tagen die erste Abmahnung, weil es schon das Jazz-Label Impuls gab. So mussten wir den Namen zurückziehen, denn in einem solchen Fall zu prozessieren hat keinen Sinn, da kann man nur verlieren. Außerdem erinnerte ich mich noch bestens an den Namensstreit mit der CBS wegen April Records.

Daraufhin haben wir uns nochmal zusammengesetzt, um uns einen Namen zu überlegen, und kamen auf Indigo. Das war für uns drei erstmal ein wunderschönes Wort, mit dem man ein paar nette kleine Wortspiele anstellen konnte, da Indi ja auch für Independent stand und das Go für Aufbruch, jetzt geht's los. Hinzu kam noch, dass das wunderbare Indigo-Blau uns allen sehr gut gefiel. Um aber nicht wieder wegen des Namens verklagt zu werden, fuhr ich zum Hauptpostamt in Hamburg und durchforstete die Branchenverzeichnisse aller Bundesländer, damals konnte man so was ja nicht mal schnell im Internet recherchieren beziehungsweise googeln.

Meine Recherche im Hauptpostamt, die einige Stunden gedauert hat, ergab dann zwar, dass es Labels mit dem Namen Indigo gab, die saßen allerdings alle im Ausland und es war relativ unwahrscheinlich, dass die aufmucken würden. In Deutschland gab es jedoch nichts Vergleichbares mit diesem Namen in der Medienbranche.

Die Farbe Indigo, dieses dunkle Blau, haben wir natürlich zu unserem Markenzeichen gemacht. Wir ließen Aufsteller produzieren, die alle knallblau waren. Außerdem brachten wir unser eigenes Magazin, die *Indigo Notes*, heraus, in dem unsere Neuheiten des Monats vorgestellt wurden; das gab es gratis in den Fachgeschäften. Wir waren auf den Neustart also gut vorbereitet, und so konnten wir am 1. Januar 1993 voller Tatendrang und mit tausenden neuen Ideen im Kopf endlich mit Indigo loslegen.

Wir hatten eine neue Mannschaft zusammengestellt, aber natürlich waren aus Sympathie auch einige von EfA mit rübergekommen. Anfangs waren wir eine ziemlich kleine, überschaubare Truppe, insgesamt etwa 20 Mitarbeiter, bei EfA arbeiteten damals ungefähr 60 Leute. Wir hatten gezielt einige Labels aus Deutschland mit zu Indigo genommen, größtenteils diejenigen, die wir über unsere Kontakte auch schon mit zu EfA gebracht hatten. Die Kataloge hatten wir bei der Trennung von EfA aufgeteilt, dabei gab es aber weniger Streitpunkte, als ich anfangs befürchtet hatte, weil eben die meisten Sachen über persönliche Beziehungen in die Firma eingebracht worden waren und auch weiterhin bei demjenigen blieben, der sie eingebracht hatte.

Einziger Kompromiss war das gesamte Auslandsgeschäft. Wir einigten uns darauf, dass es bei der EFA Medien GmbH blieb, weil die Plattenfirmen zu weit weg waren, um unsere internen Probleme zu verstehen und wir sie nicht verärgern wollten. Deshalb verzichteten wir drei Aussteiger komplett auf dieses Geschäft. Überraschenderweise ging das von der praktischen Seite her relativ glatt über die Bühne. Den Läden schien es relativ schnuppe zu sein, wie die Firma hieß, von der sie ihre Pakete mit den Bestellungen erhielten.

Einzig bei größeren Firmen hatten wir zu Beginn einige Listungsprobleme, denn wenn man neu starten will, ist das auch ein sehr bürokratischer Akt. Damals gab es zum Beispiel noch Karstadt, wo es nicht einfach war, als Lieferant gelistet zu werden. Auch MediaMarkt und Saturn waren damals schon ziemlich gut am Start, und dort reinzugelangen, war auch nicht ganz einfach. Bei anderen Firmen wie

WOM ging das hingegen sehr leicht, und bei den kleinen Händlern sowieso. Kurzum, wir hatten gewisse Anlaufschwierigkeiten, aber das ist ja bei jeder Firma so, und nach einigen Monaten waren wir von unserer Vertriebsleistung her wieder so gut im Markt vertreten, wie es in den Monaten davor auch bei EfA der Fall gewesen war. Unsere Lieferanten sprangen trotz kleinerer Holpereien zu Beginn nicht ab, sondern gaben uns ein positives Feedback, bescheinigten uns, einen guten Job zu machen, und waren mit unserer Arbeit sehr zufrieden. So konnten wir die neue Firma bestens etablieren. Die Lieferanten und die Bands kannten uns ohnehin schon lange, was uns den Neustart natürlich erleichterte. Jörn war ja auch Geschäftsführer der EfA gewesen und bekam deshalb als Geschäftsführer unserer neuen Firma von allen einen Vertrauensvorschuss.

35.
Qualität statt Quantität

Es gab zwei, drei Labels, die ich gerne mitgenommen hätte, aber denen das dann doch zu riskant war. Den anderen Labels, die den Schritt von EfA hin zu Indigo mit uns gewagt hatten, haben wir unser neues Konzept natürlich ausführlich vorgestellt. Uns war dabei besonders wichtig, nicht zu viele Neuheiten im Vertrieb zu haben, wir wollten ausreichend Zeit für die Präsentation und den Verkauf unserer Produkte an den Handel haben. Deshalb hat es aus unserer Sicht keinen Sinn gemacht, auf Teufel komm raus immer nur auf Zuwachs zu setzen und dann den einzelnen Produkten nicht mehr gerecht werden zu können. Wir haben uns gesagt, weniger ist mehr.

Die ursprüngliche Haltung von mir, noch aus der Zeit, in der wir unseren ersten eigenen Vertrieb mit der David Volksmund Produktion aufgebaut haben, war ja, Hilfe zur Selbsthilfe, do it yourself, mit dem Ziel, die künstlerische Freiheit zu haben und zusätzlich die Kontrolle über das Produkt zu behalten. Das war Anfang der 1970er Jahre der Ausgangspunkt für meine Arbeit gewesen, mein Antrieb. Überhaupt starten zu können, empfand ich damals aber nicht als Luxus, sondern als einzige Chance. Diese Herangehensweise hat sich im Laufe der Jahre immer wieder geändert. Als wir Mitte der 1970er Jahre uns zu Schneeball zusammengeschlossen hatten, war unser Slogan gewesen: Musik im Vertrieb der Musiker. Die Musiker hatten noch immer die Kontrolle, und nicht die Kaufleute, die Schallplattenindustrie oder die großen Produktionsfirmen. Wir waren unser eigener Herr und hatten die Sachen selbst in der Hand.

Später, Anfang der 1980er Jahre, als wir EfA gründeten, war aufgrund der Größe der Firma sehr schnell klar, dass die Musiker zwar keine Vertriebsleute mehr waren, sondern den Vertrieb an uns, eine unabhängig denkende Firma, delegierten, die einzelnen Label waren aber immer noch independent. Wir achteten damals, zumindest zu Beginn von EfA, darauf, was das für Musiker sind, ob sie zumindest ungefähr auf unserer Wellenlänge lagen, und uns war es immer wichtig, dass die Labels, deren Vertrieb wir übernommen haben, ihren Künstlern Freiheiten gewährten und keine Knebelverträge ohne Mitspracherecht aufdrückten, wie es viele der großen Plattenfirmen tun, die ihre Künstler zu Marionetten degradieren.

Wir haben auch immer versucht, uns international ein Netzwerk mit Gleichgesinnten aufzubauen. Von Anfang an haben wir zum Beispiel mit den Leuten von Rock in Opposition zusammengearbeitet. Das war eine lose Vereinigung europäischer Bands, die von der britischen Band Henry Cow ins Leben gerufen worden war. Die hatte 1978 ein Festival mit dem Slogan „The music the record companies don't want you to hear" veranstaltet. Den Ausschlag hatten ihre frustrierenden Erfahrungen mit der Musikindustrie gegeben, die an musikalischer Qualität nicht interessiert war, Bands zu künstlerischen Kompromissen zwang und sie finanziell ausbeutete. Rock in Opposition war eines der ersten internationalen Netzwerke unabhängiger Bands überhaupt gewesen, das sich gegen die Macht der Plattenindustrie stemmte und versuchte, sich selbst zu organisieren und bestmöglich aufzustellen. Das haben wir sie selbstverständlich gerne unterstützt.

Ich kann mich nicht erinnern, jemals einen Musiker oder eine Band abgelehnt zu haben, bei der ich mir hinterher sagte, verflucht, hättest du den mal behalten, weil der dann unglaublich erfolgreich geworden ist oder tausend Hits hatte. Natürlich gab es sicherlich mal eine Chance, die man verpasst hat, aber das war ganz selten. Bei Vertragsverhandlungen gab es schon mal Konkurrenzsituationen, in denen es darum ging, ob wir die Vertriebsrechte für Deutschland erhalten oder jemand anders. Da ist es natürlich schon manchmal passiert, dass wir nicht den Zuschlag bekommen haben. Das war zwar ärgerlich, weil wir uns oft schon viele Gedanken über das Projekt gemacht hatten, aber so ist es halt manchmal. Auch wenn das schmerzt, ist es doch normaler Alltag. Ich bin deshalb nicht neidisch, und wenn es einem anderen gut geht, weil der mal mehr Glück hatte als ich, dann gönne ich ihm das.

Das war zum Beispiel bei dem Label World Circuit so, auf dem die Platten vom Buena Vista Social Club erschienen sind. Am Ende hat es sich aus verschiedenen Gründen für Warner entschieden. Aber irgendwann wurde Warner ihnen doch zu arrogant und sie sind schließlich zu uns gekommen. Wir hatten dann 15 Jahre lang eine super tolle gemeinsame Zeit und das Label World Circuit hat den Wechsel zu uns nie bereut.

Ich selbst habe immer sehr viel Glück gehabt, das kann ich wirklich nicht anders sagen. Ich bin im Grunde genommen ein Glückspilz, wenn man alles zusammen betrachtet, was ich in meinem Leben erfahren habe. Deswegen waren Eifersucht und Neid auch nie ein Thema für mich. Die Haltung, anderen nichts zu gönnen, fand ich immer fürchterlich. Wenn ein anderer das richtige Näschen hatte, etwas gut gemacht hatte und damit erfolgreich war, war das doch gut, und ich hätte es vielleicht auch nicht besser machen können. Aber dafür habe ich ganz andere Sachen gut gemacht. Natürlich kenne ich auch Leute, die ein großes Problem mit verpassten Chancen haben, aber ich selbst freue mich eher für andere, als ihnen den Erfolg nicht zu gönnen. Man muss immer sehr umsichtig sein und keine verbrannte Erde hinterlassen, denn das spricht sich in unserer kleinen, überschaubaren Branche sehr schnell rum und man hat seinen Ruf weg. Auch hier gilt der Spruch, dass man sich immer zweimal im Leben trifft.

36.
Hip-Hop vs. Techno oder: Lass die Finger von Emanuela

Mit den *Indigo Notes* haben wir als Vertrieb eine absolute Neuheit etabliert und eine eigene Zeitschrift herausgebracht. die monatlich erschien. Darin haben wir unsere Produkte selbst vorgestellt. Die Zeitschrift wurde in den Plattenläden ausgelegt und die Kunden konnten sie sich kostenlos mitnehmen. So etwas hatte vor uns noch kein Vertrieb gemacht. Damit wollten wir demonstrieren, dass wir wirklich hinter unseren Produkten stehen und gerne noch zusätzliche Arbeit investieren, um sie bekannter zu machen. Das war natürlich ein weiteres wichtiges Argument für viele Labels, zu uns zu kommen.

Wir hatten uns aber auch noch andere Besonderheiten ausgedacht. So brachten wir zum Beispiel einige hundert große Displays in die Plattenläden, auf denen die Indigo-Produkte platziert werden sollten. Sozusagen als Blickfang.

Auf diese Weise sorgten wir für ziemlich viel Wirbel und frischen Wind auf dem Markt und hatten sehr schnell ein eigenes Profil.

EfA hatte durch die Trennung von uns in den ersten Monaten sehr hart zu kämpfen, weil sie natürlich erst einmal einen ziemlichen Umsatzverlust hatten, schließlich waren sie auf einen Schlag 30 Prozent ihrer Labels los. Das mussten sie erst mal verkraften. Außerdem waren ziemlich viele Angestellte bei uns geblieben, denn beide Firmen saßen ja in Hamburg und wir waren nur ein paar Stadtteile weitergezogen, nach Wilhelmsburg. Sie haben sich dann aber sehr schnell gefangen, weil sie einen Schwerpunkt hatten, der uns musikalisch überhaupt nicht interessierte: Techno. Werner Schrödl hatte das Potential von Techno sehr früh erkannt und diverse Labels akquiriert.

Damals war Techno noch nicht im Mainstream angekommen, sondern ein Underground-Ding. Dank Werner hatten wir bei EfA schon in den 1980er Jahren Labels wie Low Spirit, auf dem Westbam seine Platten rausgebracht hat. Auch das Tresor Label war extrem früh bei uns und es kamen nach und nach sogar internationale Labels zu EfA in den Vertrieb, bevor 1989 die erste Love Parade stattfand. Als die sich dann etabliert hatte, explodierten die Verkaufszahlen von Monat zu Monat und die Technowelle schwappte über Deutschland hinweg. Weil diese ganzen Kontakte über die Berliner EfA-Connection liefen, blieb nach unserer Trennung auch das ganze Techno-Geschäft dort, und damit konnten sie sehr schnell ihre Umsatzeinbußen auffangen.

Bei Indigo hatten wir kaum Musiker aus dem Techno-Bereich im Vertrieb, auch vom persönlichen Geschmack her war das nicht unsere Welt. Wir haben damals mehr auf Hip-Hop gesetzt, weil auch die Deutsch-Hip-Hop-Welle gerade angerollt war. Das Buback-Label war von Anfang an bei uns, nicht etwa, weil es diesen Trend erkannt hatte, sondern weil es schon lange zuvor viele Bands im Angebot hatte, die richtig gut zu uns gepasst haben. Gegründet worden war es von Ted Gaier und Ale Sexfeind von den Goldenen Zitronen, die ihre Platten dort veröffentlicht haben. Später kamen dann noch andere Punk-Sachen dazu und auch Reggae, Singer/Songwriter und Jazz, insgesamt eine ziemlich wilde Mischung. Sie hatten dann das Glück, dass ein Kumpel sie auf die Idee mit Hip-Hop gebracht hat, und damit sind sie dann richtig erfolgreich geworden. Buback hatte die Absolute Beginners und viele andere unter Vertrag, und so profitierten auch wir vom ersten Deutsch-Hip-Hop-Boom. Die Absolute Beginners gehörten zu den prägendsten Musikern in diesem Bereich in Deutschland, vor allem natürlich Jan Delay. Von denen habe ich eins der ersten Konzerte in Hamburg in der Markthalle miterlebt, als sie noch vor 80 Leuten aufgetreten sind. Die Besucherzahlen gingen dann aber sehr schnell sehr steil nach oben.

Intermezzo mit Fettes Brot

Fettes Brot gehören mit mehr als 250.000 verkauften Tonträgern zu den erfolgreichsten deutschen Hip-Hop-Gruppen. Sie waren von 2005 bis 2012 bei Indigo im Vertrieb.

In diese Zeit fielen die beiden Alben *Am Wasser gebaut* (2005) und *Strom und Drang* (2008), die mit „Emanuela" und „Bettina, zieh dir bitte etwas an" die beiden erfolgreichsten Singles von Fettes Brot enthielten. Beide schafften es in den Charts bis auf Platz 3. Außerdem erschienen 2010 noch die beiden Live-Alben *„Fettes"* und *„Brot"*.

Fettes Brot hatten während ihrer Zeit bei Indigo zwar mehr mit Nikels Geschäftspartnern Albrecht Boehm und Jörn Heinecker zu tun, der eigentliche Grund dafür, dass sie zu Indigo gewechselt waren, war aber Nikel. Das verrät ihr Manager André Luth erstmals und exklusiv und natürlich etwas augenzwinkernd hier und jetzt:

> Warum wir bei Indigo im Vertrieb landeten? Womöglich hatten wir gehofft, dass Nikel unsere geschäftlichen Interessen stets mit dem Forstwerkzeug durchsetzen würde, wie er es damals im Fernsehstudio vorgeführt hatte.
>
> Als wir Jahre später davon eine Wiederholung anschauten, fiel sofort auf, dass der berühmte Holztisch ja überhaupt nicht entzweigegangen war. Es war allerdings laut und erschreckend für die Menschen im und am TV. Nikels allgemeine Strategie als Musikvertriebler fiel dagegen deutlich ziviler aus. Aber das

Hackebeil stand in unserer Fantasie immer als unausgesprochene Bedrohung im Raum, wenn einmal ein Plattengeschäft nicht genug von unseren LPs und CDs abnehmen wollte.

37.
Wir können auch Charts

Nach der Gründung von Indigo dauerte es knapp anderthalb Jahre, bis wir mit dem Album *Schweineherbst* von Slime den ersten Erfolg in den Charts hatten. Das haben wir natürlich richtig gefeiert. Am 30. Mai 1994 war die LP auf Platz 66 in die Charts eingestiegen und hat sich immerhin neun Wochen lang darin gehalten. Für ein Produkt, das definitiv nicht zum Mainstream zählt, war das sehr gut. Das Album war eine Antwort der Band auf die rassistischen Pogrome in Deutschland, die Ausschreitungen in Rostock-Lichtenhagen und den Mordanschlag von Mölln. Also keine leichte Kost, die man im Radio hört und mitträllern kann.

Allerdings muss ich zugeben, dass wir da auch ein klitzekleines bisschen nachgeholfen haben. Damals wurden die Charts ja noch ganz anders erhoben, als es heute der Fall ist. Die GfK und Media Control waren zwar schon für die Ermittlung verantwortlich, aber es gab das Phänomen des Charts-Tippers und ungefähr 100 ausgewählte Plattenläden, an die Tippbögen verteilt wurden, die eingesandt werden mussten. Diese Ergebnisse flossen in die Berechnung der deutschlandweiten Charts ein. Weil diese Bögen aber von Menschen ausgefüllt wurden und nicht EDV-gestützt waren, war es leicht, diese Methode zu manipulieren. Denn die Läden, die da mitgemacht haben, meldeten natürlich lieber ihre Lieblingsprodukte, denen sie den Erfolg gegönnt haben, als dass sie irgendwelche Musik, Schlager zum Beispiel, auf die oberen Plätze gesetzt haben, selbst wenn die in den tatsächlichen Verkäufen vorne lagen.

Alle Vertriebe und Plattenfirmen versuchten damals, diese Charts-Tipper mit kleinen Aufmerksamkeiten zu beeinflussen. Es gab Verlosungen und es war wirklich ein ziemlich korruptes Geschäft. Als kleiner Independent-Vertrieb hatten wir natürlich nicht die finanziellen Mittel der großen Companys, aber dadurch, dass wir viele Charts-Tipper persönlich kannten, konnten wir eine Platte wie *Schweineherbst*, auf den ersten Blick ein nicht sehr marktgängiges Produkt, in die Charts hieven.

Das System wurde erst objektiver, als die Charts einige Jahre später per Computer anhand der tatsächlichen Verkäufe ermittelt wurden. Das hatte dann zur Folge, dass plötzlich die ganzen Schlagerleute, die jahrelang in den Charts kaum stattgefunden hatten, aufgrund ihrer realen Verkäufe ganz weit vorne lagen. Wolfgang Petry zum Beispiel landete plötzlich einen Nummer-1-Hit nach dem anderen und hat sich bestimmt gefragt, warum das in den Jahren zuvor nicht so war. Der war halt vorher trotz guter Verkaufszahlen wegen seines ziemlich uncoolen Images von den Charts-Tippern gemieden worden.

Intermezzo mit Slime (II)

Stephan Mahler war zwischen 1981 und 1994 Schlagzeuger, Komponist und Texter von Slime.

Dass Ton Steine Scherben unsere Helden waren und auf Slime einen enormen Einfluss hatten, ist ja hinlänglich bekannt. Wir hatten immer mehrere Scherben-Songs im Repertoire und auch auf einigen Platten Coverversionen veröffentlicht. Bei allem Respekt und aller Begeisterung für die Band hielten wir uns 1983, als wir die Ehre hatten, einige Konzerte zusammen mit den Scherben zu spielen (genauer gesagt als Support-Band), für die nächste Generation, die rechtmäßigen Nachfolger der einflussreichsten kämpferischen Polit-Band überhaupt, und empfanden uns damals typischerweise eben in unserer Radikalität viel überzeugender als die mittlerweile gemäßigt rüberkommenden Vorbilder.

Persönlich kennengelernt habe ich Nikel tatsächlich erst Anfang der Neunziger, als unsere Zusammenarbeit mit Indigo begann.

1978, als ich mich als 15-jähriger Punk in Hamburg herumtrieb, bestand meine Kernclique im Norden Hamburgs aus einer Ansammlung von Punk-Hippie-Studenten-Drogisten, alle 5 bis 10 Jahre älter als ich, die sich um Big Balls & The Great White Idiot scharten. Ihr gehörte auch Jens Rachut an. Auf einer der ausufernden Partys, die regelmäßig in verschiedenen

Wohngemeinschaften gefeiert wurden und auf denen es Alkohol und allerlei andere Drogen gab, lief ein Uher-Tonband mit Ton Steine Scherben. *Keine Macht für Niemand* kannte ich natürlich schon, und „Allein machen Sie dich ein" war mein absolutes Lieblingslied. Rio habe ich als Sänger fast so vergöttert wie Johnny Rotten. Plötzlich spielte aber ein Stück, welches ich nicht kannte, und ich konnte auch kaum glauben, was ich da hörte. Auf jeden Fall sang da nicht Rio, sondern eine ältere Stimme, merkwürdig steif und etwas ungelenk, heftig, und, wie ich fand, ultrahart, wie ein ungehobelter Polit-Agitator. Der Text war richtig heftig, und der Sänger rastete aus und wurde immer wütender. Am Ende gab's die totale Eskalation. Das war zu viel für mich, ich spürte, dass da zwar etwas Großes spielte, aber ich war absolut außerstande, das für mich zuzulassen, das war einfach zu abgedreht. Der Song hieß „Paul Panzers Blues", ich erfuhr aber erst sehr viel später, wer mich da mit seinem Gesang so umgehauen hatte: Nikel Pallat.

38.
Seitenwechsel – vom Kommunarden zum Chef

Meine ersten Angestellten kamen Mitte der 1980er Jahre bei EfA zu mir. Ich war für den Vertrieb im Postleitzahlgebiet 4000 bis 5999 zuständig, das reichte von Cloppenburg im Norden bis hinter Siegen, und mittendrin lag das Ruhrgebiet, das ich nicht mehr allein bereisen konnte, dafür war es schlicht zu groß. Ich musste mir also plötzlich Gedanken darüber machen, wie ich diese Chefrolle ausüben kann, ohne völlig mit meinen Prinzipien zu brechen. Schließlich hatte ich seit vielen Jahren ganz bewusst den Kollektivgedanken gelebt. Hierarchien waren verpönt, alle standen auf einer Stufe. Deshalb fiel es mir schwer, als ich plötzlich selbst der Chef war, der Angestellten Anweisungen erteilen musste. Da kam ich zu Beginn erstmal ziemlich ins Schleudern, weil ich auch weiterhin ein Verfechter gleichberechtigter Arbeitsverhältnisse war.

Ich bin noch immer absolut davon überzeugt, dass es klappen kann, Firmen gemeinschaftlich zu führen und gemeinsam Entscheidungen zu fällen. Und ich habe im Laufe der 30 Jahre, die ich das jetzt schon praktiziere, immer wieder festgestellt, dass ich nicht für die klassische Chefrolle geboren wurde. Dafür wurde ich zu sehr links sozialisiert. Ich sehe auch mein Lebensglück nicht darin, ein Chef zu sein und Angestellte von oben herab zu behandeln. Dieses Problem hatten bei Indigo alle, Albrecht Boehm noch mehr als ich, und auch Jörn Heinecker ist, was das anbelangt, ultrasensibel. Als Geschäftsführer von Indigo ist Jörn noch mehr für die Personalpolitik verantwortlich als ich. Um diese Rolle habe ich ihn tatsächlich nie beneidet.

Ich möchte mal behaupten, dass die meisten Mitarbeiter von Indigo schon merken, dass wir versuchen, eine etwas andere Umgangsweise innerhalb der Firma zu pflegen. Wir setzen uns nicht klassisch hinter unseren Chefschreibtisch und delegieren aus dem großen Ohrensessel raus: „Hey du, mach dies und danach mach das, und wenn du das nicht machst, dann fliegst du!“ So gehen wir bei Indigo definitiv nicht miteinander um. Donald Trump und sein berühmter Spruch „You are fired!“ sind das Gegenteil von der Unternehmenskultur, die wir mit unseren Mitarbeitern leben. Wir gehen immer davon aus, dass wir die Leute mit unserer Kompetenz überzeugen können und nicht durch Anweisungen.

Ebenfalls völlig klar ist aber auch, dass sich das hierarchische Denken nicht aus allen Köpfen vertreiben lässt, sodass ich aus unterschiedlichen Gründen auch als Chef angesprochen werde, obwohl ich mir einbilde, diese Rolle in unserer gemeinsamen Arbeitsrealität nicht einzunehmen. Ich habe auch schon Mitarbeiter erlebt, die erwarten, dass ein Chef ihnen ganz genau sagt, was sie zu tun haben, und dann sage ich denen das auch, wie ein Chef im klassischen Sinne. Sie können mit den Freiräumen, die wir ihnen ganz bewusst einräumen, einfach nichts anfangen. Das ist die andere Seite, und ich musste erst lernen, dass es sie überhaupt gibt.

Ein großes Ideal von Indigo besteht darin, Entscheidungen im Team zu treffen. Ich bilde mir ein, bewusst vorzuleben, dass Alleingänge zwar möglich, aber nicht sinnvoll sind und vor allem nicht zielführend. Man muss versuchen, immer eine Mehrheit um sich herum zu versammeln, sonst rennt man vor die Wand. Wenn man dieses Konzept zu Ende denkt, heißt das: Mehrheiten zu suchen, bedeutet Demokratie und nicht Chef-Diktatur. Jeder muss sich seine Mehrheiten suchen, und manchmal verliert man auch, weil die Mehrheit anderer Meinung ist. Wenn uns zum Beispiel neue Lieferanten ihre Musikpalette vorstellen und ich die Musik super finde, die anderen aber nicht, dann ist es völlig egal, ob ich der Chef bin, weil ich nicht allein zu bestimmen habe, ob wir den Deal abschließen oder nicht. Das Team fällt die Entscheidung, damit alle gerne mitziehen und wir am Ende auch zusammen etwas Gutes daraus machen. In den ganzen Jahren, die Jörn, Albrecht und ich nach diesen Prinzipien gemeinsame Entscheidungen fällen, bin ich aber höchstens zweimal wirklich entgegen meiner absoluten Überzeugung überstimmt worden, und das war auch völlig okay für mich. Dann hatten mir halt die richtigen Argumente gefehlt, um die anderen zu überzeugen. So ist es eben manchmal.

Das soll sich jetzt aber nicht so anhören, als sei unsere Firma eine pure Oase des Glücks und der ewig währenden Zufriedenheit. Natürlich bekomme ich auch regelmäßig mein Fett ab, und natürlich geht man sich auch bei uns ab und zu auf die Nerven. Alles ganz normal, wie in allen anderen Firmen auch. Dass die Mitarbeiter unsere Firmenkultur mögen, sieht man meiner Meinung nach daran, dass es bei uns so gut wie keine Fluktuation gibt. Die meisten sind schon eine Ewigkeit dabei. Das ist einerseits natürlich toll, andererseits erschwert es den Verjüngungsprozess, wir werden alle gemeinsam alt in unserem Indigo-Seniorenzentrum.

Natürlich mussten auch wir schon unliebsame Entscheidungen treffen, die gegen unsere Überzeugungen waren, das liegt in der Natur der Sache. Wer das nicht will, darf keine Firma gründen und Verantwortung für die Geschäfte übernehmen.

2018 haben wir zum Beispiel unsere eigene Auslieferung dichtgemacht und mit der Firma Cargo Records zusammen die Vertriebsgesellschaft 375 Media GmbH gegründet. Wir hatten hin und her gerechnet, aber aus wirtschaftlicher Sicht wäre es einfach völlig unsinnig gewesen, unser Lager in Hamburg aufrechtzuerhalten. Wir mussten also einige Mitarbeiter des Vertriebsteams und aus dem Lager entlassen. Das war für die natürlich sehr schmerzhaft, weil einige schon viele Jahre dabei waren. Allerdings haben wir den Übergang ganz bewusst so geplant, dass wir ihnen mit einer langen Vorlaufzeit die Entlassung angekündigt haben. Sie hatten also viel Zeit, sich was Neues zu suchen und standen nicht von heute auf morgen auf der

Straße. Trotzdem hat diese Entscheidung sehr weh getan und sie fiel uns extrem schwer.

Zum Glück war es damals tatsächlich so, dass fast alle direkt eine Anschlussbeschäftigung bekommen haben. Ich musste auch Gott sei Dank noch nie jemanden fristlos feuern, weil er sich als völlig unfähig herausgestellt hat oder sich sonst irgendwas zuschulden kommen ließ. Das wäre vom Gefühl her etwas völlig anderes für mich gewesen. Uns ging es ja auch nie darum, uns mit der Firma eine goldene Nase zu verdienen. Wir wollten immer möglichst frei sein von Verpflichtungen, um nicht in dieses kapitalistische System zu geraten, dass wir uns ständig Geld von Banken leihen müssen, die uns dann in die Geschäfte reinquatschen können. Das haben wir auch bis auf wenige Ausnahmen immer gut hinbekommen. Wir wollten uns eben immer die Freiheit erhalten, selbst über unser Geld bestimmen zu können und nicht irgendwen anbetteln zu müssen.

Im Moment sind wir bei Indigo 30 Leute, was für mich eigentlich zu viele sind. Da gibt es schon eine ziemliche Anonymität, man trifft sich nur kurz auf dem Flur oder mal am Kaffeeautomaten, aber bei dieser Größe bekommt man von vielen Leuten zu wenig mit. Was das anbelangt, finde ich kleinere Firmen schöner, zehn bis fünfzehn Mitarbeiter sind aus meiner Sicht die perfekte Größe, weil es dann noch richtig persönlich ist. Aber keine Angst, das soll jetzt nicht heißen, dass wir im großen Stil einen Stellenabbau bei Indigo planen.

39.
Expansion und Pleite

Telefoniert haben Rio und ich eigentlich nie miteinander, oder nur sehr selten. Das war einfach nicht seine Art der Kommunikation, und früher hat ja auch nicht jeder ein Handy gehabt, da war man halt oft einfach nicht erreichbar, wenn man nicht zu Hause war. Heute ist das für viele völlig unvorstellbar. Aber es gab immer mal Gelegenheiten, wo man sich traf oder gemeinsam Essen ging. In all den Jahren, in denen Rio und ich musikalisch nicht mehr miteinander verbandelt waren, blieb der Kontakt also bestehen, und natürlich habe ich seine Karriere intensiv verfolgt.

Rückblickend muss ich sagen, dass der Schritt, zu Sony zu gehen, anfangs definitiv richtig für ihn war. Später aber wurde es mehr und mehr schwierig für ihn, denn das Problem bei jeder Major Company ist ja, dass sie das Interesse an Künstlern verliert, wenn die Verkaufszahlen beim dritten oder vierten Album stagnieren. Dann tun sie plötzlich nur noch das Notwendigste und konzentrieren sich lieber auf einen neuen, frischen Künstler. Dann fehlt es am nötigen Elan wie beim ersten Album, als alle es noch wissen wollten.

Bei Rio gab es verkaufstechnisch eine klare Abwärtsspirale. Nach dem super Erfolg seines ersten Albums, das ziemlich hoch in die Charts eingestiegen war und sich auch mehrere Wochen dort halten konnte, erfüllten schon die Verkaufszahlen der Nachfolge-LP *Blinder Passagier* nicht mehr die hohen Erwartungen der Plattenfirma. Die LP schaffte es zwar noch in die Charts, die Platzierungen waren aber lange nicht mehr so gut wie die des Debütalbums, und sie verschwand auch schnell wieder aus den Charts. Die Alben drei und vier erreichten die Charts schon gar nicht mehr, das waren zwar wirklich gute Platten, ihre Verkaufszahlen waren aber leider schlecht. Dementsprechend ließ auch das Interesse der Sony an Rio merklich nach.

Bei EfA und Indigo hatte ich im Laufe der Jahre mit vielen Künstlern zu tun, die nach ein paar Veröffentlichungen bei Major Labels eiskalt fallen gelassen wurden und dann völlig frustriert zu uns gekommen sind. Das waren super Musiker, an deren Können absolut nichts auszusetzen war, aber die Verkaufszahlen stimmten halt nicht. Außerdem muss man wissen, dass es bei den großen Plattenfirmen eine unglaubliche Fluktuation des Personals gibt, gerade im A&R- und im Promotionbereich. Dort findet eine permanente Verjüngung statt, die eine langjährige, intensive und vor allem vertrauensvolle Beziehung zu einzelnen Künstlern unmöglich macht. Die sehr modischen, total hippen und jungen Mitarbeiter sitzen dann mit gestandenen Musikern zusammen, die gerade an ihrem achten Album arbeiten, und schlagen ihnen vor, eine große Kampagne auf Instagram oder YouTube zu machen. Dann würden sie ganz groß rauskommen und genau ihr Zielpublikum erreichen.

Diese vermeintlich coolen und freshen Marketingideen bekommen Musiker um die Ohren gehauen, die selbst sehr gut wissen, dass höchstens fünf Prozent ihres Publikums sich vielleicht zufällig mal auf YouTube verirren. So ist es kein Wunder, dass bei Künstlern schnell das Gefühl aufkommt, man würde sie nicht mehr ernst nehmen. Mit ihren eigenen Ideen dringen sie gar nicht mehr durch, und eine ernsthafte Auseinandersetzung mit dem, was der Künstler möchte und wo er sich sieht, findet nicht mehr statt. Es wird nur noch nach Schema F gearbeitet, die Musiker sind nur noch Nummern und keine Persönlichkeiten mehr.

Mit einigen haben wir es tatsächlich geschafft, einen Karriereneustart im umgekehrten Sinne zu machen. Plötzlich bei einem Independent-Vertrieb unter Vertrag, fanden sie neue Freiheiten und ihre frühere Kreativität wieder und konnten an ihre alten Erfolge anknüpfen. Major Labels waren für sie ausgereizt. Genau diese einengenden und unpersönlichen Marktmechanismen hat auch Rio zu spüren bekommen. Die ersten beiden Alben wurden noch gut und gewissenhaft promotet, ab dem dritten wurde es schon etwas flauer, und dann stand er Mitte der 1990er Jahre plötzlich vor der Entscheidung, seinen Vertrag zu verlängern oder nicht.

Im März 1995 war sein sechstes und letztes Soloalbum bei Sony erschienen, *Himmel und Hölle*. In dem Song „Hoffnung" sang er zehn Jahre nach „König von Deutschland": „Nehmt mir die Krone ab, die mich erdrückt, nehmt mir die Krone weg, nehmt sie zurück. Ich weiß, irgendwo ist da ein Licht, doch ich kann euch nicht führen, denn ich weiß den Weg nicht."

Im Winter 1995 traf ich mich mit Rio und fragte ihn, ob er nicht bei der David Volksmund Produktion, seiner alten Heimat, die nächste Platte veröffentlichen wolle. Ich signalisierte ihm, dass wir von Indigo große Lust dazu hätten, die einzige Herausforderung bestand darin, ein Konstrukt zu finden, weil es David Volksmund zu diesem Zeitpunkt de facto nur noch auf dem Papier gab. In den 1990er Jahren waren keine neuen Produkte auf den Markt gekommen, lediglich die Scherben-Platten wurden immer wieder neu aufgelegt. Es gab also keine Labelstruktur mehr, niemanden, der sich um die Promotion, die Produktion und alles, was sonst noch gemacht werden muss, kümmern konnte.

Rio konnte sich diesen Wechsel gut vorstellen, sodass ich voller Vorfreude und in der Hoffnung, auch seine Karriere neu starten zu können, mit konkreten Vorbereitungen begann. Eine neue Platte von Rio wäre für uns alle ein richtig großes Ding gewesen. Da hätte man sich nicht einfach hinsetzen und hoffen können, dass sie irgendwann mal im Radio gespielt wird, da hätten Promo-Touren organisiert werden müssen, das volle Programm eben, damit das auch ordentlich wird.

Indigo war jederzeit bereit, da mit einzusteigen und wenn nötig auch einen Vorschuss zu zahlen oder sich an den Produktionskosten zu beteiligen. Im Mai 1996 trafen wir uns zu einem Vertragsgespräch im Hotel Hafen Hamburg. Sein Vertrag mit Sony war mittlerweile beendet und er hatte sich fest dazu entschlossen, zu David Volksmund zurückzukehren. Inhaltlich ging es nun um den konkreten Zeitplan für die neue Platte. Außerdem wollte er mir erzählen, wie er sich das neue Album musikalisch vorstellte. In unserem Gespräch ging es natürlich nicht darum, mir seine Songs vorzulegen oder Songideen mit mir zu diskutieren, das wäre ja auch völlig lächerlich gewesen, sondern einfach nur darum, wie wir es organisatorisch hinbekommen, den Ansprüchen, den Erwartungen und dem Gewicht einer neuen Reiser-Produktion gerecht zu werden, damit er nicht unter Wert vermarktet wird.

Rio hatte sogar schon einige Songs fertig und ich hatte das Gefühl, dass er sich auf den Neustart ebenfalls sehr freute. Leider kam es dann nie zu dem Album und Rios Comeback bei David Volksmund. Unser Meeting war mein letztes persönliches Treffen mit ihm, denn wenige Monate später, im August 1996, ist er gestorben.

Dass Rio so früh, mit gerade mal 46 Jahren, gestorben ist, hat mich nicht überrascht. In dem Moment, als man mich anrief und ich die traurige Nachricht erhielt, war ich natürlich zutiefst erschüttert. Allerdings hatte ich seit ein paar Wochen bereits eine schreckliche Vorahnung gehabt, seit unserem Vertragsgespräch in Hamburg. Aus alter Tradition hatte ich natürlich die Rechnung unseres „Geschäftsessens" bezahlt, schließlich war ich mal sein Manager gewesen, und Manager übernehmen nun mal die Rechnungen, dieses Rollenverhalten existierte noch immer. Ich bekam also die Rechnung in die Hand gedrückt, und als ich draußen war, schaute ich sie mir an und sah, dass ein paar Gin Tonics dabei waren. Verdammt nochmal, dachte ich, das wird kritisch. Warum ich das vorher, als wir zusammengesessen hatten, nicht mitbekommen hatte, dass er Gin Tonics trank, kann ich nicht sagen. Ich weiß nur noch, dass ich während unseres Gesprächs zu keiner Zeit das Gefühl hatte, ui, der trinkt aber wieder. Das stellte sich erst beim Blick auf den Kassenzettel ein.

Ich wusste allerdings sehr gut, dass es nichts gebracht hätte, ihn darauf anzusprechen. Bei Rio war es nämlich schon immer so gewesen, dass man nicht zu ihm durchdrang, wenn man ihm sagte, jetzt hör mal auf, dieses oder jenes zu machen. Er wusste immer ganz genau, was er wollte, und was nicht. Wenn es um Drogen ging, hat Rio so gut wie nie das gemacht, was andere für richtig hielten, sondern immer das, was er in diesem Moment tun wollte, auch wenn ihm selbst klar war, dass seine Lebensweise selbstzerstörerisch war. Von außen her war er absolut nicht beeinflussbar, da hatte man keine Chance, zu ihm durchzudringen.

Seine Leber war im Laufe der Jahre sehr stark geschädigt, und Anfang der 1990er Jahre stand fest, dass er ein Riesenproblem bekommen würde, wenn er sie weiter so überstrapazierte. Das war ihm absolut bewusst, und er hat auch eine Zeitlang versucht, seinen Drogenkonsum zu reduzieren, um seine Leber zu schonen und die ganze Sache mal wieder in den Griff zu kriegen.

Nachdem ich die Nachricht bekommen hatte, dass er gestorben ist, fuhr ich umgehend nach Fresenhagen, wo er bis zuletzt gewohnt hatte, und blieb dort bis zu seiner Beerdigung.

40.
Abschied von Rio

Vierzehn Tage nach Rios Tod fand im Berliner Tempodrom ein Abschiedskonzert statt. Dort traten viele Freunde und Kollegen von Rio auf, die Einstürzenden Neubauten, Nationalgalerie, Pe Werner, Ulla Meinecke, Marianne Rosenberg, Herbert Grönemeyer, Keimzeit, Haindling und viele andere mehr. Alle nahmen Abschied von einem der wichtigsten Musiker, den Deutschland jemals hatte. Moderiert wurde der Abend von Corny Littmann, seinem alten Kumpel von der Theatergruppe Brühwarm. Natürlich waren auch wir, die alten Weggefährten von Ton Steine Scherben, dabei

Einige hatte ich in den Jahren seit meinem Bandausstieg immer mal wieder gesehen, mit anderen war es das erste Zusammentreffen seit mehr als 15 Jahren; man könnte auch sagen, dass wir eine bewusst gewählte längere Funkstille hinter uns hatten. Es herrschte eine seltsame Stimmung unter uns. Bei dem Konzert sollte jede Band höchstens zwei Stücke spielen, das haben wir als Ton Steine Scherben zwar auch gemacht, man hat aber gemerkt, dass zwischen uns noch vieles unverarbeitet war. Wir spielten zwar zusammen, aber keiner wusste, wie es jetzt weitergehen sollte. Irgendwie hat jeder gemerkt, dass in diesem Moment nicht wieder zusammengewachsen ist, was zusammengehört. Niemand dachte anschließend an ein Ton-Steine-Scherben-Revival, weil es sich einfach nicht danach angefühlt hat.

Es hat dann noch Jahre gedauert, bis sich einige der alten Scherben zusammengerauft und mal wieder was zusammen gemacht haben. Angesichts der vielen Coverversionen von Scherben-Songs, die andere Bands im Lauf der Zeit veröffentlicht hatten, gab es damals das geflügelte Wort: Alle können Scherben spielen, bloß die Scherben nicht, weil ihnen der Sänger fehlt. 1999 haben Funky und Dirk Schlömer, der von 1983 bis 1985 bei den Scherben Gitarre gespielt hatte, die Band Neues Glas aus alten Scherben gegründet, mit der sie Scherben-Songs gespielt haben. Es gab auch verschiedene andere Projekte ehemaliger Mitglieder, aber zur Gründung der Ton Steine Scherben Family kam es erst 2005, und zu Beginn noch ohne Lanrue. Es hat also nach Rios Tod noch zehn Jahre gedauert, bis wir alle so weit waren, wieder zusammen Musik machen zu können. Lange Zeit war es uns auch unmöglich erschienen, einen geeigneten Sänger zu finden, der Rio auch nur annähernd das Wasser reichen konnte. Die Messlatte lag halt extrem hoch, und es gibt nichts Schlimmeres, als wenn so eine Veranstaltung einen Nostalgiecharakter bekommt, mit einem peinlichen Sänger an vorderster Stelle. Das hätte nur nach hinten losgehen können.

Nach Rios Tod gab es auch eine ganze Menge Organisatorisches zu klären. Vor allem zwei große Fragen standen im Raum: Was passiert mit dem Bauernhof in Fresenhagen? Rio und Lanrue hatten auf dem Hof in all den Jahren zusammengewohnt, jetzt musste geklärt werden, wie es damit weiter gehen sollte. Schafft es Lanrue allein, den ganzen Laden zu schmeißen, oder nicht? Die zweite große Frage war, inwieweit sich Rios Erben, seine beiden älteren Brüder, in die Angelegenheiten rund um sein musikalisches Erbe einmischen würden. Zwischen ihnen und Rio hatte ja nicht immer nur eitel Sonnenschein geherrscht, und es war zu befürchten, dass es Spannungen geben würde. Das war aber eher ein Problem, das in den Monaten nach der Beerdigung die Gemüter bewegte und erhitzte.

Rios Brüder haben dann tatsächlich einige Jahre lang verhindert, dass Platten von Ton Steine Scherben an den Handel ausgeliefert wurden. Es gab ein langes gerichtliches Verfahren und erst 2014 wurde ein Vergleich geschlossen, der deutlich zu unseren Gunsten ausfiel und es ermöglichte, alles wieder zu veröffentlichen. Seitdem gibt es die Titel wieder im Handel, und mittlerweile sind wir uns auch untereinander wieder leidlich grün. Die Rechtsstreitigkeiten, die wir wegen der Verwertung der Scherben-Platten hatten, waren sehr, sehr unerquicklich, und ich bin froh, dass im Moment alles gut läuft, wir uns wieder einigermaßen verstehen und überhaupt miteinander reden. Die tiefen Gräben, die dadurch entstanden, wurden eingeebnet. Die unschönen Szenen gehören Gott sei Dank der Vergangenheit an. Und nach 40, 50 Jahren, die wir einander kennen, möchte wohl niemand mehr, dass die alten Wunden erneut aufbrechen.

Intermezzo mit Martin Paul

Martin Paul spielte schon als Jugendlicher in Rock- und Jazz-Bands. Ende der 1970er Jahren arbeitete er mit Hoffmanns Comic Teater in Unna zusammen und lernte dort Claudia Roth kennen und lieben. Zum Ensemble ihres Stücks *Märzstürme 1920* gehörte auch Rio Reiser. Die beiden verstanden sich gut, und so wurde Martin Paul Keyboarder der Scherben und lebte in Fresenhagen bis zu der Auflösung der Band 1985. Zusammen mit Rio Reiser schrieb er den Song „Junimond."

Zum ersten Mal bewusst wahrgenommen habe ich Nikel 1976. Damals sind Ton Steine Scherben bei dem Festival „Leben Kämpfen Solidarisieren" in Essen aufgetreten. Als erstes Lied spielte die Band „Guten Morgen", und zu Beginn des Songs lagen alle auf der Bühne und taten so, als würden sie schlafen. Nikel stand dann als Erster auf und war splitterfasernackt. In aller Seelenruhe ging er über die Bühne und zog sich schließlich einen Bademantel an. Das fanden wir damals alle ziemlich cool.

In den 1970er Jahren habe ich Ton Steine Scherben kaum gehört. Ich fand sie zwar als politische Band super, war musikalisch aber ganz woanders. Ich komme ja aus dem New Jazz und habe viel bläserorientierte Musik gemacht, so wie Blood, Sweat & Tears oder Chicago. Überzeugt hat mich dann aber *die Schwarze*, also das Doppelalbum *IV*, weil textlich und auch musikalisch ein völlig neues Genre aufgetan worden ist, das mich total begeistert hat. Deshalb sagte ich auch sofort „JA!“, als Rio mich fragte, ob ich mit Ton Steine Scherben auf Tour gehen wolle. Das war 1981, und kurze Zeit später bin ich nach Fresenhagen gezogen, aber da gehörte Nikel schon nicht mehr der Band an. Aus diesem Grund hatten wir zu der Zeit auch keine Berührungspunkte, außer wenn Nikel ab und zu in Fresenhagen oder auf Konzerten der Scherben auftauchte. Ab und zu haben die anderen natürlich auch „von früher“ erzählt, und in diesen Erzählungen kam Nikel selbstverständlich auch vor.

So richtig miteinander zu tun hatte ich mit Nikel erst Anfang der Neunziger, als wir einen neuen Bandvertrag und mit Indigo einen Vertriebsvertrag abgeschlossen haben, nachdem bis dahin alle Einnahmen aus den Plattenverkäufen nach Fresenhagen geflossen waren, um unsere Schulden zu bezahlen. Daran war Nikel sowohl als Geschäftsführer von Indigo als auch als Bandmitglied beteiligt. Und da ich mich in der Band schon immer mit Verträgen und solchen Dingen intensiv beschäftigt hatte, haben wir über dieses Thema viel Kontakt gehabt. Bis heute sind Nikel und ich an dieser Stelle die Personen, die die Vorarbeit und die Grundlage für die Entscheidungen der anderen aufbereiten. Auch in den sieben Jahren der Auseinandersetzung mit den Erben von Rio, in denen es unsere Tonträger nicht zu kaufen gab, war ich mit Nikel zusammen derjenige, der die vertraglichen Ausarbeitungen und Lösungen vorangetrieben hat.

Erst Anfang des neuen Jahrtausends haben wir auch zusammen Musik gemacht, als wir gemeinsam mit der Ton Steine Scherben Family auf Tour gegangen sind. Das lief dann über viele Jahre, und wir haben beide nicht nur als Musiker mitgemacht, sondern auch viel von der Organisation übernommen. Dadurch hatten wir sehr viel Kontakt, und das ist bis heute so geblieben.

An Nikel schätze ich sehr seine unaufgeregte Art. Er hat die Gabe, die ganze Hektik und Aufgeregtheit, die in unserem Business ständig da ist, aufzunehmen und beruhigend auf die

Menschen zu wirken. Durch seine vermittelnde Art ist er auch ein Kommunikationsknotenpunkt: Mit Nikel können immer alle reden, ihn um Rat und Hilfe fragen. Ich habe es nie erlebt, dass er mal nicht ansprechbar oder gar mit jemandem zerstritten war. Ganz sicher ist er derjenige von uns, der mit den meisten Leuten gut umgehen kann. Es gibt unter uns, wie in einer echten Familie, immer wieder unterschiedliche Beziehungsgefüge, und Nikel ist unsere zentrale Vermittlerfigur. Ich finde es natürlich super, dass er diese Rolle übernimmt, weil sie ganz sicher nicht einfach ist. Er hat allerdings auch den Vorteil, dass er kein zentraler Bestandteil der Musik ist, weil er ja kein Instrument spielt und auch nicht der Lead-Sänger ist. Aus dieser speziellen Rolle heraus kann er die Ton Steine Scherben Family ganz wunderbar zusammenhalten. Wenn er jetzt Mitglied der Kernband wäre, wäre es für ihn sicherlich schwieriger, diese Rolle auszufüllen und als Vermittler aufzutreten.

Er ist aber nicht nur wahnsinnig strukturiert und organisiert, sondern auch ein kreativer und verrückter Kopf. Das sieht man ja auch immer auf der Bühne, wie er sich dort gibt und emotional auslebt. Ich bewundere das jedes Mal wieder, wenn er seinen Klassiker „Guten Morgen" singt und dabei immer mehr ausrastet. Nikel vereint diese beiden Seiten in einem Maß in sich, das ich bei keinem anderen Künstler bislang erlebt habe. Das macht ihn aus meiner Sicht zu einer absoluten Ausnahmeerscheinung in der Musikbranche.

41.
Wir müssen hier raus

Mit Indigo wuchsen wir in den ersten Jahren so schnell, dass wir schon Mitte der 1990er Jahre mit unserem alten Lager in Hamburg-Wilhelmsburg an die Kapazitätsgrenzen stießen. Das waren damals halt Boomjahre für die Musikindustrie. Meine Kompagnons Jörn Heinecker und Albrecht Boehm hatten beide Architektur studiert und meinten nun, wenn wir sowieso ein neues Lager bräuchten, könnten wir uns auch auf die Suche nach einem günstigen Grundstück begeben und selbst eins bauen.

Nach einiger Zeit fanden wir auch das Grundstück in Harburg, auf dem sich bis heute unser Firmensitz befindet, und wir fingen an, zu planen. Das Lager sollte über zwei Ebenen gehen, außerdem wollten wir einen Verwaltungsbereich für die Administration, die Buchhaltung, Räume, in denen man sich treffen kann, Sitzungszimmer und so weiter. Das sollte natürlich alles an einem Ort sein, um weite Wege zu vermeiden. Geplant wurde alles zusammen mit einem Architekturbüro aus Hamburg. Die Vorgespräche waren sehr gut und irgendwann gab es drei Grundideen für das Gebäude. Zwei waren eher klassisch, quadratisch mit Mittelgang und Büro an Büro, wie man es kennt und immer wieder überall sieht. Man könnte es als langweilig und uninteressant, aber zweckmäßig beschreiben.

Der dritte Entwurf war ein Turm, der über vier Ebenen ging und rund war. Auch die Büros waren rund und hatten gebogene Außen- und Innenwände. Dadurch hatte man ein komplett anderes Raumgefühl. In der Mitte des Turms war das Treppenhaus, das breit und raumschluckend war, aber das ließ sich leider bautechnisch nicht anders machen. Von diesem Entwurf waren wir drei sofort begeistert, weil eine runde Form natürlich perfekt zu unseren Produkten passte. Von oben betrachtet sieht der Turm aus wie eine CD oder eine Schallplatte. Das war schon mal eine tolle Assoziation. Als sich dann auch noch herausstellte, dass dieser Entwurf zwar aufwendiger und ambitionierter war, aber gar nicht so viel mehr kosten würde, wir also nicht befürchten mussten, dass uns die Kosten auffressen, stand der Zusage nichts mehr im Weg.

Wir hatten beschlossen, uns etwas Tolles und Schönes zu gönnen und etwas Besonderes zu bauen. Die Architekten waren auch sehr davon angetan, weil das eben kein 08/15-Entwurf war, sondern auch für sie etwas Originelles. Da konnten sie sich als Architekten auch mal einer Herausforderung stellen, die über die typischen Schema-F-Büros hinausging – gerade, viereckig und in der Mitte gegenüberliegend zwei Toiletten.

Als es dann endlich losgehen konnte, stellte sich jedoch plötzlich heraus, dass das Baugrundstück mit Hinterlassenschaften aus dem Zweiten Weltkrieg belastet war. Alles musste vom Umweltamt alles neu untersucht werden. Dieses Problem verzögerte immer wieder den Start, als alle Schwierigkeiten beseitigt waren, ging es aber sehr flott. Zum 1. Januar 2000 konnten wir endlich unsere alten Räume in der Jaffestraße verlassen und unser neues Gebäude in der Schlachthofstraße in Harburg beziehen.

Das funktionierte alles so wunderbar und problemlos, dass wir schon in der zweiten Januarwoche des neuen Millenniums die ersten Bestellungen aus unserem Indigo-Turm verschicken konnten. Der Umzug war ein logistischer Kraftakt, aber wir sind ja auch Logistiker und wussten, worauf wir uns eingelassen hatten. Später setzten wir aus Platzmangel noch eine fünfte Ebene auf den Turm drauf, und 2009 bauten wir sogar noch ein zusätzliches Nebengebäude, weil wir auch in dieser Zeit sehr stark gewachsen sind und mit der Lagerfläche, die wir beim Bau 1998 errechnet hatten, schon lange nicht mehr hinkamen. Außerdem war ein Mastering-Studio hinzugekommen.

Noch mehr Platz, um weitere Gebäude bauen zu können, gibt es auf unserem Firmengelände aber definitiv nicht mehr.

2004 lief es bei Indigo jedenfalls richtig rund. Wir bekamen viele Labels dazu und wuchsen und wuchsen, als uns die Nachricht von der EfA-Pleite erreichte. Das tat mir erstaunlicherweise mehr weh, als ich vermutet hätte. Aber schließlich hatte ich die Firma mitgegründet und viele Jahre meines Lebens dort verbracht. Es war der Startpunkt in mein drittes Leben gewesen, nach der Zeit in Göttingen und der Zeit mit den Scherben, ein Aufbruch ins nächste Abenteuer. Das lag zwar schon mehr als zwanzig Jahre zurück und ich hatte mit Indigo seit vielen Jahren ein neues Baby, das auf sicheren Beinen stand. Aber es hat mich doch getroffen, und es war ärgerlich, dass es zu dieser Pleite hatte kommen müssen.

Wir hatten in den Jahren zuvor natürlich mitbekommen, dass die EFA Medien GmbH wackelte. Bereits 2002 hatten sich Lieferanten bei uns darüber beklagt, dass sie von EfA ihr Geld nicht mehr bekämen. Normalerweise hat man als Firma ja feste Zahlungstermine, man bezahlt seine Lieferanten zum Beispiel nach sechs Wochen oder zwei Monaten, und wenn man dann über mehrere Ecken erfährt, dass das Geld nicht mehr kommt, ist das natürlich ein ganz schlechtes Zeichen. Es spricht sich schnell rum, wenn irgendwo eine Misswirtschaft stattfindet und eine Firma in Schieflage geraten ist. Dass es bei EfA aus dem Ruder gelaufen war und eine Pleite bevorstand, war uns schon Monate vorher klar gewesen. Trotzdem war das für uns eine sehr bedauerliche Situation, weil wir viele EfA-Mitarbeiter seit Jahren kannten.

Als sie dann wirklich pleite waren, die Mietverträge ausgelaufen, das Lager geräumt und die Firma vom Insolvenzverwalter abgewickelt worden war, bin ich spätabends mal dort vorbeigefahren und habe das Firmenschild abgeschraubt. Es hängt heute als Andenken bei mir zu Hause.

Intermezzo mit Kai und Funky (II)

Kai: Nikels größte Verdienst ist, dass er den unabhängigen Tonträger-Vertrieb in Deutschland sozusagen erfunden hat. Dieser Teil seiner Erfolgsstory wiegt viel schwerer als die Karriere als Musiker. Das fing Anfang der 1970er Jahre ganz klein an. Irgendwann hatte er die Idee, dass wir immer da, wo wir gespielt haben, von Plattenladen zu Plattenladen und Buchladen zu Buchladen ziehen könnten, um denen unsere Platten anzubieten. Je bekannter wir wurden, desto besser sind wir die Produkte natürlich losgeworden. Nikel hat mir beigebracht, Rechnungen zu schreiben, und dann habe ich ihm oft geholfen. Nachdem wir so den Kontakt zu den Geschäften aufgebaut hatten, haben wir ihnen die Schallplatten später mit der Post geschickt, und so wurde das nach und nach immer größer. Das war die Grundlage für die komplette Independent-Vertriebsszene in Deutschland. Man kann also sagen, dass Nikel der Urgroßvater der Independent-Vertriebe bei uns ist.

Als er Ende der 1970er Jahre Ton Steine Scherben verließ, klaffte da eine große Lücke. Er ist damals ja weggegangen, weil er keine Perspektive mehr sah. Wir hatten zu diesem Zeitpunkt keine Platten mehr aufgenommen und auch nur noch sehr wenige Konzerte gespielt. Die paar, die stattgefunden haben, waren oft katastrophal. Ich weiß noch, dass wir einmal in Heidelberg von Frauen mit blutigen Tampons beworfen worden sind. In Hamburg haben Frauen die Bühne gestürmt und wollten unserem Frauenchor Küchenutensilien geben, als Zeichen dafür, dass wir die Frauen angeblich unterdrücken. Ständig sind nur solche skurrilen, blöden Sachen passiert, deshalb hatten wir auch überhaupt keine Lust mehr, live zu spielen. Nikel hat daraus dann die Konsequenzen gezogen und seinen Hut genommen. Ich habe den Vertrieb mit Britta und Funky weitergeführt.

Funky: Natürlich hat Nikel gefehlt. Menschlich, aber auch fachlich, organisatorisch. Wir drei waren zwar von ihm eingearbeitet worden, aber es ruckelte am Anfang schon an einigen Stellen. Der Kontakt zu Nikel bestand aber auch nach seinem Ausscheiden bei Ton Steine Scherben weiter. Es gab zwar nicht mehr die kreative Zusammenarbeit, aber durch den Vertrieb, den Nikel ja erst mit EfA und danach mit Indigo für uns übernommen hatte, hatten wir immer miteinander zu tun. Mal war der Kontakt stärker, mal schwächer, aber er war immer da.

Kai: Man kann sagen, von 1980 bis 1985, als wir mit Ton Steine Scherben durch die beiden Studioalben und Tourneen, die wir gemacht haben, nochmal richtig durchgestartet sind, hatten wir schon deutlich weniger persönlichen Kontakt zu Nikel, aber er war immer noch da. Dann haben sich die Scherben aufgelöst und bis 1996, als Rio gestorben ist, war der Kontakt völlig abgerissen. Zu allen. Jeder war seiner Wege gegangen. Alles, was mit der Band zu tun hatte, war plötzlich nicht mehr wichtig. Das hat sich erst durch Rios Tod wieder geändert. Nachdem er 1996 gestorben war, ist alles zusammengebrochen und war in der Schwebe. Vor allem war unklar, wie die Gelder künftig verteilt werden, die durch die Schallplatten und alle anderen Scherben-Produkte reinkommen. Alle, die auf den Platten mitgespielt haben, wie zum Beispiel Funky, haben Verträge gehabt, in denen ihnen ihr Anteil zugesichert worden ist. Die ganze Organisation hatte Lanrue übernommen, und ich möchte ihn jetzt hier definitiv nicht kritisieren oder schlecht über ihn reden, aber er war völlig unerfahren in geschäftlichen Dingen und schlicht überfordert. So ist das alles aus dem Ruder gelaufen. Nikel ist dann eingesprungen und hat es wieder in geordnete Bahnen gelenkt. Das war unglaublich wichtig, und ich bin ihm bis heute sehr dankbar dafür. Irgendwann haben wir dann einen richtigen Vertrag mit ihm gemacht, sodass heute alle Vertriebsrechte bei seiner Firma Indigo liegen, und seitdem ist alles sehr professionell geregelt.

Funky: Jetzt, wo wir alle älter sind, rücken wir wieder enger zusammen. Das sieht man auch daran, dass wir wieder viele Scherben-Auftritte gemeinsam machen. Zum Beispiel veranstalten wir zu Ehren von Rio Reiser jedes Jahr in Berlin eine Schifffahrt über die Spree. Das ist immer wie ein Familientreffen, mit dem wir die die Geschichte von Ton Steine Scherben lebendig halten wollen. Die vielen Fans, die Jahr für Jahr dabei sind, merken das, sie spüren diesen ganz besonderen Geist. Es sind übrigens mindestens so viele junge Fans wie alte dabei. Ton Steine Scherben sind heute so beliebt wie damals. Ich würde sogar sagen, die Band und die Lieder sind mittlerweile ein Stück unserer Volkskultur geworden.

Kai: Ja, das würde ich auch sagen, mit der kleinen Einschränkung: innerhalb einer bestimmten Szene. Vielleicht ist es so gesehen sogar Glück gewesen, dass Ton Steine Scherben kommerziell nie richtig erfolgreich waren. Wir waren nie in den Charts, dadurch konnten wir uns immer in der Subkultur, im Underground bewegen. Das ist eine gewisse Stärke und hat dafür gesorgt, dass wir bis heute Teil der linken, anarchistischen Studentenszene sind.

Funky: Für mich ist Nikel ein Lebensgefährte, der einen ganz großen Platz in mir ausfüllt. Er ist definitiv eine der wichtigsten Begegnungen meines Lebens und hat mir sehr viel Freude und Gemeinschaftlichkeit gebracht. Ich bin meinem Schicksal dankbar dafür, dass ich Nikel kennengelernt und bis heute mit ihm zu tun habe.

Kai: Ich kenne Nikel jetzt seit 52 Jahren. Was zwischen uns in dieser Zeit entstanden ist, ist definitiv viel mehr als eine Freundschaft. Da ist menschlich auch ein ganz großes Vertrauensverhältnis. Wenn Nikel in Not wäre und mich anrufen und um meine Hilfe bitten würde, wäre ich sofort für ihn da. Umgekehrt würde er auch dasselbe für mich machen, davon bin ich hundertprozentig überzeugt.

42.
Adele oder: Ein Sechser im Lotto

Adeles Karriere haben wir bei Indigo von Anfang an begleitet. Ihre ersten drei CDs, die *19*, *21* und *25*, wurden von uns vertrieben. Und auch von ihrem Album *30*, das weltweit von der Sony vertrieben wird, haben wir profitiert, denn als es 2022 herausgekommen ist, zogen auch die Verkäufe ihrer ersten Platten wieder stark an, und sie landeten erneut in den Charts. Natürlich nicht mehr in den Top Ten, aber immerhin.

Mit ihrer Musik hat Adele einen Nerv getroffen, und einige ihrer Lieder gehören für immer zum musikalischen Welterbe. Vieles von ihr ist einfach zeitlos gut.

Adele kommt ja bekanntlich aus England und war bei XL Recordings unter Vertrag, einem Ableger von Beggars Banquet, mit denen wir bereits seit 2003 zusammenarbeiteten. Beggars Banquet war eines der renommiertesten englischen Labels, auf dem zum Beispiel Bauhaus, The Charlatans, Gary Numan und die Pixies erschienen waren. XL Recordings wiederum war ihr Label für Dance-Music und die musikalische Heimat von The Prodigy. Als Beggars Banquet seinerzeit den Vertrieb wechseln wollte, bot sich uns unverhofft eine tolle geschäftliche Möglichkeit. Zwar stellte sich dann heraus, dass Beggars Banquet nicht so leicht aus seinem Vertrag herauskam, aber sie wollten trotzdem unbedingt einen Neustart wagen, und so schlossen wir einen Vertrag mit ihnen, der alle Neuveröffentlichungen betraf.

Unsere erste gemeinsame Produktion war ein Album von Cat Power. Das erste Album von Adele kam dann 2008. Als wir die damals 19-Jährige kennenlernten, war sie sicherlich sehr talentiert, aber noch ein völlig unbeschriebenes Blatt. Anfangs stand sie auch noch sehr im Schatten von Amy Winehouse, deren Karriere damals auf dem Höhepunkt war: 2006 war ihr Album *Back to Black* erschienen. In dieser Situation musste Adele natürlich erst einmal ihr eigenes Profil finden und aufgebaut werden.

Ich habe Adele sehr früh in Hamburg bei einem Gig im alten Stage Club erlebt, der von gerade mal 50 Leuten besucht wurde. Sie hatte nur einen Keyboarder dabei, und ihr Auftritt war noch sehr unbedarft. dIhreie Live-Performance war zu diesem Zeitpunkt noch sehr unprofessionell. Da war. S sie war noch am Suchen, und hatte vielleicht auchwohl noch nicht die richtigen Begleitmusiker gefunden, die sie so unterstützen konnten, wie sie es brauchte. Auch auf den ersten Videos von ihr spürte man diese gewisse Unbeholfenheit. Man merkte, da fehlt noch was. Ihre Stimme war aber bereits genial.

Um Interviews zu geben und ihre erste Platte in Frankreich zu promoten, wollte man sie nach Paris schicken, doch Adele weigerte sich, weil sie keine Lust dazu hatte. Sie dachte wohl, das würde schon alles von selbst hinhauen, ihre Plattenfirma würde das schon irgendwie richten. Sie musste damals überhaupt erstmal begreifen, dass sie selbstverständlich auch ihre Platte promoten, sich zeigen und Interviews geben muss, wenn sie international bekannt werden will.

Das hatte sich alles aber total geändert, als ihre zweite Platte, *21*, rauskam. Da hatte sie in England offensichtlich einige Kurse belegt, um eine überzeugendere Live-Präsentation hinzubekommen. Bei dieser CD war ohnehin alles komplett anders, weil sie von der ersten Minute ihrer Veröffentlichung an so unfassbar erfolgreich war. Sie stieg sofort weltweit auf Platz 1 der Charts ein. Das war 2011, und heute ist die *21* mit mehr als 31 Millionen verkauften Exemplaren das weltweit meistverkaufte Album des 21. Jahrhunderts. Vier Jahre später, bei ihrem dritten Album *25*, wussten wir längst, wie wahnsinnig erfolgreich und etabliert sie ist, doch es war für uns trotzdem eine große Herausforderung, denn zeitgleich erschien in Deutschland das Weihnachtsalbum von Helene Fischer und Indigo musste gegen die ganze Marktpower von Universal antreten. Trotzdem haben wir Adele auf Platz 1 gebracht.

Wer so erfolgreich ist wie Adele, wird irgendwann natürlich auch ein Thema für die Boulevardpresse, und sich speziell in England dagegen zu wehren, muss die Hölle sein. Das musste Amy Winehouse schmerzhaft erfahren, und davon kann Adele ganz sicher auch ein Lied singen. Überall sind Fallen und Minen verlegt, und wer einen gewissen Bekanntheitsgrad hat, bedient plötzlich mehr die Yellow Press als die Musikpresse.

Adele hatte jedoch stets ein exzellentes Management, das dafür sorgte, dass sie trotz dieses unglaublichen Erfolgs geerdet blieb, und diesen Eindruck macht sie auch heute noch. Für ihren Titelsong zum James-Bond-Film *Skyfall* erhielt sie einen Oscar, und mit 15 Grammys und mehr als 100 Millionen verkauften Tonträgern ist sie eine der erfolgreichsten Sängerinnen des 21. Jahrhunderts.

So einen Hochkaräter im Vertrieb zu haben, macht uns natürlich stolz und glücklich.

Rückblickend klingt es natürlich komisch, aber ihr Album *19* sollte zunächst überhaupt nicht in Deutschland erscheinen, weil es nun mal ihr Debüt war. Wir widersprachen jedoch kräftig und hievten die Platte sehr schnell in die Charts, weil ihre Stimme schon damals so überzeugend und besonders war. Eine solche Künstlerin zu haben, ist aus Vertriebssicht natürlich ein Sechser im Lotto, und das hat uns vieles ermöglicht und uns viele Türen geöffnet, die sonst verschlossen geblieben wären. Wenn man eine Adele im Angebot hat, kann man, was den Handel anbelangt, eigentlich nicht mehr verlieren.

43.
Keine Macht für Spotify

Vergleicht man die Musikbranche der frühen 1970er Jahre mit der heutigen, hat sich natürlich wahnsinnig viel verändert, aber grundsätzlich ist alles gleichgeblieben. Im Grunde genommen geht es für Musiker darum, ihre Musik einem möglichst breiten Publikum vorzuspielen, möglichst weltweit. Ihre Lieder sollen überall gesungen und die Leute sollen zum Kauf ihrer Tonträger verführt werden. Das ist der größte Wunsch der meisten Musiker, ihr Publikum zu finden, das sie abfeiert, und mit ihm eine gute Zeit zu verbringen. Das war bei Ton Steine Scherben in den 1970er Jahren so und ist bei Newcomern heute genauso.

Gleich geblieben ist auch, dass ein Musiker möglichst viele Live-Auftritte benötigt, denn die sind für den Start einer Karriere das Allerwichtigste. Durch sie entscheidet sich, ob man als Musiker überhaupt angenommen wird, oder ob das Publikum wegrennt, wenn man zu spielen beginnt. Somit war schon immer die alles entscheidende Frage: Ist ein Musiker ein Saalräumer oder ein Saalfüller? Um nicht auf Bühnen in der Provinz zu verhungern, muss er den nächsten Schritt gehen, hinaus in die Welt, oder zumindest in den Rest von Deutschland. Dafür braucht er unbedingt eine mediale Öffentlichkeit, die ihm die Möglichkeit gibt, über die Grenzen seines kleinen Dorfes oder seiner Heimatstadt hinaus bekannt zu werden. Heutzutage hat man in diesem Bereich ganz andere Möglichkeiten, als wir sie vor 50 Jahren hatten. Damals konnten wir zwar auch in den Medien aktiv werden, es gab ja schon das Fernsehen und das Radio, aber verglichen mit den heutigen Möglichkeiten war das Kleinkram. Was es heute noch on top gibt, konnten wir früher nicht mal erahnen. Der gesamte Social-Media-Bereich, Instagram, Facebook, die Youtubes und Tiktoks dieser Welt, bietet jedem Musiker die Möglichkeit, seine Musik weltweit selbst zu promoten. Speziell YouTube, wo man sich mit seiner Musik und seinen Videos sogar einen eigenen Kanal aufbauen kann, wenn man schlau ist.

Dieses moderne mediale Handwerkszeug, auf das man heute zurückgreifen kann, ist natürlich Gold wert. Trotz allem ist natürlich nicht garantiert, dass man auch gesehen und angenommen wird. Denn natürlich gehört das Scheitern heutzutage trotz all dieser vermeintlichen Supermittel noch immer genauso dazu wie vor 50 Jahren, als man Plakate gedruckt und an Litfaßsäulen geklebt hat und hoffte, dass jemand sie sieht und sich ein Ticket für ein Konzert kauft. Aber grundsätzlich sind das heute Bedingungen, von denen wir früher nur geträumt haben. Briefe an unsere Fans zu verschicken, war einst die einzige Möglichkeit, mit ihnen direkt in Kontakt zu treten.

Außerdem ist es für Musiker damals wie heute absolut unabdingbar, etwas zu veröffentlichen. Das klingt zwar banal, aber so ist es nun mal. Es gibt in Deutschland tausende Bands, die von Dorffest zu Dorffest tingeln, die Musik von anderen nachspielen, aber selbst nicht kreativ genug sind, Songs zu schreiben, eigene Musik zu komponieren, einen eigenen Sound zu entwickeln, eine Message zu formulieren. Diese Bands erhalten vielleicht ein paar Hundert Euro für ihre Auftritte, werden aber nie von den Medien anerkannt. Ein eigenes Album ist nach wie vor der Standard, an dem jeder gemessen wird, ob er überhaupt eine Chance hat. Es gibt auf dem Markt unfassbar viele Eintagsfliegen, die es gerade mal schaffen, eine Single zu veröffentlichen. Manchmal ist die sogar erfolgreich, aber dann kommt nix mehr hinterher, weil sie keine Ideen mehr haben.

Ob ein Album als Vinyl-Schallplatte auf den Markt kommt, als CD oder lediglich digital, spielt meiner Erfahrung nach keine Rolle. Hauptsache, die Musik ist so ergreifend, dass sie den Hörer erreicht. In welcher Form das geschieht, ist zunächst völlig wurscht. Wichtig ist nur, dass Musiker ihre Musik aufnehmen, in der Hoffnung, dass sie gut ankommt, dem Kunden gefällt und möglichst von Rezensenten nicht verrissen wird. Von Niedermachen bis Hochjubeln ist alles möglich. Heutzutage wird medial viel häufiger als früher ein Hype um Künstler gemacht, den man gar nicht nachvollziehen kann und der meistens auch wieder so schnell verschwindet, wie er gekommen ist. Dieser Faktor ist so gut wie gar nicht kalkulierbar.

Früher wie heute betreiben die großen Plattenfirmen eine Selektion über das Single-Geschäft. Denn eine LP aufzunehmen, sie herzustellen und zu veröffentlichen, ist teuer, und wenn sie sich nicht verkauft, bleiben die Plattenfirmen auf einem Berg Unkosten sitzen. Also hatten sie die Idee, erstmal nur vergleichsweise günstig herzustellende Singles zu veröffentlichen. So konnten die Käufer einen Musiker entdecken, und wenn sich eine Single gut verkauft hat, wurde meistens eine zweite veröffentlicht, und wenn sich ein Musiker dann noch immer nicht als One-Hit-Wonder entpuppt hatte, durfte er eine ganze LP aufnehmen.

Heutzutage ist das gar nicht viel anders. Es werden wie verrückt Singles gestreamt, aber bis jemand eine LP zustande bekommt, dauert es. Musiker haben genau die gleiche Barriere vor sich wie Generationen vor ihnen. Für den Single-Pop-Markt wurde schon immer massenweise völlig austauschbare Musik produziert, frei nach dem Motto: Von 100 Veröffentlichungen werden schon irgendwie zwei bis drei langfristig erfolgreich sein. Bis einer die Chance bekommt, eine Karriere zu machen, die über erfolgreiche Songs hinausgeht, benötigt er mindestens drei erfolgreiche Singles. Und selbst dann muss es nicht gleich zu einem ganzen Album kommen, denn es wurde sogar noch ein Zwischenschritt eingebaut. Viele Labels bieten Künstlern an, erstmal ein paar Tracks und noch kein ganzes Album, auf jeden Fall aber mehr als eine Single digital zu veröffentlichen. Also nicht gleich eine CD, die auch im Handel erhältlich ist, sondern erstmal nur einen Download. Das machen Plattenfirmen, um sich noch mehr abzusichern, aus Angst, trotz erfolgreicher Singles einen teuren Flop zu produzieren. Erst wenn diese Hürde auch noch genommen wurde, wird ein ganzes Album veröffentlicht. Man sieht: Die Karrieren von Musikern haben sich im Grunde genommen nur in der Veröffentlichungsform des Tonträgers verändert, die Selektion ist im Grunde genommen noch immer dieselbe.

Wenn man sich die Albumcharts anschaut, kann man auch erkennen, wie viele Musiker dieses Auswahlverfahren nicht überstehen. Denn die Top 100 sind meistens besetzt mit den alten Säcken, und nur ganz wenige neue Leute finden sich dort, die tatsächlich den Schritt zu einem ganzen Album geschafft haben. Das passiert noch am ehesten im Hip-Hop Bereich, aber die wenigsten typischen Pop-Gruppen, die bei N-Joy, Planet Radio, 1-Live und all diesen Jugendwellen rauf und runter gedudelt werden, bringen am Ende ein ganzes Album heraus. Einfach weil es sich nicht lohnt und es keiner kaufen würde.

Als Mitinhaber eines Vertriebs bedauere ich diese Entwicklung natürlich sehr. Und wir sind natürlich immer froh, wenn ein Musiker sich durchbeißt und ein Album veröffentlicht. Denn der Single-Markt ist, was Vinyl-Platten oder CDs betrifft, absolut tot. Noch vor zehn Jahren konnte man mit gutem Gewissen sagen, okay, lass uns mal eine Maxi-Single von irgendeinem Hit auf CD rausbringen. Das würde heute niemand mehr machen. Dieser Markt ist komplett zusammengebrochen, dort gibt es wirklich nichts mehr zu holen, weil im Gegensatz zu früher niemand mehr in die Geschäfte geht und sich eine Single kauft. Singles werden nur noch gestreamt.

96 Prozent der im vergangenen Jahr verkauften physischen Tonträger waren Alben. An dieser Zahl sieht man, wie sehr ein Musikvertrieb auf LP-Veröffentlichungen angewiesen ist. Wie bereit die Fans sind, sich einen physisch greifbaren Tonträger zu kaufen, hängt dabei auch stark vom Musik-Genre ab. Fans von Popmusik streamen lieber. Hypes sind in diesem Bereich so kurzfristig, dass die Kunden meistens gar nicht bereit sind, sich eine CD oder Vinyl-Platte zu kaufen. Anders ist es zum Beispiel im Jazz- und Klassikbereich. Da sind Tonträger nach wie vor sehr gefragt, obwohl es als Alternative auch das digitale Produkt gäbe. Natürlich muss man auch berück-

sichtigen, dass eine CD oder eine Schallplatte viel teurer ist, als wenn man sich die Musik als mp3 aus dem Netz zieht.

Durch die extreme Verfügbarkeit ist die Wertigkeit, die Musik für den Konsumenten hat, zudem sehr stark gesunken. Als ich einst meine ersten Platten gekauft habe, musste ich teilweise wochenlang warten, bis sie endlich im Laden meines Vertrauens angekommen waren. Diese Vorfreude und Spannung haben dazu geführt, dass die Platte, als ich sie endlich in den Händen hielt, etwas ganz Besonderes für mich war, ein Schatz. Dementsprechend gering fällt heute auch die Anerkennung und Wertschätzung der Leistung eines Musikers aus, der viel Liebe und Leidenschaft in sein Werk gesteckt hat. Wie so vieles in unserer herrlichen Gesellschaft ist auch Musik zu einem Wegwerfprodukt geworden.

Das führt dazu, dass die riesigen Auflagen, die wir früher in die Läden gebracht haben, schon lange Geschichte sind. Damals musste man als Musiker 250.000 Alben verkaufen, um eine goldene Schallplatte zu bekommen. Weil diese Zahl aber aufgrund der sinkenden Verkaufszahlen von Tonträgern immer seltener erreicht wurde, hat man die Hürde 2003 auf 100.000 verkaufte Alben gesenkt. Aber auch solche Verkaufszahlen sind mittlerweile völlig illusorisch. Musste man noch vor zehn Jahren rund 20.000 Tonträger pro Woche verkaufen, um in den Charts auf Platz 1 zu gelangen, schafft man das heute mit 5.000 Tonträgern plus digitalen Verkäufen. In absoluten Stückzahlen ist das jedes Jahr ein unglaublicher Rückgang, was für einen Musikvertrieb ganz konkret immer weniger Arbeit bedeutet. So sind zum Beispiel 2021 in Deutschland etwas mehr als 31 Millionen CDs und Vinyl-LPs verkauft worden, 2012 waren es noch knapp 104 Millionen. Im vergangenen Jahr haben wir also weniger als ein Drittel von dem umgesetzt, was wir vor zehn Jahren noch hatten.

Eine weitere Zahl zeigt den Grund für den Rückgang: 2004 wurden in Deutschland noch 99 Prozent der Erlöse der Musikindustrie mit dem Verkauf physischer Tonträger erwirtschaftet. Im ersten Halbjahr 2018 wurde mit dem Streaming von Musik erstmalig mehr Geld eingenommen als durch den Verkauf von CDs. Seitdem liegt der Anteil der verkauften physischen Tonträger nur noch bei rund 40 Prozent. Gott sei Dank stabilisieren sich die Verkaufszahlen aktuell. Zwar auf einem niedrigen Niveau, aber nach vielen erschreckenden Jahren gibt es aktuell keine weiteren Rückgänge.

Diese extreme Verlagerung des Musikgeschäfts auf den Streamingmarkt bringt auch für Künstler ein großes Problem mit sich. Früher wusste ein Künstler, wann er die Produktions- und Herstellungskosten mindestens wieder drin hatte. Dann hatte er mit dem Verkauf vielleicht sogar noch Geld verdient. Das kann er heute eigentlich nur noch durch Merchandising, Tourneen und andere Auftritte verdienen. Diese Kalkulation stimmt heute so nicht mehr, dafür verkaufen wir einfach zu wenig Tonträger. Deswegen müssen Musiker heutzutage auch noch einen Teil der Produktionskosten durch Tourneen etc. refinanzieren. Wobei man berücksichtigen muss, dass aus der Tourneekasse auch neue Instrumente, Mikrofone, Verstärker und viele andere Dinge, eben alles, was eine Band braucht, bezahlt werden müssen. So bleibt am Ende immer weniger in der Bandkasse kleben. Zudem ist das Ganze auch noch ein Teufelskreis, denn Musiker, die keine Platten, also keine neue Musik veröffentlichen, bekommen in der Regel ja auch keine Möglichkeit, auf Tournee zu gehen. Also muss man Musik veröffentlichen und das Risiko eingehen, dass man am Ende auf einem Teil der Kosten sitzen bleibt.

Moment mal, werden jetzt vermutlich einige sagen, was ist denn mit den Einnahmen durch Streams? Schließlich boomen Streamingplattformen weltweit und gefühlt hat jeder Mensch auf der Welt auch irgendwo ein Abo. Ganz im Ernst: An den digitalen Verkäufen verdient ein Künstler viel zu wenig. Das System von Spotify und Co. ist eine absolut unverschämte Ausbeutung aller Leute, die aktiv Musik machen. Von den Lizenzen für Streams kann kein Musiker leben, es sei denn, er gehört zu den 100 bekanntesten Musikern der Welt; das schaffen höchstens noch Justin Bieber und Adele.

Aus diesem Grund bin ich auch bei keinem Streamingdienst angemeldet. Das ist ohnehin nicht mein Ding, irgendwo irgendwelche Dateien anzuklicken und in Playlists zu verschieben, das hat mich noch nie interessiert. Ich möchte auch weiterhin einen physischen Tonträger in der Hand haben, den ich auflegen kann und der einfach da ist. Und nicht irgendwas, das irgendwo im Orkus rumfliegt und im digitalen Nirvana zusammen mit Abermilliarden anderer Dateien untergeht.

Intermezzo mit Marie Sublet (II)

Ich bin nach der Auflösung meiner Band beruflich wieder zurück in den pädagogischen Bereich gegangen, habe im deutsch-französischen Verein Interkulturelle Schule gearbeitet und außerdem war ich 20 Jahre an der Musikschule Bremen im elementaren Bereich tätig.

Meine Liebe zur Gitarre hatte ich in Fresenhagen entdeckt, und nachdem ich mir dort vieles selber beigebracht hatte, habe ich später bei verschiedenen Lehrern Unterricht genommen und in mehreren kleinen Ensembles gespielt. Ich war sogar drei Monate lang in Spanien, um zu lernen, wie man Flamenco-Gitarre spielt. Auch heute spiele ich noch regelmäßig. Nikel und ich hatten in den 1990er Jahren mal die Idee, gemeinsam Musik zu machen, aber leider musste ich feststellen, dass Nikel kein Vollblutmusiker ist. Ab und zu spielen wir auf Geburtstagen von Freunden, dann holt er sein Saxofon raus, aber zu mehr hat es bei uns nicht gereicht.

Meistens hatte er einfach auch keine Zeit zum Üben, weil er ständig für seinen Vertrieb unterwegs war. Er hat wirklich wahnsinnig viel gearbeitet, jahrelang jedes Wochenende. Er hat selten Urlaub gemacht, und ich bin oft allein nach Frankreich gefahren. Nach dem Streit bei EfA hat Nikel Indigo mitgegründet, das war wieder mit viel Arbeit verbunden. Er war immer fleißig, aber er macht das auch sehr gerne, das ist einfach seine Welt, und ich hoffe, dass er das noch lange machen kann. Er ist zwar schon 77 Jahre alt, denkt aber nicht daran, in Ruhestand zu gehen. Ich kann mir auch gar nicht vorstellen, dass Nikel irgendwann nicht mehr arbeitet. Wir haben ja keine Kinder und Enkelkinder, die die meisten Bekannten von uns ordentlich auf Trab halten. Ich gebe noch einige Musikstunden im Kindergarten und leite einen Singkreis in einer Begegnungsstätte. Durch Corona hatte ich jetzt zwei Jahre lang ein bisschen das Gefühl, ich sei in Rente gegangen. Da ging nichts mehr. Sogar die Chöre, in denen ich singe, durften nicht auftreten und nicht üben. Das war eine fürchterliche Zeit, ich hoffe, dass sie nicht zurückkommt.

Nikel hat mir schon früh angekündigt, dass er mich heiraten wird, wenn ich 50 Jahre alt bin. Mir war das nicht so wichtig, Hochzeit, Ehe, das hat mir noch nie viel bedeutet. Wie dem auch sei, im Mai 1996, drei Monate nach meinem Geburtstag, haben wir geheiratet. Im ganz kleinen Kreis, mit einem Freund von Nikel und einer Freundin von mir, zu viert also, waren wir beim Standesamt und anschließend essen. Meine Eltern und Geschwister und Nikels Schwester wären gerne dabei gewesen. Ich habe meinen Nachnamen behalten, weil ich meinen französischen Namen nicht aufgeben wollte. Auch alles andere ist genauso weitergegangen, wie es vorher war.

Seit mehr als 30 Jahren leben wir jetzt schon in einem kleinen, dreistöckigen Haus in Bremen. Nikel hat sein Arbeitszimmer im Keller. Wenn man die Tür öffnet, fällt einem schon alles entgegen und erschlägt einen fast. Es ist vollgestellt mit CD-Stapeln, Papierbergen und tausend anderen Dingen, Nikel kann einfach nichts wegschmeißen, er will sich von nichts trennen. Der Rest unseres Hauses ist aber relativ frei vom Musikstapel-Chaos. Wir haben lediglich ein Regal, in dem vor allem meine Musik steht. Ich höre Klassik, Flamenco und Jazz, das mag Nikel zum Glück auch alles. Allerdings hören wir zu Hause nicht viel Musik, mehr im Auto, wenn wir unterwegs sind. Außerdem sind wir früher zwei- bis dreimal in der Woche in Konzerte gegangen. Immer, wenn uns etwas interessant erschien, konnten wir nicht widerstehen. Leider ist auch das durch Corona ziemlich eingeschlafen. Was unser sonstiges Zusammenleben anbelangt, kann ich nur sagen, dass Nikel kein Heimwerker ist. Für das Praktische, Technische hat er keine besondere Begabung. Aber er kocht sehr gerne, und das darf er auch, weil er sich am Herd stark verbessert hat, es schmeckt mittlerweile wirklich gut.

Seit Nikel mit seiner Schwester das letzte Familienmitglied verloren hat, merke ich, dass die alten Weggefährten von Ton Steine Scherben zu seiner Familie geworden sind. Das ist deutlich zu spüren. Wenn einer von den Jungs Probleme hat oder Hilfe braucht, ist er immer sofort da und tut, was er kann, das wird auch immer so bleiben. Wenn Nikel Auftritte mit Ton Steine Scherben hat, reise ich oft mit. Es ist schön, die Leute von damals zu sehen, Kai Sichtermann, Funky Götzner, Lanrue und Jörg Schlotterer waren ja schon damals in Fresenhagen dabei. Die alten Lieder gefallen mir immer noch. Natürlich gibt es welche, die ich nicht so gerne mag, aber die mochte ich auch früher nicht. Andere finde ich auch nach all den Jahren immer wieder schön. Bei „Junimond" muss ich zum Beispiel immer sofort mitsingen, das Lied ist und bleibt einfach gut. Ich finde es immer aufs Neue unglaublich, wenn ich sehe, wie auf den Konzerten die alten, aber auch die jungen Fans mitsingen und die Musik weiterleben lassen. Die Songs, die in den 1970ern entstanden sind, sind zu richtigen Volksliedern geworden, und das zu beobachten ist einfach ein tolles Gefühl. Das Einzige, was ich auf den Konzerten vermisse, ist die Stimme von Rio. Der hat so eine schöne Stimme gehabt, in die konnte man sich wirklich verlieben. Sie hatte so einen metallenen Klang, einfach einmalig.

Rückblickend bereue ich nichts. Die Zeit in den 1970er Jahren, in der wir alternative Lebensentwürfe ausprobiert haben, viel auf Demos unterwegs waren, uns mit dem Staat angelegt haben, war einfach eine wahnsinnig schöne Zeit. Ich habe mehr als zehn Jahre lang in Wohngemeinschaften gewohnt, das war schon ein anderes Leben, ohne Einsamkeit. Es ist noch gar nicht lange her, da habe ich tatsächlich darüber nachgedacht, bei einem Wohnprojekt mitzumachen.

Ich habe in meinem Leben hunderte Demos besucht und mich gegen Ungerechtigkeiten jeder Art aufgelehnt. Heute gehe ich aber nicht mehr auf Demos, denn ich habe mir irgendwann gesagt, dass jetzt mal die jungen Leute dran sind. Tatsächlich bin ich mir aber sicher, dass wir vieles von dem Denken, Handeln und unseren Ansichten aus den 1970er Jahren beibehalten haben. Diese Zeit hat uns extrem geprägt, trotzdem erwische ich mich ab und an bei dem Gedanken, dass Nikel und ich etwas langweilig geworden sind. Früher war bei uns definitiv viel mehr Action, aber vielleicht ist das normal, wenn man älter wird. An Nikel schätze ich bis heute vor allem, dass er immer positiv denkt. Er steckt nie den Kopf in den Sand, versucht immer alles konstruktiv zu lösen. Er war nie krank, hatte nie Kopfschmerzen, Traurigkeit? Depressionen? Kennt er nicht. Er ist einfach ein absolut positiver, neugieriger, interessierter Mensch.

44.
Der Kampf geht weiter

Was die Zukunft für Indigo bringen wird? Schwer zu sagen. Das Vertriebsgeschäft ist extrem schwierig, das kann man nicht leugnen. Wir haben das große Glück, dass unser Repertoire sehr breit gefächert ist. Hätten wir wie David Volksmund Anfang der 1970er Jahre nur Ton Steine Scherben im Angebot, wäre das sehr nett und nostalgisch, aber davon könnten wir heute beim besten Willen nicht 40 Leute ernähren.

Das CD-Geschäft ist sehr schwierig geworden. Die ganze Streamerei und das ganze Digitale hat zu ganz beachtlichen Verwerfungen geführt. Die Frage nach dem richtigen Überlebenskonzept stellen wir uns seit einigen Jahren und probieren immer wieder vieles aus. Unser größtes Problem ist natürlich der massive Rückgang des CD-Geschäfts, das sonst immer am stabilsten war. Umgekehrt ist es im Vinyl-Bereich, da gibt es einen sehr großen Zuwachs, aber der kompensiert das nicht in dem Umfang, der nötig wäre. Wir haben zwar auch ein paar Einnahmen aus dem digitalen Geschäft, aber letztlich muss man sagen, dass es nicht einfach ist und man sehr genau schauen muss, wie man von Jahr zu Jahr weiterkommt.

Als Branche sind wir schon seit 20 Jahren so gut wie tot. Dass es uns überhaupt noch gibt, hätte 2003 niemand mehr erwartet. Aber wir sind immer noch da und es macht uns Mut, dass es weiterhin interessante Musik abseits vom Mainstream gibt, die die Leute hören wollen. Und das ist ja auch das Lebendige an der ganzen Sache. Ob ich heutzutage wieder einen Musikvertrieb aufbauen würde? Diese

Frage kann ich nur mit Ja und Nein beantworten. Zum einen müsste man die Firma heute auf deutlich mehr Beine stellen, als wir es früher getan haben. Ein Vertrieb, der nicht gleichzeitig eine digitale Absicherung hat, hat sehr schnell ein großes Problem, weil die reinen Tonträgerverkäufe kaum ausreichen, um die ganze Logistik und die Mitarbeiter finanzieren zu können. Schließlich ist eine Vertriebsfirma nicht nur das Programm an sich. Das muss ja auch in die Läden beziehungsweise auf die Online-Seiten gebracht werden. Es müssen Bestellungen akquiriert werden, es muss ausgeliefert werden, es muss eine Buchhaltung geben, es muss Promotion gemacht werden. So ein Apparat besteht eben aus einer ganzen Menge Menschen.

Aus diesem Grund haben in den letzten Jahren auch viele Vertriebsfirmen dichtgemacht, bei denen hat, ganz nüchtern gesagt, der Warendurchsatz einfach nicht mehr ausgereicht, um die Kosten einzuspielen. Das digitale Geschäft wiederum ist auch nicht so groß, wie es auf den ersten Blick vielleicht erscheint. Man kann mit diesem neuen Geschäft die weggebrochenen Einnahmen aus dem alten nicht einfach wettmachen. Denn der digitale Vertrieb funktioniert ja komplett ohne Einzelhändler, ohne Plattenläden oder mittelständische Unternehmen, da gibt es nur noch die Großindustrie. Die Marktchancen, die Indigo sich als Vertrieb erarbeitet hat, das Netz von Kunden, die über das ganze Land verstreut sind, hat man ja nicht bei Produkten, die nur digital vertrieben werden. In diesem Bereich hätte man als neuer Vertrieb nur eine Chance, wenn man sich mit einem der großen Unternehmen verbündet, den sogenannten Aggregatoren, denen man die eigenen Sachen dann zur digitalen Auswertung anbietet, und die dann auch gleich das Geschäft mit den Endkunden übernehmen.

Nehmen wir zum Beispiel mal Spotify. Wenn man ein Abo bei denen hat, bekommt man die Musik aller Major-Labels weltweit direkt ins Haus geliefert. Die beliefern nicht mehr irgendwelche Zwischenhändler, also in unserem Fall Plattenläden, die das Produkt dann an den Kunden weitergeben. Das geht über Spotify direkt an den Endkunden. Um den zu erreichen, bedarf es eines entsetzlichen

Kampfes der Künstler darum, auf computergenerierte Playlists zu gelangen, damit sie auf den digitalen Plattformen unter den Millionen Songs überhaupt wahrgenommen werden. Diese Playlists funktionieren nicht danach, ob das schöne Musik ist, sondern das Prinzip besteht darin, dass ganz genau nachgeschaut wird, in welchem Moment beziehungsweise bei welchem Song ein Kunde die Liste verlässt. Welcher Song der Killer der Playlist ist und deshalb sofort entfernt werden muss. Das ist ganz schön derbe, und ein ganz anderes Geschäftsmodell als unseres.

Als Musiker würde ich es allerdings auch mit meinem Wissen von heute nach wie vor versuchen, eine Karriere zu starten. Man muss sich halt der Risiken bewusst und darüber im Klaren sein, dass ohne Konzerte, Konzerte, Konzerte nichts mehr geht. Aus diesem Grund ist Corona für unseren Musikmarkt ja auch so ein fürchterliches Drama. Sehr viele Nachwuchsmusiker, die in den Coronajahren ihre Karriere starten wollten, wurden komplett ausgebremst, weil sie keine Tourneen hatten, und nicht wenige haben auch einfach aufgegeben, weil sie sich die Wartezeit finanziell nicht leisten konnten. Denn ohne die Aussicht auf eine Tournee hat ihnen auch niemand die Produktion einer Platte finanziert, die Unkosten dafür hätten sie ohne Tour und Promotion-Auftritte niemals wieder eingespielt. Dieses Risiko scheuen selbst die großen und finanzstarken Plattenfirmen.

Natürlich gibt es hier und da die Möglichkeit, mal ein kleines Lebenszeichen zu senden, vielleicht eine Single oder Veröffentlichungen über Social Media, einen schnellen Gruß aus der Corona-Isolation sozusagen, das reicht aber alles nicht, um überleben zu können. Und wenn es jetzt wieder losgeht, gibt es für die Newcomer das nächste Problem, denn es gibt unfassbar viele Konzerte, die nachgeholt werden, weil sie immer wieder verschoben worden sind. Dadurch kommen die Nachwuchsbands wieder nicht vernünftig zum Zuge, denn natürlich ist auch der Konzertmarkt begrenzt.

Das betrifft auch uns. Unsere Auftritte zum 50-jährigen Jubiläum von Ton Steine Scherben mussten wir immer wieder verschieben.

Ein internationaler Erfolg von Ton Steine Scherben ist letztendlich an der Sprachbarriere gescheitert. Für unsere deutschen Texte hat sich in England oder Amerika niemand interessiert. Es gab über die gesamte Bandgeschichte hinweg ein paar wenige Interviewanfragen aus England, aber die waren wirklich verschwindend gering. Dabei hätten wir mit unserer Musik damals sicherlich gut auf den internationalen Markt gepasst, unsere Songs hatten internationales Niveau, allein unsere Texte waren nicht auf Englisch. Tangerine Dream, die ja zeitgleich mit uns am Start waren und die wir gut kannten, oder die ganzen anderen Bands aus der deutschen Elektronikecke, hatten es international leichter, weil sie mit englischen Texten oder nur instrumental unterwegs waren. Auf Englisch zu singen, kam für uns aber nicht infrage, wir wollten unsere Texte in unserer Heimatsprache schreiben und singen.

Mittlerweile bringen wir die Scherben-Tonträger bei Indigo natürlich auch digital heraus und sie können weltweit abgerufen werden, aber in den letzten Jahren waren die Downloadzahlen aus dem nicht deutschsprachigen Bereich minimal, im Vergleich zu den Abrufzahlen in Deutschland, die glücklicherweise noch immer recht hoch sind. Oder anders gesagt: Wir vertreiben bei Indigo auch viele Elektronik-Krautrock-Sachen aus Deutschland aus den 1970er und 1980er Jahren. Die werden international nach wie vor wunderbar angenommen, ob in Japan oder Amerika. Bands, die ich damals überhaupt nicht kannte, bekommen jetzt plötzlich eine Aufmerksamkeit, die einen völlig überrascht.

45.
Vinyl oder CD?

Meine private, höchstpersönliche Plattensammlung ist ziemlich klein und überschaubar. Die habe ich auch zum größten Teil im Ohr. Natürlich höre ich sie mir auch hin und wieder an, aber ich setze mich selten ins Wohnzimmer, um ausschließlich Musik zu hören. Wenn ich Musik höre, dann meistens im Auto, wenn ich auf der Heimfahrt bin. Da ich in Bremen wohne und in Hamburg arbeite, habe ich auf den Fahrten viel Zeit, allerdings höre ich dann meistens keine Sachen, die ich schon kenne, sondern neue Sachen, die man mir empfohlen hat.

Ich gehöre auch nicht zu den Sammlern, die wirklich alles von ihrem Idol besitzen müssen. Der von mir am meisten geschätzte Musiker ist der Jazz-Musiker Charlie Parker, von dem mittlerweile zirka 40 Platten erschienen sind, vor allem Kompilationen mit immer mal wieder neuen Stücken darauf. Selbst die muss ich aber nicht alle besitzen. Ich habe ein paar wichtige Platten von ihm, aber nicht den Ehrgeiz, eine perfekte Sammlung von ihm zu Hause im Regal stehen zu haben.

Ansonsten besteht meine private Musiksammlung aus Klassikern von den Beatles, den Stones, Dylan, aber auch völlig unbekannten Platten von Bands, die heute niemand mehr kennt, die aber früher für mich wichtig waren. Third World War zum Beispiel. Diese Sachen habe ich aber zum Großteil so verinnerlicht, dass ich sie mir auch nicht ständig wieder anhören muss; es ist aber schön zu wissen, dass ich sie habe und jederzeit hören könnte.

Ein Album zu Hause physisch stehen zu haben, ist für mich auch ein Statement und ein Zeichen der Wertschätzung gegenüber dem Medium Musik und dem Musiker. Somit habe ich auch viele Platten, die mir im Laufe der Jahrzehnte von Freunden und Bekannten empfohlen wurden. So bin ich zum Beispiel auch auf Flamenco gestoßen und habe die Musik und die Ausdruckskraft lieben gelernt. Natürlich auch, weil Flamenco mit seiner Emotion und seinem Gesang einen einfach überrollt und nicht mehr loslässt. Obwohl ich die Texte nicht verstehe, weil sie in Spanisch sind und zudem mit einem andalusischen Akzent gesungen werden, ist das trotzdem eine Musik, die mich total fasziniert und kickt.

Und dann gibt es natürlich noch die permanente Auseinandersetzung mit Musik, die mein Beruf mit sich bringt. Da will und muss ich selbstverständlich auf dem Laufenden sein, was an neuer, interessanter Musik in Deutschland, aber auch international gerade angesagt und auf dem Markt ist. Auf diesen Entdeckungsreisen durch die Musikwelt finde ich auch immer wieder schöne Stücke, die im Ohr hängen bleiben. Bei Indigo bin ich zudem für den Klassikbereich zuständig, was schon irgendwie verwunderlich ist, weil ich zwar in meinen frühen Kindheitstagen ab und zu mal ein bisschen Klassik gehört habe, dann aber jahrzehntelang überhaupt nicht, und jetzt muss ich mich seit 15 Jahren damit professionell auseinandersetzen. Da fehlen mir noch immer die Kriterien, um sagen zu können, dass diese Interpretation der Symphonie von dem und dem spannender oder interessanter ist als die Interpretation von einem anderen. Warum Martha Argerich besser ist als Walter Gieseking oder meinetwegen eine russische Pianistin von heute. Das kann ich nicht beurteilen, da kann ich mich nur auf das Gefühl verlassen, das ich beim Hören empfinde.

Ich habe mein Hobby zwar zum Beruf gemacht, gehöre aber definitiv nicht zu denen, die abends keine Lust mehr auf Musik haben, weil sie beruflich den ganzen Tag Musik hören müssen. Ich höre zwar nicht jeden Abend bewusst und intensiv Musik, entdecke aber sehr gerne neue Musik für mich. Erst kürzlich hat mir ein Kollege einen französischen Musiker empfohlen, der in den 1960er Jahren brasilianische Musik mit Jazz gemischt hat. So etwas finde ich klasse, weil eine solche Entdeckung dir einen neuen Horizont öffnet.

Platte oder CD? Puuuuh – das ist fast zu einer Glaubensfrage geworden. Auch wenn jetzt viele bestimmt den Kopf schütteln und die Stirn runzeln, muss ich ganz ehrlich sagen, dass ich mich in den vergangenen Jahrzehnten sehr an die CD gewöhnt habe und mit ihr insgesamt sehr zufrieden bin. Ich muss nicht immer Vinyl haben. Welche CD ich mir zuletzt bewusst im Laden gekauft habe? Oh weia, das muss sehr lange her sein, da fällt mir tatsächlich keine ein. Ich bekomme ja immer wahnsinnig viel Musik als Muster. Eine Charlie-Parker-Box habe ich mir vor Jahren aber tatsächlich mal zugelegt.

46.
Happy End

Ton Steine Scherben war nie eine Band, die nur von Klassenkampf-Nostalgikern gehört wurde. Wir haben immer auch ein junges Publikum angesprochen, selbst heute noch, bei den letzten Veranstaltungen, die wir mit der Ton Steine Scherben Family gemacht haben, war immer ein sehr hoher Prozentsatz von 18- bis 25-Jährigen auf den Konzerten, die äußerst textsicher mitgesungen haben. Mir zeigt das immer, dass es gewisse Dinge gibt, die in den letzten Jahrzehnten von niemandem besser ausgedrückt worden sind als von uns vor 50 Jahren. Die Lieder von damals sind noch immer aktuell, weil die Verhältnisse für viele eher schlechter als besser geworden sind, und haben daher heute noch ein hohes Identifikationspotential für junge Menschen und eine absolut zeitlose Energie, die sie ausstrahlen.

Ich bin jemand, der sich erstmal reinhängt in eine Sache, der sich engagiert und sagt: Okay, lasst uns das mal versuchen. Bei den meisten Dingen, die ich in meinem Leben ausprobiert und mitgemacht habe, ging es vor allem um die Frage, wie bekommen wir das in Eigeninitiative an den Start? Die Sache war mir häufig wichtiger, als etwas infrage zu stellen, ich wollte immer erstmal etwas versuchen, ausprobieren und schauen, was daraus wird. Wenn man so will, habe ich immer versucht, ein im wahrsten Sinn des Wortes engagiertes Leben zu führen und mich voll einzubringen. Heute leben meine Frau und ich zwar relativ konventionell, aber wir können uns durchaus vorstellen, wieder in einem Wohnprojekt mit anderen zu leben. Allerdings haben wir aus unserer Zeit in den 1970ern auch dazugelernt und sicherlich würden wir heute viel genauer überlegen, mit wem wir zusammenziehen möchten.

Früher war uns das völlig egal, da haben wir uns über jeden gefreut, der gekommen ist und bei uns mitmachen wollte. Wenn ein Neuer kam, haben wir immer gedacht, Mensch, der will bei uns wohnen, dann muss der ja wie wir ticken! Da wäre ich heutzutage deutlich wählerischer. Wenn man Anfang 20 ist, dann ist man von Haus aus offener, weil man andere Sphären kennenlernen will und eine andere Neugier auf andere Leute hat als in meinem heutigen Alter. Eine abgeklärte WG alter Damen und Herren, in der man abends ein bisschen zusammensitzt und gemeinsame Pläne schmiedet, in der man sich aber nicht auf die Füße trampelt, sondern auch ein bisschen Privatsphäre hat, wäre kein Problem für mich. Dass ich nach wie vor grundsätzlich bereit zum kollektiven Zusammenleben in einer WG wäre, liegt daran, dass die Zeit in Kreuzberg oder der Kommune auf dem Bauernhof in Fresenhagen mich sehr positiv geprägt hat. Sie war essenziell wichtig für mich.

Damals haben wir als Band unser ganzes Geld in die Gemeinschaftskasse der WG eingebracht. Das war völlig klar für uns und wurde auch nie infrage gestellt, schließlich haben wir nach dem Motto gelebt: Jeder tut, was er kann, und lässt die anderen daran teilhaben. Meistens haben wir, die Bandmitglieder, am meisten eingebracht, und die anderen haben vom Erfolg der Band profitiert. Das war für mich aber völlig okay, solange ich das Gefühl hatte, dass die anderen im Rahmen ihrer Möglichkeiten auch ihr Bestes gegeben haben. Dieses Modell des Zusammenlebens finde ich auch heute noch absolut erstrebenswert und praktikabel. Ich denke aber, es hängt auch sehr viel von der persönlichen Reife der Leute ab. Es gibt immer welche mit einer Schnorrermentalität, da kann man machen, was man will. Die kommen immer irgendwie durch, indem sie sich an andere Menschen dranhängen und deine Großzügigkeit ausnutzen wollen. Sie sind nicht unbedingt parasitär, sie so zu bezeichnen wäre übertrieben, aber bei solchen Menschen merkt man sehr schnell, dass sie gerne viel nehmen, aber nicht bereit sind, auch viel zu geben.

Wenn ich sehe, dass jeder tut, was er kann, um auch was in die Gemeinschaft einzubringen, dann finde ich das Modell, nach dem wir damals gelebt haben, völlig okay. Ich kann ja nicht von jemandem verlangen, dass er gegen das, was ich mir im Leben draufgeschafft habe, eins zu eins gegenhalten kann. Dass aber irgendeine Art Austausch stattfindet und man sich gegenseitig bereichert, ist schon sehr, sehr wichtig. Und das meine ich nicht nur in finanzieller, sondern auch in intellektueller Hinsicht.

Ich kenne viele Leute, die fürchterliche Angst davor haben, auf andere Leute zuzugehen, sich zu öffnen. Unser Zusammenleben war ja auch intensiver als in einer normalen Wohngemeinschaft, weil wir durch die Band eine zusätzliche gemeinsame berufliche Beziehung hatten und unser Zusammenleben sich nicht auf Diskussionen darüber beschränkte, wie wir den Kühlschrank am besten voll bekommen, wer mit Staubsaugen dran ist oder wer den Abwasch macht. Das allein sind schon typische Themen, bei denen der Streit in einer normalen Wohngemeinschaft gerne mal eskaliert. Bei uns gingen die Diskussionen auch darum, welchen Song wir aufnehmen, wie die Musik dazu klingen soll, in welcher Reihenfolge die Lieder auf das Album kommen und so weiter und so fort. Manchmal war das ein niemals enden wollender Diskussions-Marathon.

Mit anderen Worten: Da war bei uns schon ein bisschen mehr Feuer drin, das war schon deutlich intensiver. Aber ich merke es an so vielen Leuten, die eine solche Erfahrung nicht hatten, was denen an sozialen Möglichkeiten fehlt, allein schon das unvoreingenommene Aufeinanderzugehen, die Bereitschaft, eigene Bedürfnisse zugunsten der Gemeinschaft zurückzustellen. Einfach eine Art von Offenheit anderen Leuten gegenüber. Dieses typisch Deutsche: Mein Haus, mein Heim, nur ich allein oder mit meiner Familie, wie ich es von meinen Eltern her kannte, einfach hinter mir zu lassen und meinen Horizont zu erweitern, das war immer mein Ansatz.

Rückblickend war die enttäuschendste Lebenserfahrung für mich denn auch die Auseinandersetzung in der zweiten Phase der EFA Medien GmbH, als wir uns Anfang der 1990er Jahre in der

Geschäftsleitung völlig zerstritten hatten. Die Widersprüche zwischen uns wurden damals immer krasser und schlimmer, ich will nicht sagen unüberbrückbar, weil es meiner Meinung nach immer irgendeinen Weg der Verständigung gibt, aber das war wirklich eine sehr unschöne Erfahrung. Es ging hart auf hart her und es war nur noch nervig, wohlgemerkt auf Gesellschafterebene und nicht im alltäglichen Geschäft. Das ging trotz aller Streitereien immer weiter, als wäre nichts geschehen. Das war ja das Verrückte, dass die Geschäftsleitung untereinander einen Kleinkrieg und später sogar einen großen geführt hat, und das normale, operative Geschäft trotzdem florierte. Nach außen hat niemand mitbekommen, was bei uns intern los war, dass wir zwar nach außen Energie für alle geliefert, im Inneren der Firma aber gegenseitig die Energie entzogen haben.

Das war wirklich sehr enttäuschend für mich. Nicht, weil ich so harmoniebedürftig und eher auf Ausgleich und Kompromisse aus bin, statt eine schroffe Konfrontation zu suchen. Kompromissbereit durch die Welt zu gehen, finde ich einfach konstruktiver, und ebenso wichtig ist es mir, nicht immer permanent meine eigene Person in den Mittelpunkt zu stellen, sondern mich mehr in den Rahmen der Gesamtgegebenheiten einzuordnen. Mit dieser Lebenseinstellung habe ich es insgesamt zu einem wunderbaren und mehr als erfüllten Leben gebracht. Es kann also nicht alles falsch gewesen sein.

47.
Mein Name ist Mensch

Mein Lieblingslied von Ton Steine Scherben und gleichzeitig auch der meiner Meinung nach beste Song ist „Mein Name ist Mensch“. Es gibt natürlich auch sehr viele andere sehr gute Songs. Aber dieser bringt das Wesentliche am besten auf den Punkt. Er ist einfach ein ganz großer Wurf des ersten Albums von Ton Steine Scherben, *Warum geht es mir so dreckig*. Den Text hat Rio geschrieben, die Musik ist von Lanrue:

Ich habe viele Väter, ich habe viele Mütter
Und ich habe viele Schwestern und ich habe viele Brüder
Meine Väter sind schwarz und meine Mütter sind gelb
Meine Brüder sind rot und meine Schwestern sind hell
Ich bin über zehntausend Jahre alt und mein Name ist Mensch
Ich lebe von Licht und ich lebe von Luft
Ich lebe von Liebe und ich lebe von Brot
Ich habe zwei Augen und kann alles sehn
Ich habe zwei Ohren und kann alles verstehen
Ich bin über zehntausend Jahre alt und mein Name ist Mensch
Wir haben einen Feind, er nimmt uns den Tag
Er lebt von unserer Arbeit und er lebt von unserer Kraft
Er hat zwei Augen und er will nicht sehen
Er hat zwei Ohren und will nicht verstehen
Er ist über zehntausend Jahre alt und hat viele Namen
Ich weiß, wir werden kämpfen und ich weiß, wir werden siegen

Ich weiß, wir werden leben und wir werden uns lieben
Der Planet Erde wird uns allen gehören
Und jeder wird haben, was er braucht
Es wird keine zehntausend Jahre mehr dauern, denn die Zeit ist reif
Nein, es wird keine zehntausend Jahre mehr dauern, denn die Zeit ist reif.

Anhang

Quellennachweise

Browse Gallery (Hrsg.) – Katalog zur Ausstellung „Wenn die Nacht am tiefsten: Ton Steine Scherben in ihrer Zeit
(Selbstverlag 2022)

Guten Morgen – Beiheft zum Album *Keine Macht für Niemand* (David Volksmund Produktion 1972)

Rio Reiser/Hannes Eyber – König von Deutschland. Von Ton Steine Scherben bis in die Hitparaden (Kiepenheuer & Witsch 1994)

Diskografie

„Paul Panzers Blues“ auf: Ton Steine Scherben – *Keine Macht für Niemand*

„Guten Morgen“ und „Wir sind im Licht“ auf: Ton Steine Scherben – *Wenn die Nacht am tiefsten …*

„Wir sind die Piraten von Tortuga“, Duett mit Rio Reiser auf: Dietmar Roberg und Ton Steine Scherben – *Teufel hast du Wind*
Nikels Spuk

„Guten Morgen“ auf: Kai und Funky von Ton Steine Scherben mit Gymmick – *Radio für Millionen*

Danksagungen

Von Nikel Pallat

Danken möchte ich allen Mitwirkenden bei Ton Steine Scherben, die mit mir die Bühne und den gemeinsamen Alltag geteilt haben und mit deren Energie wir Ton Steine Scherben zu einem zeitlosen Phänomen gemacht haben.

Danken möchte ich allen Mitstreitern und Mitkämpfern, die mich in allen möglichen und unmöglichen Konstellationen mit ihrer Hingabe und Leidenschaft bei unserem Kampf für eine bessere musikalische Umwelt unterstützt haben.

Und genauso gilt mein Dank allen Weggefährten und Freunden, die mich trotz all meiner Macken und Marotten immer inspiriert und mitgetragen haben.

Und natürlich bedanke ich mich bei allen, die mir ihre Liebe und Zuneigung geschenkt haben – was wäre ich sonst für ein Sauertopf!

Von Christof Dörr

Zuallererst möchte ich Nikel dafür danken, dass er mir so sehr vertraut hat und tiefe und persönliche Einblicke in sein spannendes, verrücktes, schrilles und schillerndes Leben gegeben hat. Es war mir eine große Freude!

Natürlich möchte ich auch allen anderen Menschen danken, die mich in Wort und Bild unterstützt und damit dieses Buch erst möglich gemacht haben:

Mark Chung, Frank Fenstermacher, Funky K. Götzner, Dirk Jora, Monika Koch, Rita Kohmann, Andre Luth, Stephan Mahler, Martin Paul, Michael Polten, Thorwald Proll, Duscha Rosen, Claudia Roth, Kai Sichtermann, Hollow Skai, Marie Sublet und Sönke Tollkühn.

Ich möchte auch meinen Eltern Jutta und Helmut danken, weil sie in den 1970er Jahren in Kassel das Kinderhaus, einen alternativen Kindergarten, gegründet haben. Dadurch haben sie mir eine Sicht auf die Gesellschaft nahegebracht, die der von Ton Steine Scherben ähnelt und meinen Blick für andere Formen des Zusammenlebens geöffnet hat. Außerdem gab es auf den diversen DGB-Demos, auf die ich mitdurfte, immer sehr leckere Bratwürstchen.

Und natürlich möchte ich auch meiner Familie danken, Katrin, Carlotta und Matilda. Danke, dass ihr mich immer einfach machen lasst, wenn ich mal wieder eine Idee habe!